KB173235

그리스인 이야기
1

Civilisation Grecque

그리스인 이야기

호메로스에서 페리클레스까지

1

앙드레 보나르 지음 | 김희균 옮김 | 강대진 감수

cum libro
책과함께

차례

2권 차례

3권 차례

일러두기

1. 그리스의 옛 지명은 '헬라스'이나 표제에는 현대 독자들을 위해 '그리스'로 표기했으며, 본문에서는 문맥에 따라 적절하게 썼다.
2. 본문에 나오는 인명은 원 발음에 가깝게 표기했다(예: 오디세우스→오뒷세우스, 투키디데스→투퀴디데스, 히포크라테스→힙포크라테스). 지명의 표기는 고대 명칭을 따랐다(예: 아테네→아테나이, 아티카→앗티케). 다만 현재 통용되는 발음과 현저히 다른 경우에는 괄호 안에 병기했다(예: 쉬라쿠사이(시라쿠사), 아이티오피아(에티오피아)).
3. 저술의 인용에서는 원문의 지명을 싣고 괄호 안에 현재 지명을 넣었다. 예: 포이니케(페니키아), 네일로스 강(나일 강)
4. 각 장의 소제목과 본문 말미의 연표는 원서에 없는 내용을 덧붙였음을 밝혀둔다.

chapter 1

그리스 문명의 탄생

인간은 모두 원시인으로 시작했다. 그리스인도 마찬가지다. 처음에
는 원시 부족의 하나였을 뿐이다. 원시 부족들은 천천히 성장해서 하
나의 문명을 이루기도 하고, 어느 순간 사라져버리기도 한다.

　다행히 그리스는 문명을 이뤘다. 문명을 이룬 데 그친 게 아니라,
화려한 꽃을 피웠다. 후세에 길이 남을 걸작이 수도 없이 탄생했다.
소포클레스가 그렇고, 힙포크라테스가 그렇고, 파르테논 신전이 그
렇다. 문명이라고 부르기에 손색없는 문명을 남긴 것이다. 그러나 본
질이 변하는 것은 아니다. 그리스인도 처음에는 원시 부족이었다.

　동물에서 시작해서 인간이 되었다고 해서 인간이 동물의 속성을
완전히 버린 것은 아니다. 마찬가지로 원시 부족이 문명 국가가 되는
길도 그렇게 간단하지 않다. 또 문명 국가가 되었다고 해서 원시인의
속성을 단번에 버릴 수는 없다. 우리가 '그리스 중의 그리스'라고 부

르는 아테나이에서도 여전히 미신 같은 것이 존재했고, 원시인에게서나 볼 수 있는 '엽기적인' 풍속도 그대로였다.

아테나이에 봄이 오면 사람들은 축제를 벌였다. 혹독한 겨울이 비로소 지난 데 대한 기쁨에 들뜨는 것이다. 다시 찾아온 봄을 기념하기 위해 그리스 사람들은 염소 혹은 소 모양을 한 신 디오뉘소스와 아테나이 최고집정관의 아내, 즉 아테나이 '여왕(Reine)'의 결혼식을 거행한다. 시민들은 1년 내내 닫혀 있던 시골의 허름한 신전으로 달려간다. 자신들이 선출한 관료들을 앞세우고 노래를 부르는 긴 행렬이 신전으로 향하는 것이다. 사람들은 거기서 나무로 만든 신의 형상을 들어다가 '왕' 궁으로 옮긴다. '여왕(아테나이의 여왕은 아테나이 혈통을 가진 처녀 가운데에서 최고집정관이 직접 고른다)'과 하룻밤을 보내게 하기 위해서다. 그저 상징적인 의미에서 하룻밤을 보내는 것이 아니다. 실제로 나무로 만든 신과 몸을 섞는, 말 그대로 첫날밤이 시민들의 열렬한 관심 속에서 치러진다. 이렇게 함으로써 그해 농사가 잘되고, 과실이 풍성히 열리고, 포도밭에 햇볕이 가득 내리쬐며, 모든 군대와 가족들이 번성하기를 기원하는 것이다.

2월 말에는 꽃의 축제가 열리는데, 이 역시 괴상하기는 마찬가지다. 첫날에는 가족끼리 둘러앉아 새 포도주를 마시고, 둘째 날에는 포도주 마시기 대회를 연다. 심판의 신호가 떨어지면 단번에 가장 빨리 포도주 항아리를 비우는 사람이 이기는 게임이다. 여기 쓰이는 포도주는 도수가 아주 높다. 셋째 날은 죽은 자들을 위한 날이다. 굶주림과 목마름에 지친 시체들이 깨어나 먹을 것을 달라고 외친다. 아테나이 사람들은 그렇게 믿었다. 눈에 보이지는 않지만, 시체들이 거리를 휘젓고 다닌다고 말이다. 그 때문에 아테나이 시민들은 다들 집으

로 들어가서 문을 걸어 잠근다. 그리고 문지방 앞에 온갖 종류의 곡
식을 '휘저어 만든' 수프를 내놓는다. 살아 있는 사람들은 이것을 만
지면 안 된다. 수프를 담는 그릇도 따로 있었다. 이날은 오로지 죽은
자들을 위한 날이다. 살아 있는 사람들은 길거리에 나다니지도 않았
다. 심지어 신전도 폐쇄하는데, 커다란 끈으로 신전의 문을 막아 죽
은 자들이 영원한 신들을 습격하지 못하도록 했다. 수프로 맛있게 배
를 채운 죽은 자들은(물론 산 자의 눈에는 수프가 그대로 있겠지만) 1년 동안
세상에 나타나지 않게 된다.

　원시적인 것은 이것뿐만이 아니다. 아테나이에는 파르마코스라고
불리는 제물이 있었다. 도시에 닥칠지 모르는 각종 재난을 막기 위한
일종의 희생양이었다. 기원전 5~4세기의 아테나이와 이오니아 지
방의 상업 도시에도 제물이 있었다. 가장 문명 국가다운 면모를 갖추
었을 것 같은 이 도시에 이상한 여인상들이 내걸리는 것이다. 입술에
루즈를 바르고, 파랗게 물들인 머리에 요란한 색깔의 옷을 걸쳐 입
고, 황톳빛 목걸이를 건 인형들이 도시에 불어닥칠 액운을 쫓아낸다.
세상을 이성적으로 해석하고자 했던 이오니아의 '철학자들'도 이와
같은 풍습을 막지는 못했다. 그나마 인형을 세운 것은 세상이 평화로
울 때의 이야기다. 기근이 들거나 역병이 돌면 산 사람을 돌로 쳐죽
여 제물로 바쳤다. 바보, 병신이나 사형수 같은 인간쓰레기들을 제물
로 바치기 위해 따로 모아두었다. 손에 보리빵과 치즈, 마른 무화과
나무를 쥐여주고 도시 밖으로 내쫓기도 했다. 이것뿐만이 아니었다.
제물이 된 사람의 남근을 나뭇가지로 일곱 번 내리친 다음 그것을 태
워 가루로 만들어 바다에 뿌린다. 이처럼 산 사람을 제물로 바치는
풍습은 동쪽 끝 이오니아도 다르지 않았고, 서쪽 끝 마르세유도 다르

지 않았다.

"자유를 위한 숭고한 투쟁"으로 일컬어지는 살라미스 해전은 헤로
도토스의 말대로 그리스 민족의 독립전쟁이었다. 이 역사적인 날 아
침, 그리스군의 총사령관 테미스토클레스는 모든 전함을 모아놓고,
인간의 생살을 뜯어 먹는 신 디오뉘소스에게 세 사람을 제물로 바쳤
다. 아주 잘생긴 데다 옷도 잘 차려입었고, 금빛 보석으로 치장한 그
들은 아테나이 최고집정관의 친조카들이었다. 테미스토클레스는 군
사들이 보는 앞에서 세 사람의 목을 졸랐다. 벌을 주기 위해서가 아
니었다. 그리스 민족의 승리를 위해 희생양으로 바친 것뿐이다.

데모크리토스(플리니우스와 콜루멜라가 거듭 칭송해 마지않던)는 유물론의
창시자로 알려져 있고 존경받는 석학이었다. 그런 데모크리토스도
월경 중인 여자아이들은 수확을 앞둔 밭 주위를 하루에 세 번 뛰어다
녀야 한다고 생각했다. 월경 때 흘리는 피가 해충을 박멸하는 항생제
역할을 한다고 믿었기 때문이다.

이런 얼토당토않은 얘기는 수도 없이 많다. 문명과는 동떨어진 머
나먼 외딴 섬에서 원시인으로 살다 죽은 사람들의 얘기가 아니다.
멀쩡한 문명 국가에서도 미신과 해괴한 풍습이 존재했다. 자그마치
2천 년 동안 계속된 것도 있지만 아무도 쓸데없는 짓거리라고 말하
지 않았다. 성문법이나 관습법에 버젓이 적혀 있는 것도 있었고, 당
대 최고의 철학자들이 그 중요성을 역설한 것도 있었다. 그런 의미에
서 그리스 사회는 좋게 말해서 문명과 원시 시대가 반반씩 섞여 있었
다고 보면 틀림없다. 시간이 흘러 없어질 만도 한데, 라고 생각했던
시기에도 원시적인 풍습은 계속되었다. 뒤에서 말하겠지만, 그것이
그리스 문명의 몰락을 재촉한 한 요인이 되었다.

몇 가지 예만 더 살펴보자. 테바이를 제외한 그리스의 모든 도시에서 가장인 아버지는 새로 태어난 아이를 버릴 권리가 있었다. 큰길가나 신전 앞 계단 등이 갓난아이를 버리는 장소로 이용되었다. 또 아테나이를 빼고 모든 그리스 도시에서 아버지는 다 큰 아이를 노예 상인에게 팔아먹어도 괜찮았다. 이 두 가지 권리를 잘 이용하면 부잣집에선 유산을 한 자식에게 몰아줄 수 있었다. 가난한 집은 아이를 팔아서 빚을 갚기도 했다. 빚도 갚고 입도 하나 줄일 수 있으니, 일석이조였다. 그래도 이 정도는 양반이다. 스파르타의 귀족 가문에서는 서너 형제들이 합쳐서 부인 한 명을 두었다. 형제들이 번갈아 가면서 남편 노릇을 했기에 키울 놈이든 죽일 놈이든, 한 가문에서 아이들이 여럿 나오는 일을 미연에 방지할 수 있었다. 사정이 이런데 집안에서 여성의 위치가 어떠했는지를 따져 묻는 것이 무슨 소용이 있겠는가? 굳이 말한다면, 우리가 자랑스럽게 생각하는 인류 역사의 첫 천 년 동안 여자들은 (아이올리스 지방을 제외하고) 거의 노예나 다름없었다. 살림하고 아이 만드는 일에 쓰이는 노예가 여자였다. 기왕이면 요긴하게 쓸 남자아이를 낳아주면 좋았다. 그 외의 여자들은 길거리에서 플루트를 불거나 각종 연회에서 춤을 추었다. 노예는 아예 사람도 아니었고.

역사상 가장 아름다웠던 그리스 문명을 보기 위해 책을 편 사람들이 놀랄까 봐 잔인한 얘기는 이쯤에서 그만두기로 하겠다. 어쨌든 분명한 사실은 그리스 민족도 다른 민족과 마찬가지로 원시인의 하나였다는 점이다. 그리스 민족이 발을 붙이고 산 땅에는 온갖 미신과 혐오스러운 풍습이 가득했다. 그리스뿐만 아니라 어느 나라의 문명도 마찬가지다. 문명은 원시인들의 토양에서 차츰 싹을 틔우고 자라온 것이다. 필요하니까 발명을 했고, 우연히 기후가 좋아 생산량이 늘어났고, 그래서 문명을 이룬 것일 뿐이다.

그럼, 잔인하기 그지없는 그리스 원시인들이 만들어낸 이 문명의 정체는 무엇일까? 지금부터 그 정체를 차근차근 파헤쳐볼 것이다. 하지만 미리 성급하게 결론을 말하면, 그리스 문명은 바로 우리의 문명이다. 그들이 만들어낸 문명이 바로 우리가 살고 있는 이 문명이다.

푸른 장밋빛의 그리스, 이성과 예술의 꽃을 피워낸 그리스, 텐(Taine)과 르낭(Renan)이 칭송해 마지않던 영원하고 달콤한 그리스는 인간의 땀과 피가 흠뻑 젖은 땅에서 태어났고, 지금부터 서서히 그 본모습을 드러낼 것이다.

그리스인도 처음에는 원시인이었다

문명이란 무엇인가? 그리스 말로 문명화된 인간이라고 할 때, '문명화된'이라는 말은 '길들여진', '교육을 받은', 혹은 '접붙인'이라는 뜻이다. 문명화된 인간, 다시 말해서 접붙인 인간이란 좀 더 영양이 풍부하고 좀 더 맛있는 열매를 맺을 줄 아는 인간을 말한다. 따라서 문명이란 새로운 방법을 개발해서 생산력이 늘어난 상태를 의미한다. 그 문명 덕에 사람들이 목숨을 보전한다. 자연의 법칙으로부터 자유로워진다. 원시인들은 그저 자연의 법칙에 순응하면서 살다 갈뿐이지만, 문명화된 인간은 자연의 법칙을 깨달아 알고, 자연에 대해 반격을 가할 수 있다. 문명은 인간을 생존하게 할 뿐만 아니라, 인간을 아름답게 한다. 사람들의 행복을 보장하고, 사람들이 사회를 이루어 모여 살 수 있도록 해준다. 사람들 사이의 돈독한 관계를 만들어주는 것이다. 사람들은 함께 과학과 예술을 향유한다. 실재 세계는 물론이고, 예술 작품을 통해서 상상의 세계에서도 살아가게 된다. 실재하는 세계를 파악하는 힘이 과학이라면, 상상 속에서 또 하나의 실재를 만들어내는 힘이 예술이다. 과학과 예술로 무장한 인간은 스스로를 새롭게 정의한다. 그것이 바로 휴머니즘이요 인간됨이다. 인간됨은 다시 새로운 발견과 창조를 추동하는 힘이 된다.

아주 정확한 정의는 아니겠지만, 문명이란 이처럼 발견과 창조의 연속이라고 정의해두기로 하자.

발칸 반도에서 여러 번에 걸쳐 남하한 그리스인들은 원래 유목민이었다. 그들은 막사와 목검, 청동 바가지, 사냥술, 양을 가져왔다. 일찍이 동물들 가운데 가장 빠른 말을 길들여 사냥을 하러 다녔고, 그것으로 먹고살았다. 그러다가 헬라스라고 불리는 땅에 내려와 자리를 잡고는 척박한 땅을 일구기 시작했다. 그리스인들은 기본적으로 시민이라기보다는 농부였다. 우리는 아테나이를 무슨 대단한 도시로 생각하기 쉽지만, 아테나이는 넓은 농촌의 중심에 자리 잡은 시장에 불과했다. 그리스인들은 여러 가지 곡식과 올리브나무, 무화과나무, 포도나무를 재배했다. 그들이 상업을 하게 된 것은 단순히 모자란 것들을 채우기 위해서였다. 올리브나무에서 나온 기름과 포도에서 짜낸 포도주를 이웃 아시아 땅에서 만든 옷감과 교환하기 시작했다. 그리스인들이 혹시라도 아름다운 채색 토기에다 여러 가지 농작물들을 싣고 배를 타게 되었다면, 그것 역시 모자란 것을 구하기 위해서였다. 늘어나는 인구를 먹이기 위해 밀과 보리를 흑해 북쪽에 가서 얻어오려면 바다를 건너는 것 외에 다른 방법이 없었다. 사냥을 하던 민족이 농사를 짓게 되면 채식주의자로 변해야 하는 것처럼, 필요한 것을 얻기 위해서는 유목민도 배를 타야 한다. 여기저기 돌아다녀야 하고, 그러다가 미개한 수준에 머물러 있던 그리스 사회는 훨씬 더 세련된 주변 문명을 힐끗 훔쳐보게 되는 것이다.

이러한 발전 과정 가운데 가장 두렵고 힘들고 고통스러웠던 것은 바다를 정복하는 일이었다. 반도 북쪽에서 육로를 통해 헬라스에 도착한 그리스인들은 아주 오래도록 중앙아시아와 러시아의 초원 지대를 떠돌아다녔던 민족이다. 당연히 바다가 뭔지 몰랐고, 조상들로부터 배운 언어에도 바다를 지칭하는 말이 없었다. 사방이 물로 꽉 찬 이 물 평원을 지칭하는 말로 라틴 계열의 언어들은 mare, mer 등의 단어를 썼고, 게르만족은 Meer, See, sea라고 불렀으며, 슬라브족은 more, morze라고 불렀다. 하지만 같은 인도유럽어에 속하는 그리스어에는 '바다' 라는 단어가 없었다. 그래서 도착한 땅의 원주민들이 바다를 말할 때 썼던 단어 탈랏사(thalassa)를 베껴 쓸 수밖에 없었다. 바다라는 단어를 모르는데, 바다에 띄울 배를 만드는 기술을 알 리 없다. 그것 역시 원주민들에게 새롭게 배운 것이다. 처음 보는 바다에 처음 만들어본 배를 타고 나가는데 어떻게 무섭지 않겠는가? 그래도 그리스인들은 어떤 시인의 말처럼 "가난 때문에, 굶주린 배를 채우기 위해" 바람과 파도가 지배하는 깊이를 알 수 없는 바다에 물건을 싣고 나가야 했다. 결코 쉬운 일이 아니었고, 많은 사람이 죽었다. 그런 노력 끝에 결국 바다를 정복했고, 당대 최고의 상인이었던 페니키아인들을 압도하게 되었다.

요컨대 농부로 시작해서 뱃사람으로 진화해온 것이 그리스 문명의 내력이다.

그리스인들이 또 하나 배운 게 있다면, 그것은 시(詩)다. 사물을 시적으로 표현할 줄 알게 된 것이다. 미지의 세계에 발을 들여놓고 고심하던 그리스 민족은 소위 문학과 만난다. 물론 그리스의 언어에는 문학이라는 단어도 없었다. 단지 표현력이 풍부한 작품들이 전해 내려오고 있었을 뿐이다. 그리스 말은 풀과 샘물처럼 부드럽고 힘찼으며, 미묘한 생각들을 섬세하게 표현할 수 있었고, 사람의 마음속에서 각양각색으로 일어나는 움직임을 포착해낼 만큼 풍부했다. 부드럽고 강렬한 음악도 알았고, 잘 다듬어진 플루트의 음색도 알았고, 풀피리도 알았다. 하지만 그것은 아직 문학이 아니었다.

힘든 일을 하면서 노동요를 부르는 것은 그리스인뿐만 아니라, 다른 원시인들도 마찬가지였다. 먼 옛날부터 사람들은 노래를 부르면서 노동의 고단함을 달랬다. 그리스 시인들은 이처럼 아득한 옛날부터 전해져 내려오는 노동요의 리듬을 개발해서 새로운 장르에 도전한다. 그렇게 해서 태어난 것이 바로 시, 정확히 말하면 서사시다. 오래전 영웅들의 삶을 풍부하고도 절제된 리듬에 담아낸 시다. 서사시는 우선 사람들의 입을 통해서 후세에 알려졌다. 사람들은 리라 하나만 들고 즐겁게 서사시를 암송하며 즐겼다. 그렇게 노래를 부르다 보면 사람들의 가슴속에는 희망과 용기가 불끈불끈 솟곤 했다. 그중에서 특히 생동감 있는 서사시 두 편이 지금까지 전해지고 있는데, 바로 《일리아스》와 《오뒷세이아》다.

몇몇 시인들은 서사시보다는 서정시에 더 끌리기도 했다. 음악과 춤에 가깝고, 사람들의 일상에 훨씬 더 밀접하게 관련된 시였다. 조롱하거나 기뻐하거나 흥겨워하거나 훈계하는 일상적인 행위들을 표현하면서, 때로는 슬프고 때로는 즐거운 노래가 되는 것, 그것이 바로 서정시다. 도시적인 냄새가 물씬 풍긴다. 다른 한편으로는 희극과 비극 등의 극시를 만들어 사람들의 삶을 흉내 내고 재구성하는 일에 힘썼다. 극시(劇詩)는 그리스인들을 키워낸 중요한 수단 중 하나가 되었다. 서사시, 서정시, 극시, 이 세 가지 장르에는 언어로 빚어낸 그리스의 과거와 현재가 있다. 고통과 희망이 있다. 상상의 세계에서 마주치는 꿈과 환상이 있다.

그리스 사람들은 끌과 나무로, 석회와 대리석으로, 청동으로, 세상을 만들었다. 소위 조각을 하게 된 것이다. 그들은 우선 세상의 창조자인 신을 보여줄 필요가 있었다. 신이 어차피 인간을 만든 것이므로, 신이 인간의 형상을 하고 있다고 해도 이상할 건 없다. 그리스 사람들은 조각을 통해서, 때로는 인간에게 잔인하게 구는 신을 인간으로 바꾸어버렸다. 여자들 가운데, 혹은 남자들 가운데, 가장 아름다운 인간으로 신을 표현하는 것이야말로 신을 인간의 문명으로 끌어내려 길들이는 최선의 방법이었다. 그리고 그 신들에게 바치는 거대한 신전을 지었다. 거기다가 신을 가두고, 햇살 좋은 날 한바탕 축제를 벌였다. 이처럼 그리스의 조각과 건축은 하늘에 사는 신들에게 바쳐진 것이다. 동시에 그것은 만든 사람들의 자랑거리이기도 했다. 몇 세기 후 사람들은 신전을 보면서 그리스인들의 위대함을 떠올릴 것이다. 돌이나 쇠를 깎고 다듬고 덧붙여서 아름다운 세상을 만들 수 있는 기술은 그리스 사람들의 것이었고, 이웃나라들은 그 기술을 받아 써먹은 데 불과했다.

그리스 사람들의 업적은 여기서 그치지 않는다. 기원전 7세기와 6세기를 지나는 동안 그들은 사물에 대한 탐구를 시작했다. 세상을 이루는 것들의 법칙을 알아내는 것을 과학이라고 한다면, 그리스의 과학은 이때 생겨났다. 그리스 사람들은 그들이 살아가는 세상을 알고 싶어했다. 무엇으로 만들어졌고, 어떻게 움직이는가? 그리고 그렇게 알게 된 지식을 인간을 위해 요긴하게 쓰고자 했다. 수학을 만들었고, 천문학을 개발했다. 물리와 의학의 기본 지식을 차근차근 쌓아나갔다.

그들은 어째서 그것들을 발명하고 발견하는 데 매진했을까? 대답은 간단하다. 인간에게 봉사하기 위해서였다. 인간에게 득이 되고, 인간에게 기쁨을 주기 위해서였다. 그럼에도 처음부터 모든 인간들이 그것을 누리게 된 것은 아니었다. 무엇보다 그리스 문명은 도시를 위한 문명이었다. 정확히 말해서, 중심과 그 주위의 농지를 묶어 구획된 도시에만 문명이 있었다. 도시는 문명의 힘으로 사회가 되었다. 그리고 도시 안에 사는 사람들은 평등하게 문명을 향유할 권리를 가졌다. 그리스의 도시는 이처럼 국민주권의 원리를 구현한 것이었고, 그런 의미에서 그리스 사람들은 불완전하게나마 민주주의를 고안한 최초의 민족이었다.

지금까지 말한 것이 그리스 문명이 이루어낸 것들이다. 그리스 문명의 목적은 하나다. 자연에 맞서 인간의 능력을 키우는 것, 인간다움을 완성하는 것. 우리는 이것을 휴머니즘이라고 부른다. 그렇다. 그리스 민족의 문명은 인간의 문명이었다. 인간에게 봉사하는 문명이었다.

오늘날 우리가 누리는 문명도 그리스 문명과 다르지 않다. 그리스 사람들이 다하지 못한 것을 우리가 덧붙여 완성해나갈 뿐이다. 따라서 그들의 성공과 실패는 우리의 소중한 유산이다.

프로메테우스, 인간 진화의 신화적 증인

원시 시대에서 문명을 향해 그리스 사람들이 걸어온 길을 일찍이 아이스퀼로스는 《사슬에 묶인 프로메테우스》에서 몇 가지 단계로 나누었다. 무슨 과학적인 근거를 댄 것은 아니었다. 미개하고 고통스러운 사회에서 태어나 자유로운 인간이 되는 과정을 낱낱이 증명한 것도 아니다. 그냥 한번 되짚어보았을 뿐이다. 원시인들이 마녀를 믿듯이, 아이스퀼로스도 아직 신을 믿는 그런 사람이었다. 그가 보기에 신, 특히 천지의 지배자 제우스는 인간을 박멸하고자 했다. 만약 인간의 친구인 프로메테우스가 없었다면 그렇게 되었을 것이다. 그런 의미에서 프로메테우스는 인간의 은인이다. 프로메테우스도 그걸 알고 있다. 그래서 다음과 같이 장광설을 늘어놓고 있다. 하지만 자세히 읽어보면, 인간은 프로메테우스의 말처럼 원시인에서 문명으로 진화해왔다. 프로메테우스는 그 증인이었을 뿐이다.

내가 인간들에게 합리적 이성이 무엇인지 눈뜨게 해주었거늘, 이 불쌍한 족속들의 삶이란 도대체 어떻게 흘러왔는지…… 인간들은 눈이 있으되 보지 못했고, 귀가 있으되 사물의 소리에 귀 기울일 줄 몰랐다. 그저 원숭이들처럼 그 기나긴 생애 내내 이 무질서한 세상 속에서 흔들리고만 있었다.

하늘 아래 집을 지을 줄도 몰랐다. 벽돌이 무엇인지, 대들보와 천장이 무슨 소용인지도 몰랐다. 땅속의 개미들처럼, 어두운 지옥과도 같은 토굴 속에 갇혀 지냈다.

계절이 어떻게 바뀌어가는지 알 리 없었고, 하늘을 보고서도 겨울과 꽃피는 봄과 열매가 무르익는 여름이 어떻게 오는지 눈치채지 못했다.

알지도 못한 채 그저 살아갈 뿐이었다.

그리하여 나는 불쌍한 이 족속들을 위하여 천지의 운행을 읽어내는 기술을 알려주었으며, 모든 지식의 시작이랄 수 있는 숫자를 가르쳤다. 이 세상의 일들과 그 안에서 우리가 발견해낸 것들을 기록하고 남길 수 있는 글자도 가르쳐주었다. 글자야말로 모든 기술 가운데 으뜸인 것이다.

그들의 힘든 노동을 덜기 위하여 짐승의 목에 쟁기를 거는 방법도 알려주었다. 그런 후에야 사나운 소들도 인간에게 봉사하기 시작했고, 들판을 마구 달리는 말도 인간이 부릴 수 있게 되었다. 말은 수레를 끌었고, 마차는 왕의 자랑거리가 되었다. 그리고 바다로 나가는 인간들을 위해 나는 돛단배를 선물하기도 했다.

어디 그뿐인가. 인간이란 본디 병에 걸리면 죽을 도리밖에 없는 족속이었다. 그러므로 나는 약을 만들었고, 병을 치유하는 향유를 만들었다. 시들어가던 인간들이 기운을 차리고 강건해졌다……. 나는 그들에게 땅에서 나는 보물들을 주었으니, 금과 은이 그것이었으며, 청동과 쇠가 그것이었다……. 이제야 비로소 인간들은 과학에 눈을 뜨게 된 것이다.

무식한 유목민, 토착 에게인에게 문명을 배우다

그리스 민족이 살던 그리스 땅으로 한 걸음 한 걸음 들어가 보자.

그리스인들은 오늘날 인도유럽어족이라고 불리는 민족 가운데 하나였다(하지만 민족을 이야기하면서 인종이 다르다는 식으로 말하지는 말자). 어휘를 보아도 그렇고, 동사 변화나 어미 변화, 문장의 구조를 보아도 그리스어는 인도유럽어에 가까웠다. 바스크어와 헝가리어, 핀란드어, 터키어를 제외하고, 현재 대부분의 유럽 국가와 인도에서 쓰이는 언어를 통틀어 우리는 인도유럽어라고 부른다. 몇 가지 단어만 살펴

펠로폰네소스 풍경. 완만한 곡선을 이루는 들판 정경.

보아도 그리스어와 인도유럽어가 얼마나 닮았는지 알 수 있다. 가령, 그리스어와 라틴어에서 아버지를 뜻하는 단어는 pater이고, 독일어로는 Vater, 영어로는 father가 된다. 형제를 뜻하는 그리스 단어 frere는 로마에 오면 frater가 되고(좀 더 큰 가족 단위를 가리키는 말로 phrater라는 그리스 단어가 있다), 독일에 가면 Bruder가 되고, 영국으로 가면 brother, 슬라브어로 가면 brat, 산스크리트어로 가면 brata, 고대 페르시아로 가면 bhratar가 된다.

추론해보건대 오늘날 페르시아와 인도 · 유럽으로 흩어져 살게 된 족속들은 원래 같은 동네에 살면서 같은 언어를 썼던 것 같다. 사람들 얘기로는 현재 우랄 산맥과 카르파티아 산맥 사이의 평원 지대에서 유목 생활을 하던 민족이 인도유럽어족이라고 한다. 이 인도유럽어족이 기원전 3000년경 각자 다른 지역으로 흩어지게 된 것이다.

기원전 2000년경, 도나우 평원을 차지한 무리들로부터 떨어져 나온 그리스인들은 동지중해 근처로 남하하게 된다. 어떤 무리는 아시아 쪽으로 길을 잡았고, 어떤 무리는 에게해에 떠 있는 섬으로 갔으며, 남은 한 무리가 오늘날 그리스 반도를 차지했다. 크게 보면 에게해를 중심으로 왼쪽과 오른쪽에 놓인 땅들을 차지했고, 오른쪽이라고 볼 수 있는 소아시아로 내려간 그리스인들은 훨씬 더 빨리 문명 국가로 들어섰다(그리스인들은 소아시아 땅을 4천 년 가까이 차지하고 있었고, 헬라스 문명의 꽃을 피워오다가, 바로 지난 세기인 1922년에 터키에 넘겨주게 된다).

그리스는 새로운 땅으로 내려오면서, 이 지역을 차지하고 있던 민족으로부터 우선 농사짓는 법을 배웠다. 그리스인보다 훨씬 더 세련된 문명을 가졌던 그리스 이전의 민족을 옛날 사람들은 펠라스고이 족이라고 불렀는데, 우리는 그런 어려운 이름 대신에, 그들이 차지하고 있던 바다의 이름을 따서 에게인이라고 부르기로 하자. 그 가운데 하나인 크레테인들은 그들의 중심지가 크레테 섬이었기 때문에 그런 이름으로 불렸다. 크레테인들은 무엇보다 글을 쓸 줄 아는 민족이었다. 그들의 유적지들을 살펴보면 글씨가 깨알같이 박힌 점토판이 수도 없이 발견된다. 최근에 우리는 이 글자들을 해독할 수 있게 되었는데, 놀라운 사실은 이 글자가 그리스나 다른 민족의 글자가 아니라 크레테의 고유한 글자였다는 것이다. 그리스 말을 크레테의 글자로 적었다는 뜻이다. 이 엄청난 사건이 과연 무엇을 의미하는지를 알려면 더 많은 연구가 필요할 것 같다.

어쨌든 이 단계에서 틀림없는 사실은 그리스인은 에게인에게 그들의 말을 가르쳤지만, 글은 전해준 바가 없다는 것이다. 그리스는 아마도 글을 쓸 줄 모르는 민족이었던 것 같다. 하지만 내 관심은 그리스가 글을 쓸 줄 아는 민족이었느냐가 아니다. 오히려 반대로 그리스가 에게인들에게서 배운 것이 무엇이냐 하는 점이다.

크레테인들은 오래전부터 포도와 올리브를 재배했고, 크고 작은 가축을 길렀다. 그들은 금과 구리, 주석과 같은 금속을 다룰 줄 알았다. 아직 철기 문명에는 이르지 못했지만, 청동으로 된 무기를 사용하던 민족이었다.

20세기 초에 고고학자들은 크레테의 유적을 뒤지기 시작했다. 에게인들의 왕궁을 파내려갔더니 가운데 커다란 정원을 두고 방들이 미로처럼 얽혀 있었다. 크레테 섬에 있던 크놋소스 궁전 터는 가로가 100미터 세로가 150미터에 달했고, 단층이 아닌 2층 건물이었다. 대기실로 쓰이던 방에는 벽화가 찬란했다. 각종 동물과 꽃들, 화려한 옷을 걸친 여인들의 행렬과 황소 서커스를 벌이는 장면들이 그려져 있었다. 크레테의 문명은 단순히 화장실이 있고 욕조가 있는 정도가 아니었다. 커다란 목욕실에 요즘 우리가 쓰는 샤워 시설까지 갖추고 있었다.

크레테의 여인들은 그리스의 여인들과는 비교할 수 없는 자유를 누렸다. 기원전 5세기가 되어서도 그리스 여인들은 크레테 여인들과 같은 자유를 누리지 못할 정도였다. 크레테 여인들은 아주 다양한 일을 했다. 최근에 역사학자들이 밝혀낸 바에 따르면, 에게해 주변에 산재해 있던 오래된 민족들에서도 여성의 지위는 아주 높았다고 한다. 어떤 민족은 모계사회라고 불러도 좋을 정도였다. 아이들은 어머니의 성을 따르고, 가계는 모계를 따라 전승되었다. 여인들이 오히려 여러 남자를 거느린 채 공동체를 지배했다.

에게인들은 전쟁을 좋아하지 않는 민족이었다. 그들의 유적 어디를 둘러보아도 성곽이 발견되지 않은 것도 그 때문이다.

기원전 2000년에서 1500년 사이에, 에게해로 밀려든 그리스인들은 처음에 에게인들의 지배를 받았다. 에게인들이 훨씬 앞선 민족이었다는 말이다. 그리스인들은 심지어 조공을 바치기도 했다. 그러다가 기원전 1400년경에 반란을 일으켜 크놋소스 궁전을 불태우게 된다.

그로부터 그리스인들은 에게인들의 신과 신화, 기술을 전수받아 자신의 역사를 시작한다. 에게인들의 자랑이기도 했던 예술(꽃과 잎새, 새와 물고기와 거북이를 그린 그림들)은 계승하지 못했다. 에게인의 언어도 미궁을 뜻하는 라뷔린토스, 미궁에 살던 반인반수의 왕 미노스, 바다를 뜻하는 탈랏사, 그 외 몇몇 신들의 이름에서만 겨우 명맥을 유지하고 있을 뿐이다.

그리스인, 정확히 말해서 아카이아인이 에게인에게서 배운 것 가운데 가장 소중한 것은 농사와 뱃일이다. 한편으로는 농부였고, 다른 한편으로는 어부였던 그리스인의 특성은 그리스의 것이 아니라 크레테의 것이다. 올리브나무와 포도나무, 각종 선박들도 크레테의 것이었다. 그리스인을 먹여 살리고, 그리스의 시편들을 가득 채운 주제들은 크레테로부터 배운 것이라는 얘기다.

그리스인과 에게인의 중요한 차이점이 있는데, 그리스인들은 전쟁을 좋아한다는 점이었다. 크놋소스의 궁전을 몽땅 불태우고 나서, 그리스인들은 문명의 중심을 펠로폰네소스 반도로 옮겼다. 그리스의 왕들은 뮈케나이와 티륀스 같은 거대한 성벽을 세우고 성벽 안에 들어와 살게 되었다. 얼마나 튼튼하게 지었는지, 성벽 가운데 일부는 오늘날까지 남아 있다. 그리스인들은 앞선 문명을 일궈낸 에게인들과 달랐다. 수준이 달랐다. 즉 그리스인들이 할 줄 아는 거라고는 도적질밖에 없었고, 궁전과 묘실은 훔쳐온 금들로 가득 넘쳐났다.

바다에 관한 한 그리스인들은 에게인들의 상대가 되지 못했다. 에게인의 배는 멀리 시켈리아(시칠리아)까지 항해했지만, 그리스의 배는 에게해를 넘어본 적이 거의 없었다. 해안선을 따라 찔끔찔끔 내려가거나 이 섬 저 섬으로 옮겨 다니면서 도적질을 일삼았다. 그리스인에게 바다는 교역의 장이 아니라 범죄의 거점이었다. 가끔 뮈케나이의 군주들은 용병을 사모아서 이집트나 소아시아로 원정을 떠났다. 우선 왕족의 묘를 파고, 갖가지 보석과 금박을 입힌 잔들, 심지어 죽은 사람의 얼굴에 씌운 가면에서 금을 빼오고, 이름난 예술 작품에서도 금을 털어왔다.

이러한 도적질이 대규모로 벌어진 것이 바로 트로이아 전쟁이었다. 트로이아 전쟁은 신화가 아니라 실제로 일어났던 일이다. 트로이아, 즉 일리온이라고 불리는 이 도시도 같은 그리스 민족이 세운 도시였다. 페르시아로부터 멀지 않은 곳에 자리 잡은 트로이아는 흑해 입구에서 통행세를 챙겨 부자가 되었다. 흑해로 들어가는 긴 해협은 물살이 너무 세서 배가 통과하기 어려웠다. 상인들은 배와 물건을 지고 육로를 이용해야 했고, 트로이아인들의 약탈 대상이 되었다. 본토에 있던 그리스인들은 트로이아인들의 도적질을 견디다 못해 기원전 12세기 초, 대략 기원전 1180년경에 트로이아 성에 침입해서 성 전체를 불살랐다. 트로이아 전쟁에 얽힌 수많은 일화들이 영웅들을 묘사하고 있지만, 전쟁의 원인은 순전히 경제적인 것이었다. 강도들 간의 세력 다툼이었다. 이 구질구질한 전쟁의 기록이 바로《일리아스》다. 지난 세기에《일리아스》를 읽은 고고학자들이 트로이아로 달려들었다. 3천 년 동안 덮여 있던 땅을 파내 화재의 흔적을 간직한 도시를 찾아낸 것이다. 뮈케나이에서 볼 수 있는 물건들이 트로이아에서도 쏟아져 나왔다. 강도질의 증거를 고고학자들이 발굴한 셈이다.

 트로이아 전쟁은 같은 그리스 민족인 아이올리스인과 이오니아인들을 아카이아인이 짓밟은 전쟁이었다. 그리스인들끼리의 전쟁은 거기서 끝나지 않았다. 기원전 1100년경 마지막 그리스인이었던 도리스인들이 내려와 아카이아인들을 공격한 것이다. 그나마 아카이아인들은 크레테인들과 접촉하면서 반쯤 문명의 혜택을 입었지만, 도리스인들은 원시인과 다름없었다. 다만 다른 점은 쇠로 무장했다는 것이었다. 아카이아인에게 쇠는 귀하디귀한 금속이었다. 금이나 은과 동급이었다. 하지만 도리스인들은 쇠를 가지고 무기로 만들어 쓰고 있었다.

 도리스인들이 가지고 있는 철제 검은 짤막한 청동기에 비해 훨씬

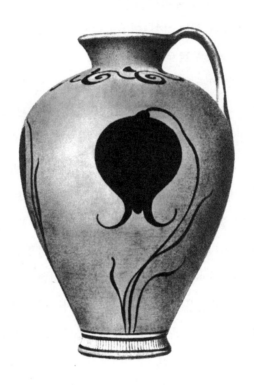

멜로스 섬에서 출토된 크레테-뮈케나이 지역의 항아리. 기원전 1450~1400년대.

길고 매끄러웠다. 긴 칼을 찬 도리스인들이 뮈케나이와 티륀스로 폭
풍처럼 밀고 내려와 약탈과 학살을 자행했다. 결국 에게 문명과 반쯤
섞인 채로 존재하던 아카이아 문명은 역사 속으로 사라졌다. 이제 그
리스는 오로지 그리스 민족만의 땅이 되었다. 진정한 의미의 그리스
역사가 시작된 것이다. 기원전 11세기, 10세기, 9세기의 어두운 밤에
그리스가 태어났다. 그리고 날은 차츰 밝아오고 있었다.

경쟁하는 도시국가

도대체 그리스라는 땅은 어떻게 생겨먹었을까? 한 원시인 무리가 오
래도록 살아남아 문명국을 이루는데, 그리스라는 땅이 도움이 되었
을까, 아니면 방해가 되었을까?

그리스 땅을 보면 도드라지는 것은 산과 바다, 두 가지다.

그리스에는 우선 산이 무수히 많다. 아무리 높아봐야 3천 미터를
넘지 않는 산이 여기저기 지천이다. 산들은 때론 가파른 경사를 이루
면서 반도 전체를 내달리고 있다. 옛날 사람들은 산들을 빙빙 둘러
올라가기보다는 곧장 정상으로 이르는 길을 만들었다. 바위를 깎아
질러 수만 개의 계단을 낸 것이다. 제멋대로 솟은 산들을 경계로 그
리스는 자연스럽게 작은 주로 나뉘게 되었고, 대부분의 주는 바다와
접했다. 그리스인들이 말하는 도시가 형성되기에 유리한 지형이었던
것이다.

국가는 여러 개의 주로 나뉘고, 각 주들은 땅이 작아서 손쉽게 지
킬 수 있다. 누구든 태어나면 한 주에 속한다. 가까운 산에 올라가 보
면, 내가 태어난 주가 내려다보이고, 한눈에 나라 전체를 굽어볼 수

있다. 나라를 사랑하기 위해 무슨 대단한 이념이 필요한 것도 아니고, 지도를 한참 들여다볼 필요조차 없다. 보이는 곳이 바로 내 나라이기 때문이다. 가파른 경사면 아래로는 들판이 펼쳐져 있고 마을이 보인다. 나라의 중심이라고 할 수 있는 도시는 산 위에 얹혀 있다. 전쟁이 일어나면 사람들은 도시로 피해들고, 길지는 않지만 평화로운 시절이 오면 도시에는 시장이 열린다. 성벽으로 둘러싸인 작은 아크로폴리스가 바로 나의 도시다. 도시를 바닷가에 지을 이유가 없다. 바다는 해적들의 정거장이기 때문이다. 다만 바다와 가까운 곳에 항구를 하나 정도 두면 도시는 그런대로 꼴을 갖추게 된다.

그리스의 나라는 이처럼 들판과 마을, 가운데 우뚝 선 도시가 전부다. 아테나이라고 하는 도시국가도 들판과 농부들, 도시와 가게, 배 몇 척이 전부다. 아테나이 사람들은 성벽을 쌓고 도시로 들어가 멀리 바다를 내려다보고 있고, 바로 그렇게 생겨먹은 것이 아테나이를 수도로 하는 앗티케 주다.

열두어 개 정도 되는 다른 그리스 주들도 모양은 비슷비슷하다. 각 주의 중심이라고 할 수 있는 도시들이 정치적, 경제적으로 경쟁하면서 그리스 전체를 이루고, 도시들끼리 싸움도 잦다. 도시들 사이에 평화 협정이라는 것은 없었다. 다만 5년짜리, 10년짜리 혹은 가장 길게는 30년짜리 정전 상태가 있을 뿐이었다. 하지만 정전 협정도 믿을 것이 못 됐다. 기간이 만료되기도 전에 전쟁이 다시 시작되었기 때문이다. 뭉뚱그려 말하면, 그리스 역사에서 30년 이상 된 전쟁은 있었을지언정 30년 이상 지속된 평화는 없었다.

도시들끼리 이처럼 자주 다퉜던 역사가 항상 나쁜 결과를 가져온 것은 아니다. 다툼은 다양한 형태의 경쟁으로 나타났다. 도시는 운동으로도 겨루었고, 문화로도 겨뤘다. 소위 게임이 성행했다. 가장 큰 운동 경기인 올림픽이 열릴 때면 모두 무기를 내려놓았다. 이 축제 기간에는 외교관이든 운동선수든 구경꾼이든 자유롭게 남의 나라를 넘나들었다. 나라들 간에만 경기를 한 것도 아니었다. 시민들 사이에 도 늘 경기가 있었다. 예를 들어, 아테나이에는 비극이나 희극, 서정 시 경연이 열렸다. 상이라고 해봐야 별것도 없었다. 담쟁이넝쿨로 만 든 관을 씌워주거나 무화과나무 한 무더기를 주는 것이 전부였다. 그 래도 승자가 누리는 영예는 대단했다. 가령 승자를 위한 기념비가 세 워지기도 했다. 《안티고네》를 출품한 소포클레스는 장군이 될 정도 였다. 대규모 군대를 이끌고 전쟁에 나가는 영웅이 된 것이다. 델포 이에서는 아폴론와 디오뉘소스를 기리는 노래자랑이 열렸다. 이름난 가수들이 하프와 플루트를 들고 참가했다. 전쟁 영웅을 기리는 노래 와 애가 혹은 흥겨운 결혼식 축가 등을 부르곤 했다. 스파르타와 그 외 여러 도시에서는 춤 경연대회가 열렸다. 아테나이 등에서는 미인 대회가 열린 적도 있다. 미인대회는 지방마다 달랐고, 남성들의 미인 대회가 있는가 하면 여성들의 미인대회도 있었다. 아테나이에서 가 장 아름다운 남자는 상으로 방패를 받기도 했다.

도시국가끼리의 경기에서 이기는 것은 그 나라의 영광뿐만 아니라 승자가 속한 도시의 영광이기도 했다. 핀다로스와 시모니데스 같은 위대한 시인들은 승리를 기념하기 위해 서사시에 음악과 춤을 가미 한 작품을 만들었다. 경기에서 승리한 시민에게 바치는 노래였고, 한 편으로는 자신이 속한 도시의 위대함을 기리는 노래였다. 도시에 영 예를 안겨준 승자들은 그에 걸맞은 상을 받았다. 도시의 중심이랄 수 있는 시청에서 먹고 잘 수 있는 것, 그게 상이었다.

도시국가 간 경기가 열리는 동안에는 군대뿐 아니라 법정도 문을 닫았다. 사형 집행도 연기되었다. 며칠 동안 정전이 계속된 경우도 있었고, 때로는 한 달간 평화가 찾아오기도 했다.

　그렇더라도 나라 간에 또는 도시들 간에 늘 벌어지는 전쟁은 그리스 민족에게는 치명적인 것이었다. 그리스는 한 번도 작은 도시국가의 한계를 벗어나지 못했다. 작은 구릉이 갈라놓은 경계선은 각각의 도시들이 지켜야 할 영역이면서, 더 큰 통합을 가로막는 요인이었다. 그리스인들은 그리스인이기 전에 아테나이인이었고, 테바이인이었다. 도시들 사이의 동맹이나 연합, 연맹은 자주 깨졌다. 그리스는 외부의 침입으로 와해된 것이 아니라 내부의 알력으로 균열이 가기 시작했다. 힘이 세서 동맹의 중심이 된 도시들은 '동맹국'이라는 듣기 좋은 말로 다른 도시들을 접수했다. 제국을 만들어갔으며, 조공을 받았고, 군대를 차출했다.

　그럼에도 그리스의 모든 도시들은 스스로를 그리스 민족의 일부라고 믿었다. 시켈리아에서 소아시아까지, 북아프리카의 작은 마을부터 보스포로스 해협 너머 크림 반도와 카우카소스까지, "그리스는 같은 피를 나눈 형제였다. 같은 말을 썼고, 같은 신을 섬겼으며, 같은 신전을 두고 같은 제물을 바쳤고, 관습과 풍속도 다르지 않았다"라고 헤로도토스는 쓰고 있다. 따라서 야만족들과 합세하여 그리스에 맞서는 것은 그리스인에게는 가장 큰 배신 행위였다.

　우리는 흔히 나쁜 의미에서 야만족이라는 딱지를 붙이지만, 야만족의 본래 의미는 그리스가 아니라는 것이다. 즉 타지인을 지칭하는 말이었다. 타지인들은 알아들을 수 없는 말을 중얼거렸고, 그것이 그리스인이 듣기에는 '바르바르'라는 새소리와 다름없었다. 제비도 야만족이고 타지인도 야만족이었다. 그렇다고 해서 그리스인들이 야만족을 무시한 것은 아니었다. 이집트와 바빌로니아의 앞선 문명을 그리스인들도 충분히 존중했다. 다만, "자유롭고 싶고 누구의 노예가 되고 싶지 않다"는 점에서 그리스가 여느 민족과 다르다고 생각했을 뿐이다.

그래서 이피게네이아는 "야만족은 노예를 키우고, 그리스 민족은 자유를 키운다"는 명언을 남겼다. 물론 다분히 인종차별적인 뉘앙스를 풍기는 말이다.

외적이 침입해오면 그리스는 연합군을 만들었다. 물론 항상 그랬던 것은 아니고, 살라미스 해전과 플라타이아이 전투에서만 그랬다. 흔히 상상하는 것처럼 늘 그리스 대 외적으로 맞선 것은 아니라는 말이다. 플라타이아이 전투에서 그리스 연합군은 페르시아 군대와 싸웠다. 그것은 맞다. 하지만 페르시아군에 징발된 다른 그리스 도시와 싸운 것도 진실이다. 페르시아에 맞선 독립전쟁도 사실은 내전과 크게 다르지 않았던 것이다. 그렇게 분열된 그리스의 도시들은 페르시아에 이어 마케도니아와 로마의 먹잇감으로 전락하게 된다.

척박한 환경이 바다 너머를 꿈꾸게 하다

산은 인간을 보호하지만 바다는 그럴 수 없다. 산은 경계를 나누지만, 바다는 경계를 허문다. 그리스 민족이 산속에 꼭꼭 숨어 지낸 것만은 아니었다. 도시가 아무리 산 쪽으로 박혀 있어도 바다와 멀지 않은 동네였을 뿐이다. 그리스의 바다는 그렇게 모든 도시들로 가는 길을 열어주었다.

바다는 두렵고도 매혹적인 공간이었다. 맑은 날이면 뱃사공들은 150킬로미터나 떨어진 곳까지 볼 수 있었다. 저 멀리 바다 위에 떠 있는 산투성이 반도는 마치 "바다 위에 놓은 방패"를 닮았다.

그리스의 바다는 해안에 수많은 항구를 낳았다. 경사가 완만한 해변은 작은 배들의 휴식처였다. 뱃사공들은 손쉽게 작은 배를 끌어 육지에 올려놓을 수 있었다. 규모가 훨씬 큰 전함은 깊은 물에 정박해서 사방에 바위벽을 쌓았다. 거대한 풍랑을 막아내기 위함이었다.

그리스 말로 바다는 '길'이라는 뜻도 가지고 있었다. 바다로 나간다는 것은 길을 떠난다는 뜻이었다. 에게해는 그런 의미에서 훌륭한 교통로였다. 유럽의 뱃사람들이 소아시아까지 가는 동안에 망망대해는 하나도 없었다. 어디서든 자그마한 육지라도 볼 수 있었다. 마치 아이들이 냇물을 건너기 위해 놓은 징검다리처럼 에게해 위에는 수많은 섬이 떠 있었다.

그리스의 어떤 주에서건 산꼭대기에 올라가면 작은 식탁보처럼 어른거리는 바다가 보였다. 에게해의 어느 지점에서건 60킬로미터만 가면 육지가 나왔고, 해변에서 90킬로미터 안에 모든 육지가 있었다.

바다로 나가는 데 돈이 많이 드는 것도 아니었다. 몇 푼만 쥐여주면 누구나 쉽게 바다로 갈 수 있었다. 수 세기 동안 도적질이나 하면서 살았던 그리스 민족은 한편으로는 상인의 기질을, 다른 한편으로는 시인의 기질을 타고났다. 그리고 다행히 앞선 문명과 접촉할 기회를 가졌다. 라신이나 라퐁텐에게 여행이란 고작 라 페르테밀롱에 가거나 샤토-티에리에 가는 것 정도였다. 하지만 솔론과 아이스킬로스와 헤로도토스, 플라톤의 여행은 차원이 달랐다. 그들은 이집트로 가고, 소아시아와 바빌로니아에 다녀오고, 퀴레네와 시켈리아까지 갔

다. 그리스인들은 다 알고 있었다. 야만족들은 수천 년 전에 이미 문
명국으로 진입했으며, "우리 그리스 민족"들은 그들로부터 배울 것
이 많다는 것을. 그런 의미에서 그리스의 바다는 다랑어나 정어리를
잡는 곳이 아니었다. 다른 인류와 교통한 장소였고, 위대한 예술 작
품과 발명품을 만나러 가는 길이었다. 바다 너머에는 광활한 평원 가
득 밀이 자라고, 대지와 하천에는 금맥이 숨어 있다. 밤하늘에 빛나
는 별들을 나침반 삼아 그리스인들은 위대한 이웃집을 찾아간다. 그
리스인들은 바다를 넘으면 살기 좋은 땅이 있다는 것을 알았고, 그리
로 가고 싶어했다. 그리하여 기원전 8세기에 이민 행렬이 시작되었
다. 밀레토스의 어부들은 흑해 주위에 90개가 넘는 도시를 세웠다.
자연스럽게 천문학이 발달하게 되었다.

요컨대 지중해는 그리스의 바다였다. 플라톤의 말을 빌리면, 그리
스 도시들은 "웅덩이 주위에 널린 개구리처럼" 번져나갔다. 꾸륵꾸
륵, 지중해 주위에 그리스인의 소리가 넘쳐났다. 바다를 통해 그리스
의 문명이 발전해나간 것이다.

올리브와 포도주의 나라

그리스인들이 뱃사람이 된 것은 어쩔 수 없는 선택이기도 했다. 그들
은 배가 고팠기에 배를 만들고 바다로 나갔다. 그리스는 실로 가난한
땅이었다. "그리스 문명은 배고픔을 먹고 자랐다." 헤로도토스는 그
렇게 고백했다. 땅은 척박했다. 언덕은 돌투성이었고, 날씨는 가물었
다. 들판에 풀이 자라고 꽃들이 만개하는 봄은 짧고 부질없었다. 날이
개면서 여름이 찾아왔고, 모든 것이 바짝바짝 타들어갔다. 흙먼지 속

에서 매미가 울었다. 몇 달씩 구름 한 점 없었다. 5월 중순부터 9월 말까지 아테나이에는 비 한 방울 내리지 않는 날이 많았다. 가을에 되어서야 비를 볼 수 있었고, 곧이어 폭풍우 몰아치는 겨울이 왔다. 가끔 눈이 오기도 했지만, 이틀을 넘지 않았다. 비는 내리는 족족 질풍처럼 흘러내려갔다. 어떤 곳에서는 1년 강수량의 15퍼센트에서 25퍼센트가 하루 사이에 쏟아졌다. 거의 바닥을 드러내고 있던 하천은 금세 폭포가 되었다. 세찬 물살은 얄팍한 지층을 쓸어서 바다 속에 퍼부었다. 오랫동안 기다려온 비는 그 순간 재앙이 되었다. 배수로가 변변치 않은 계곡에서 빗물은 질퍽한 늪지를 만들기도 했다. 그리스의 농부들은 호밀밭을 메마르게 하는 가뭄과도 싸워야 했지만, 동시에 애써 키운 곡식에 들이치는 홍수와도 싸워야 했다. 뾰족한 수도 없었다. 테라스식으로 들판을 꾸며보아야 허사였다. 빗물은 흙을 모조리 쓸어담아 벽을 넘어 내려갔기 때문이다. 물길도 내어보았다. 물 고인 습지에 길을 내고, 깔때기처럼 빗물을 모아 흘려보내려고도 했다. 하지만 작업 도구들은 원시적인 수준을 넘어서지 못했고, 고생은 고생대로 하고 별 효과가 없었다. 산에 나무를 심는 것이 가장 좋은 방법이지만, 아직 거기까지는 생각이 미치지 못했다. 원래 그리스의 산에는 나무가 빽빽했다. 소나무와 플라타너스, 느릅나무와 떡갈나무가 왕관처럼 높이 그리스의 산을 덮었고, 사냥감도 많았다. 하지만 그리스인들은 그 나무를 베기 시작했다. 도시를 세우기 위해서 혹은 땔감으로 쓰려고 마구잡이로 나무를 베면서 숲이 사라졌다. 기원전 5세기경에 벌써 민둥산이 되어버린 것이다. 그리하여 그리스는 태양과 사나운 물살과 돌무더기에 둘러싸이게 되었다.

그리스는 어느새 "손바닥만 한 그늘을 차지하려고 서로 다투는 당나귀"신세로 전락했다.

변덕스러운 하늘과 딱딱하게 굳은 땅에서는 곡식보다는 올리브나 포도가 제격이었다. 곡식 뿌리는 물 있는 데까지 깊게 파고 들어갈 수 없으니까 말이다. 쟁기로 흙을 뒤집어줄 형편도 못 되었다. 쟁기라고 해봐야 나뭇가지로 엉성하게 만든 것이라서 흙 몇 번 긁는 것밖에 안 되기 때문이다. 결국 그리스인들은 곡식을 심는 대신 바다 너머에 가서 가져오는 방법을 택했다. 말하자면 시켈리아나 루마니아, 우크라이나까지 원정을 떠난 것이다. 그런 의미에서 보면, 초창기 그리스의 식민지 정책은 식량 부족 사태를 해결하기 위한 것이었다. 그 많은 입들을 먹이려면 바다를 지배할 필요가 있었고, 특히 흑해로 가는 해협 두 군데는 확실히 장악해야 했다.

그리스인에게 올리브기름과 포도주는 각별한 의미를 지녔다. 한편으로는 화폐였고, 다른 한편으로는 가진 게 별로 없는 나라의 소중한 자산이었다. 아테네 여신의 선물이기도 한 회색 올리브 열매는 일상생활을 떠받치는 기둥과 진배없었다. 기름을 짜서 음식을 튀기고, 불을 밝히고, 물 대신 세수를 하고 손발을 문질렀다. 지중해처럼 물기 없는 동네에서는 올리브기름보다 좋은 보습제가 없었다. 포도주도 마찬가지로 귀중한 음식이었다. 디오뉘소스의 선물인 포도주는 축제가 열리거나 친구들이 찾아오거나 하는 특별한 날에만 마실 수 있는 술이었다. 그것도 그냥은 아까워서 물과 섞어 마셨다.

마시자! 뭐하러 등불 밝힌 밤이 오기를 기다리겠는가? 해가 반 주먹도 남지 않았는데. 친구여, 찬장에서 커다란 잔을 꺼내게. 제우스와 세멜레의 아들 이 준 이 선물은 현세의 고통을 잊게 해주는 것이니. 포도주 한 잔에 물 두

잔을 섞어서 자, 파도타기로, 건배!

포도주 예찬론은 여러 군데서 읽을 수 있다. 호라티우스 이전에 레스보스의 알카이오스(그리스의 서정 시인 —옮긴이)가 "나무를 심으려거든 무조건 포도나무부터 심으라"고 조언을 하기도 했다. 그리스인들은 포도주를 '진실의 거울'이라 부른다. 몇 잔 마시면 사람 속을 알 수 있으니까 말이다.

그리스 반도 전역에 걸쳐 산기슭에는 막대로 떠받친 포도나무가 즐비했다. 평지에는 유실수들 사이에 자리를 잡거나 나무 사이 끈에 매달렸다. 그렇다고 해서 그리스인들이 늘 취해 지낸 것은 아니었다. 역사가들 말로는 그럴 만큼 풍족하지는 못했다고 한다. 기후 때문에도 그렇고, 가난 때문에도 그렇고, 많이 마실 처지가 못 됐다. 그리스인들은 보통 때는 주로 납작한 보리빵과 호밀빵, 채소, 생선, 과일, 치즈, 염소젖을 먹었다. 마늘도 빼놓을 수 없는 메뉴였다. 하지만 잡은 거든 키운 거든 양이나 돼지 같은 고깃덩어리는 아무 때나 먹는 게 아니었다. 축제쯤은 되어야 포도주를 곁들여 몇 점 뜯을 수 있었다. 물론 높은 양반들은 예외였다.

이처럼 그리스인들이 가난하게 산 이유는 척박한 땅과 낙후된 기술 때문이었다. 하지만 그보다 더 중요한 이유가 있었는데, 바로 분배의 불평등이다.

제일 먼저 그리스 땅을 밟은 부족들은 땅을 공동 소유라고 생각했다. 각 마을마다 책임자가 있어서 경작 계획을 세우고, 씨족별로 일을 할당하고, 생산물을 공평하게 나누는 역할을 했다. 여기서 말하는 씨족이란 몇 가정을 한데 묶은 것으로, 씨족별로 일정량의 땅을 분배

포도를 으깨는 사튀로스들. 아마시스의 작품으로 추정되는 단지. 기원전 6세기.

받았다. 즉 사유재산이라는 개념이 존재하지 않았다. 땅은 양도가 금지된 품목이므로, 빈 땅이라고 해서 사거나 팔 수 없었고, 죽은 다음에 상속하는 것도 불가능했다. 대신 재분배는 가능했다. 필요한 집에 추가로 나눠주면 그뿐이었다.

씨족 구성원들은 모두 농업에 동원되었고, 수확한 것은 운명의 여신 모이라의 주관 아래 가족별로 공평하게 나누었다. 그렇게 해서 세 몫을 가져갔다. 땅도 제 몫이 있었고, 수확도 제 몫이 있었다. 그것을 관장하는 신이 모이라였다. 그러면서도 항상 땅의 일정 부분은 쉬게 두었다. 물론 이모작을 하는 게 아니어서 생산력은 미미한 수준이었다.

소박한 의미의 공산주의, 즉 낮은 생산력 수준에 걸맞은 토지 소유 체계는 남아프리카의 바통가족이나, 벵갈 지방의 부족사회와 다름없었다. 하지만 이와 같은 초창기 농촌의 모습은 곧 와해되고 만다. 가장 큰 이유는 아카이아인들의 도적질 때문이었다. 가령 뮈케나이는 군주 국가면서 군사 국가였다. 전쟁이 끝나고 나면 군대식 위계질서에 따라 전리품 분배에 들어간다. 왕이 먼저 가져가고, 왕 밑에 작은 왕이 가져가고, 신하들이 또 가져가고, 그런 식으로 '사자의 계산법'에 따라 땅을 나누었다. 그 와중에 나쁜 놈들은 땅을 착복하기도 했다. 그러면서 공산주의가 무너졌다. 아래로부터가 아니라 위로부터 무너진 것이다. 결국 사유재산 제도는 강자가 강자를 위해서 만든 제도였다.

물론 또 다른 이유도 있었다. 공동체로부터 밀려나는 개인이 생겨났다. 자기가 원해서 씨족 단위에서 빠져나오거나, 쫓겨난 것이다. 모험심에 불타서 바다로 나간 사람도 있다. 아무도 거들떠보지 않는 땅을 차지해서 사유화한 사람도 있다. 그런 식으로 공산주의 체제가 무너지고, 재산의 사유화가 일어났다. 이 범주에 속하는 사람들, 즉 개인들은 가난하기는 했지만 진취적이었다. 처음에는 씨족의 굴레를 벗어나는 게 목표였지만, 개중에는 농사를 포기하는 사람도 생겨났다. 그래서 생겨난 계급이 장인이다. 농기구를 만들어 공급하거나 목수, 대장장이 등의 직업에 종사했다. 장인 계급 가운데 주목할 만한 사람들은 의사와 시인이었다. 의사들은 조합을 결성해 나름대로 규칙을 세우고, 비법을 전수하고, 마을마다 돌아다니면서 진통제나 처방전을 팔고 다녔다. 그 처방전이 바로 의사들의 사유재산이었음은 물론이다. 마찬가지로 입에서 입으로 전해 내려온 이야기 형태의 시편들은 시인들의 재산이었다.

이처럼 다양한 계급이 생겨났고, 도시국가 내에서 계급들이 공존하는 상황이 발생했다. 그 결과 '도시'는 두 편으로 나뉘었다. 한편은 지주이고, 다른 한편은 소규모 자영농이었다. 장인이나 인부들, 선원들, 자질구레한 잡상인들, 가난한 군중들이 소규모 자영농 쪽이었다.

위대한 그리스 역사는 각종 사회계급이 발생하고 발전하면서 이야기꽃을 피운다. 새로 태어난 계급은 귀족들이 누리던 특권을 탈취해서 새로운 '도시'의 주인이 되고자 했다. 귀족들이 죄다 행정의 책임자이고, 성직자이고, 판사나 장군이던 시대가 있었다. 하지만 이제 귀족보다 훨씬 숫자가 많은 오합지졸의 세상이 된 것이다. 이들 평민들은 동등한 권리를 요구했다. 그것이 바로 민주사회를 위한 투쟁이다. 가진 것 없는 자들이 모여서 민주주의를 주장했다. 권력을 가진 자, 그리고 그 권력 위에 군림하던 신들은 당연히 반대했다. 하지만 역사의 물결을 막을 수는 없었다.

문명을 향해 한 걸음 한 걸음

지금까지 그리스 문명의 초창기 상황과 중요한 사건을 소개했다. 곰곰이 생각해보면 역사 발전의 원동력은 한두 가지만 있는 것이 아니다. 기후나 토지, 바다와 같은 자연조건도 있었고, 역사적인 사건이나 전설도 있었고, 계급 투쟁과 같은 사회경제적 요인도 한몫 거들었다. 이런 것들이 용광로처럼 섞여서 에너지를 발산하기 시작하면 소위 문명의 탄생을 위한 최적의 조건이 된다.

그래서 '그리스의 기적'이 만들어진 걸까? 그렇지는 않다. 어떤 학자들은 기적이라고 말할지 모르지만, 사실 기적은 없다. 그것은 비과학적인 단어이고, 따라서 그리스답지 않다. 기적은 과학이 아니므로 아무것도 설명하지 못한다. 다만 설명을 감탄으로 치환하는 것뿐이다.

진실은 이렇다. 그리스 민족은 그들이 처한 조건에서 그들의 수단을 가지고 문명을 향해 한 걸음 한 걸음 나아갔다. 신이 기적처럼 나타나서 특별한 재능을 부여했을 리 없다. 문명은 신이 아니라 인간이 조금이라도 더 인간답게 살기 위하여 분투해온 것들의 결과물이다. 그 안에 그리스 민족이 끼어 있을 뿐이다.

한 가지만 예를 들어보자. 우리는 가끔 그리스 민족이 과학을 발명한 것처럼 말한다. 하지만 그리스인들은 과학을 발명한 것이 아니라 과학적인 방법을 발견했을 뿐이다. 그리스 민족이 역사의 전면에 등장하기 오래전에, 칼데아인 혹은 이집트인이라고 불리는 사람들이 세상에 대해 관찰한 것들을 기록해두었다. 별의 움직임이나 땅의 높이 같은 것들이었다. 그 기록을 그리스인들은 실생활에 이용했다. 선원들이 바닷길을 찾거나, 농부들이 땅의 크기를 재거나, 농사일에 알

맞은 날짜를 알아내는 데 써먹은 것이다.

그런 의미에서 그리스인들은 운이 좋았다. 천문학이나 지리학에 관한 자료들이 적당히 쌓여 있던 시기에 태어나, 그 자료들을 이용해서 법칙을 만들고 세상을 설명했으니 말이다. 물론 실패한 적도 많다. 하지만 그들은 다시 시작했다. 기적을 이룬 것이 아니다. 인류의 발전 단계에서 한 걸음 더 올라섰을 뿐이다. 그와 비슷한 예는 수도 없이 댈 수 있다.

그리스 문명은 인간을 출발점으로 삼는다. 인간의 필요를 충족하기 위해 문명이 발달했다. 하지만 문명의 발달은 거꾸로 인간을 변화시킨다. 인간이 세계를 변화시키면 세계가 다시 인간을 변화시키는 것이다. 그런 의미에서 인간과 세계는 서로 거울처럼 마주 보고 있다. 인간은 세계를 바꾸고 세계는 다시 인간을 바꾼다. 그것이 바로 그리스 문명의 본질이다. 인간과 세계의 접합, 인간과 세계의 융합을 지향한다. 인간과 세계는 대립하는 당사자로서 서로 싸우고 투쟁한다. 그러는 가운데 조화를 이루어나간다. 문명을 완성하는 것이다.

chapter 2

《일리아스》와 호메로스의
휴머니즘

위대한 시편 호메로스의 《일리아스》는 그리스 민족의 전쟁사다. 정복욕에 불타서 혹은 신의 부름을 받아서 전쟁에 나선 영웅들의 이야기다. 가장 끔찍한 재앙에 투입된 인간들, "신 가운데 가장 더러운 신이며, 피를 마시고 사는" 아레스의 포로가 된 인간들의 이야기다. 호메로스는 지금부터 그 인간들에 관한 이야기를 시작하고자 한다. 인간의 고결함에 대해서 말하고자 한다. 죽이고 죽을 뿐인 그들의 용기에 대해서 말하고자 한다. 조국을 지키기 위해서 나선 자들, 그들의 희생에 대해서 말하고자 한다. 그리고 여인들의 아름다움에 대해서 말하고자 한다. 아버지는 자기 대를 이을 아들에게 마지막 인사를 고하고, 죽음을 앞둔 늙은이는 부끄러움을 무릅쓰고 적장 앞에서 눈물을 흘린다. 상황은 이렇다. 장군들은 탐욕과 야망에 들떠 있다. 장군들이 섬기는 신은 전능하며 힘이 세다. 가끔씩 시기에 불타고, 사소한 이익에 흔들리고, 곧 죽을 인간들에 대해서는 무심하기 짝이 없다. 그래서 전투가 있고, 상처가 있다. 하지만 그럼에도 전쟁에 투입된 인간들에게는 용기와 우정과 사랑이라는 무기가 있다. 연민은 복수보다 강한 법이다. 고결한 사랑을 아는 인간은 신만큼이나 위대한 법이다. 호메로스는 그런 인간들에 대해서 말하고자 한다.

따라서 죽음의 그늘이 가득 드리워진 호메로스의 《일리아스》는 역설적으로 곧 끝나고 말 생에 대한 찬사이고, 목숨보다 그리고 신보다 더 위대한 인간들에 대한 증언이다.

밥 먹듯이 전쟁을 일삼아왔던 그리스 민족의 서사시로는 이만한 주제가 없다. 전쟁과 인간이라는 이 독특한 주제를 실감나게 형상화하기 위해, 호메로스는 기원전 12세기 초 트로이아 전쟁의 한 장면을 택한다. 전설이 되어버린 트로이아 전쟁은 오늘날 그리스 본토라고 불리는 뮈케나이의 아카이아인들과, 소아시아의 아이올리스인들 사이의 경쟁심이 발단이 되었다. 이 가운데 시인은 세 개의 에피소드를 끄집어냈다. 첫째는 아킬레우스의 분노이고, 둘째는 그리스 연합군을 이끄는 뮈케나이의 왕 아가멤논과 아킬레우스 사이의 알력이고, 마지막 셋째는 그리스 연합군이 트로이아를 정복하는 장면이다.

우선 줄거리를 정리해보자. 위대한 왕 아가멤논은 가장 용감한 전사이면서 '군대의 방패'이기도 한 아킬레우스에게 자기 전리품 가운데 하나인 여자 노예 브리세이스를 주기로 했으나 자기가 차지했다. 그러자 아킬레우스는 아가멤논의 전리품 처리 방식에 격분한다. 전사들이 모인 자리에서 자기 몫을 빼앗긴 아킬레우스는 대놓고 아가멤논을 욕하기 시작했다. "이런 뻔뻔한 자식…… 전리품에 눈이 멀어서 도무지 염치를 모르는구나……. 얼굴은 개처럼 생긴 게……

술고래에다가 사슴처럼 오그라든 심장을 가진 놈이 말이야." 아킬레우스의 주장은 이러했다. 전쟁에서 가장 어려운 일을 도맡아 처리한 건 자기인데 항상 공적은 아가멤논이 차지했다. 전사로 치면 졸개만도 못하고 탐욕은 끝도 없어서, "백성을 잡아 먹는 것으로 소문난 왕" 아가멤논보다 자기가 못할 것이 무어냐는 것이었다. 용맹스럽게 싸워봐야 제대로 인정도 받지 못할 바에야, 더 이상 전투에 참가하지 않을 것이며, 막사 안에서 가만히 팔짱이나 끼고 있겠노라고 선언했다. 그리고 실제로 그렇게 했다.

아킬레우스는 호메로스의 《일리아스》에서 최고의 영웅이며, 모든 중요한 사건이 그를 중심으로 전개된다. 그가 부하들과 함께 전쟁에서 손을 떼자, 그리스군에는 재앙이 몰려들었다. 트로이아 성 앞에서 벌어진 세 번의 전투에서 그리스군은 참담한 패배를 맛보게 된 것이다. 공격자였던 그리스인들은 어느새 수세로 돌아섰고, 10년 동안 성안에 갇혀 그리스의 공격을 막기에만 급급했던 트로이아인들은 성 밖으로 나와 진을 치기 시작했다. 그리스군은 별수 없이 참호를 팠다. 순식간에 전세가 역전되고 만 것이다. 하지만 이러한 대치 상태도 오래 가지 못했다. 프리아모스의 아들들 가운데 가장 용맹스러운 전사 헥토르의 공격을 당해낼 재간이 없었다. 트로이아의 병사들은 바다에 정박한 그리스 함대에 불을 지르고, 무기를 바다로 던져버리기에 이르렀다.

《일리아스》의 많은 부분은 학살과 약탈로 점철되어 있고, 지는 듯하다가도 다시 재연되는 오랜 전투의 기록이지만, 아킬레우스가 없어지면 상황은 싱겁게 끝날 것처럼 보였다. 그가 있고 없고에 따라 전쟁의 양상이 완전히 뒤바뀌고 말았다. 물론 텔라몬의 아들 아이아스와 오일레우스의 아들 아이아스, 용감한 디오메데스도 있었다. 하지만 그들이 아킬레우스의 자리를 대신할 수는 없었다.

젊은 영웅 아킬레우스는 힘과 민첩성, 열정과 용기를 갖춘 최고의 전사였다. 지는 법도 없었고 지치지도 않았다. 이처럼 모든 것을 갖춘 아킬레우스가 구경만 하고 있자, 그리스군 전체가 무너지게 된다.

그리스군의 패퇴가 계속되던 날 밤, 아킬레우스는 막사에 남아 괴로움을 곱씹고 있었다. 그때 두 명의 장수가 아킬레우스를 찾아왔다. 텔라몬의 아들 아이아스와 오뒷세우스였다. 아이아스는 소년들이 아무리 끌어당겨도 꿈적하지 않는 당나귀처럼 용맹으로 치면 아킬레우스에게 뒤지지 않는 전사였고, 오뒷세우스는 사람의 마음을 설득할 줄 아는 사람이었다. 그리고 두 장수들 곁에는 아킬레우스의 스승 포이닉스가 있었다. 포이닉스는 아킬레우스가 조국의 부름에 귀 기울이기를 기다렸다.

세 사람은 아킬레우스에게 전투에 복귀할 것을 청원했다. 전사로서 동료들과 군대에 대한 충성심을 저버리지 말아달라고 부탁했다. 아킬레우스의 용맹에 걸맞은 선물과 영광을 되돌려주겠다는 아가멤논 장군의 약속도 내놓았다. 하지만 아킬레우스는 요지부동이었다. 스스로에게 말한 것을 지키려는 것이 아니라, 자존심이 무너진 상황 자체를 견딜 수 없었다. 아킬레우스는 차라리 고국으로 돌아가겠다고 했다. 남의 땅에서 죽는 한이 있더라도 전사로서 용맹스럽게 싸우고 싶었던 젊은 날의 꿈조차 다 버리고, 조국으로 돌아가 쓸쓸한 노년을 맞겠다는 것이었다.

만약 아킬레우스가 그렇게 했더라면, 그의 업적은 모두 사라지고, 그저 근근이 남은 생애를 이어갈 수밖에 없었다.

다행히 다음 날 아침까지도 아킬레우스는 떠나지 않았다. 그리고 바로 그날, 트로이아 전쟁의 양상을 완전히 뒤바꾼 사건이 터졌다. 트로이아인들은 그날도 그리스군에 대한 공격을 늦추지 않았다. 급기야 헥토르는 아이아스가 올라서서 지키고 있는 함선의 고물에 불을 지르라고 명령했다. 막사에 남아 있던 아킬레우스는 저 멀리 그리스군의 함선에서 솟아오르는 첫 번째 불길을 보았다. 그리스가 무너지는 순간이었고, 아킬레우스로서는 치욕스럽기 짝이 없는 일이었다. 더 이상 그도 팔짱을 끼고 있을 수는 없었다. 그때 파트로클로스가 전투에 내보내달라고 했다. 파트로클로스는 아킬레우스의 반쪽과도 같은 친구이자 부하였다. 파트로클로스는 눈물을 흘리며 아킬레우스 대신 자기가 나가겠노라고 했다. 보기만 해도 트로이아인들을 두려움에 떨게 한 아킬레우스의 갑옷을 달라고 했다. 마음이 약해진 아킬레우스는 군대의 일부를 전선에 내보냈다. 손수 파트로클로스에게 자기 갑옷을 입혀주어 군대 앞에 서도록 했다. 파트로클로스는 함선에서 멀리 떨어진 곳으로 트로이아인들을 격퇴해나갔다. 하지만 파트로클로스가 이끄는 군대는 곧 헥토르와 맞닥뜨렸다. 결국 아폴론의 개입 때문에 파트로클로스는 헥토르와의 일대일 전투에서 무참히 죽고 말았다.

가장 절친한 친구의 죽음을 접한 아킬레우스의 슬픔은 극에 달했다. 아무것도 먹지 않은 채 머리를 쥐어뜯으며 땅바닥에 드러누운 아킬레우스는 입은 옷을 찢고, 얼굴에 흙을 뒤집어썼다. 울고 또 울었다. 차라리 죽어버리자 마음먹기도 했다(하지만 그리스인은 자살을 비겁한 자의 피난처라고 생각했다). 아가멤논에게 받은 상처가 아직 생생한 터에 파트로클로스의 죽음은 아킬레우스를 괴로움의 심연으로 밀어넣었다. 아무 생각도 나지 않았다. 갑자기 슬픔은 삶에 대한 욕구에 불을 질렀다. 분노에 기름을 부은 격이었다. 자기 민족과 둘도 없는 친구 파트로클로스를 죽인 헥토르에 대한 복수심에 불타올랐던 것이다.

아킬레우스는 《일리아스》를 좌지우지하는 엔진이다. 호메로스는 아킬레우스의 마음속에서 감정의 격랑을 일으켰고, 이로써 도무지 움직이지 않을 것만 같았던 아킬레우스가 들썩였다. 그리고 일단 움직이기만 하면 아킬레우스를 막을 자가 없었다.

드디어 아킬레우스가 전투에 복귀했다. 《일리아스》의 네 번째 싸움이 시작된 것이다. 이제 전투는 그리스 연합군의 전투에서 아킬레우스의 전투가 되었다. 그는 앞을 가로막는 트로이아인들을 학살해나갔다. 한 무더기를 모조리 죽이고 나서 다른 한 무더기는 바다 속에 밀어넣었고, 간신히 살아남은 자들은 트로이아 성 안으로 줄행랑을 쳤다. 마지막으로 헥토르 혼자 성 앞에 남았다. 아버지와 어머니가 돌아오라고 애타게 소리치는 가운데, 헥토르는 조국의 적 아킬레우스 앞에 마주섰다.

헥토르와 아킬레우스의 싸움은 《일리아스》의 백미다. 헥토르는 용감하게 싸웠다. 그는 아내를 사랑하고, 아들들을 사랑하고, 조국을 사랑하는 사람이었다. 하지만 아킬레우스는 헥토르보다 강했다. 곧이어 헥토르를 지켜준 신들도 그에게서 등을 돌렸다. 아킬레우스가 헥토르의 숨을 끊어버렸다. 아킬레우스는 헥토르의 시신을 트로피처럼 끌고 그리스군의 진영으로 돌아왔다. 전차 끝에 시신을 매단 채 머리카락이 땅에 끌리도록 끌고 다녔다.

헥토르의 몸은 그렇게 흙먼지 속을 굴러다녔다. 검은 머리카락은 먼지에

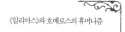

더럽혀지고, 고운 얼굴은 진흙탕에 짓이겨졌다. 제우스가 조국의 땅에서 헥토르의 시신이 모욕당하도록 내버려둔 것이다.

시편의 마지막은 이랬다. 헥토르의 아버지 프리아모스는 아들을 죽인 아킬레우스를 찾아와 시신이라도 돌려달라고 애원했다. 아킬레우스는 늙은 아비의 간청을 들어주었고, 헥토르의 장례식이 성대하게 치러졌다. 조국을 위해 목숨을 바친 전사 헥토르를 애도하는 노래가 트로이아 성 안에 울려 퍼지고, 여인들의 울음소리는 오래도록 그칠 줄 몰랐다.

《일리아스》의 탄생

호메로스가 이 모든 이야기를 지어낸 것이 아니다. 고대로부터 전해져 오는 것들이다. 호메로스는 여러 개의 에피소드들을 엮어 하나의 시편에 담고, 하나의 드라마로 완성했을 뿐이다.

트로이아 전쟁은 기원전 12세기의 일이고, 호메로스가 《일리아스》를 쓴 것은 기원전 8세기였다. 따라서 4세기라는 시차가 있었다. 그 사이에 이름 모를 여러 시인들이 트로이아 전쟁의 일화들을 수집해왔다. 그들은 즉흥적으로 트로이아 전쟁을 소재로 한 시를 지었으며, 당시 쓰던 말투 그대로 시를 읊었다. 그들이 차용한 운율은 규칙적이고 간결했다. 매끄럽고 기억하기 쉬웠다. 그런 즉흥시들을 취합해서 만든 《일리아스》는 이미 반쯤 잊힌 아이올리스인들의 언어를 그 나름의 시적 리듬 속에 녹아들게 하고 있다. 풍부한 형용사와 생생한 운율을 섞어서 손색없이 아름다운 서사시를 만들어낸 것이다.

트로이아 전쟁이 끝나고 호메로스가 살던 시대까지 400년 동안 시는 사람들의 입을 통해 전해졌다. 불가능한 얘기는 아니다. 19세기 세르비아의 구전문학을 연구한 자료에 따르면, 서사 시인들은 문자의 도움을 받지 않고 8만 개의 시구를 즉석에서 낭송할 수 있었다고 한다. 호메로스의 선배격인 이 시인들은 지방 귀족의 집에서 한 구절 한 구절 시를 읊었다. 여기서 말하는 귀족은 뮈케나이 문명기에 곳곳에 창궐하던 해적단 두목이 아니다. 시골에 많은 땅을 소유하고 있던 지주들이었다. 그들은 지나간 시절의 전쟁 얘기를 듣기를 좋아했다. 그리고 이때쯤 그리스 세계에 상인 계급이 출현했다. 처음에는 아이올리스 땅 바로 아래 소아시아의 이오니아에서 상업이 발달했고, 특히 밀레토스나 스뮈르나 같은 항구 도시들이 주목을 받았다. 정확히 어디인지는 알 수 없지만, 호메로스도 그 도시들 가운데 한 곳에 살았다. 호메로스의 시대에는 역사상 그 어느 시기보다 계급 갈등이 심했다. 땅 한 뙈기도 갖지 못한 무산 계급은 상인들과 합세하여 지주 계급을 무너뜨리려 했다. 특히 지주 계급들의 문화와는 다른 자기들만의 독특한 문화에 대한 욕구를 가지게 되었으며, 그 결과가 바로 호메로스의 《일리아스》다.

최근 연구 결과에 따르면, 기원전 8세기 이오니아 지방에서 태어난 호메로스의 《일리아스》는 종래의 구전 설화를 문학 작품으로 바꾼 것이라고 한다. 이전의 시들이 즉흥적인 것이었다면, 호메로스의 시는 정교하게 다시 만든 것이다. 우리가 그리스 최초의 서사시라고 부르는 이 작품은 상인 계급의 등장과 관계가 있다. 글이 없던 시절 시는 입에서 입으로 전해졌다. 그것을 호메로스라는 이오니아 시인이 풍부한 감수성을 바탕으로 예술 작품으로 승화시켰다고 보면 틀림없

눈먼 호메로스. 기원전 450년경에 제작된 청동 원본을 본떠서 로마 제국 시대 초기에 제작된 대리석 모조품.

다. 이야기들을 재구성해서 파피루스에 글로 남긴 것이 바로 《일리아스》다.

　정확히 말하면 새로운 상인 계급이 똑같은 얘기에 예술적 가치를 더했고 형태를 입혔다. 그것이 상인 계급에 의해 여러 도시로 퍼져 나가 그리스 민족 전체의 유산이 되었다. 민중시 《일리아스》는 이렇게 태어났다. 시인이 시를 다시 만들었으며, 새로운 시대를 맞은 그리스 민족의 시가 되었고, 마침내 우리 모두의 시가 되었다.

그리스의 셰익스피어, 호메로스

호메로스의 재능은 무엇보다 새로운 인간형을 창조하는 데 있다.

　《일리아스》에는 참으로 많은 인간들이 나온다. 사람 사는 세상이 그렇듯이 인물들은 아주 다양하며, 호메로스는 인물의 창조자다. 발자크가 "나는 인간 군상들을 서로 대립시킨다"라고 말했지만, 호메로스야말로 그런 말을 할 자격이 있다. 인간을 여러 부류로 나누는 기술, 인간 각각의 특성·배역·의미·행태(오늘날의 언어로 바꾸면 디지털 정보)를 다르게 배열하는 기술로 치면, 호메로스는 발자크나 셰익스피어와 동급이다.

　한 인간을 살아 움직이게 하는 데(호메로스의 시에는 묘사라는 게 전혀 없으므로, 묘사의 방법을 쓸 수는 없고) 몸짓 하나, 말 한마디면 충분했다. 호메로스의 재능은 바로 거기 있었다.

　다음은 디오레스였다.

　운명의 화살이 그를 향했다.

전선에서 디오레스가 뒤로 쓰러졌다.

그는 친구들을 향해 두 손을 뻗었다.

이 구절처럼 하나의 동작으로 단번에 그 사람을 표현할 수 있는 시인이 몇이나 될까? 이 장면에서 디오레스는 삶을 향해 손을 뻗고 있다. 살고 싶은 것이다. 그게 고스란히 디오레스를 설명한다.

이처럼 삶과 죽음을 설명하는 그림은 여러 군데서 나온다.

손에 창을 든 채로 아킬레우스는 폴뤼도로스를 쫓았다.

프리아모스의 아들이며 신에 버금가는 전사, 폴뤼도로스.

프리아모스는 폴뤼도로스를 전장에 나가지 못하게 했다.

막내이며 가장 애지중지하는 아들이었다.

그는 누구보다도 빠르다.

그 재빠른 발을 뽐내면서

겁 없는 아이처럼 전선 머리를 누비는 중이었다.

바로 그 순간에 아킬레우스가 폴뤼도로스를 덮쳤다.

외마디 비명을 지르며 무릎을 꿇었다.

어두운 구름이 눈을 덮었다.

두 손으로 내장을 감싸안으며 폴뤼도로스가 무너졌다.

죽음을 앞에 두고는 용감한 자도 태연할 수 없다. 하르팔리온도 마찬가지다.

슬쩍 뒤로 물러서서

하르팔리온은 동료들 사이에 숨었다.

다가온 운명을 피하고 싶었다.

창이 갑자기 날아와서 살을 쑤실까 봐

겁먹은 눈빛으로 사방을 두리번거렸다.

하지만 그도 운명을 피할 수는 없었다. 창을 맞고는 바닥에 고꾸라졌다. 벌레처럼 꿈틀거리며 운명 앞에 한번 대들었지만, 별 소용이 없었다.

그에 비하면 케브리오네스의 죽음은 훨씬 더 단순했다. 말 그대로 용감한 자의 죽음이라 조용하고 순수했다. 사방이 전쟁의 소음으로 가득한 가운데 그는 평온하게 누워 있었다.

트로이아인들과 아카이아인들은 서로 달려들어 살육했다.

어느 쪽도 물러서지 않았다.

죽은 사람을 가운데 놓고 창들이 쉴 새 없이 부딪쳤다.

시위를 벗어난 화살 깃이 날아가고

바윗덩어리가 방패를 쿵쿵 때렸다.

누운 자 위로 먼지가 피어올랐다.

하지만 소용돌이 가운데 그는 평화롭게 누워 있었다.

준마를 부리던 그 현란한 몸짓은 다 잊은 듯했다.

확실히 호메로스는 핵심을 찌르는 재주가 있다. 주시하는 대상이 누구이든 간에 단 하나의 몸짓으로, 단 하나의 동작으로 대상의 본질을 드러내는 것이다.

아이아스와 디오메데스: 묵직한 용기, 날렵한 용기

《일리아스》에는 주로 전사들이 나온다. 그들은 대부분 용감하다. 하지만 용감한 것도 종류가 있다. 《일리아스》의 전사들은 용감한 것조차 닮은꼴이 없다.

텔라몬의 아들 아이아스의 용기는 묵직하다. 저항의 용기다. 그는 키가 크고 어깨가 넓고, 시쳇말로 근수가 많이 나간다. 그의 용기는 따라서 바위처럼 단단하다. 누구도 옮길 수 없다. 호메로스는 아이아스의 용기를 표현하기 위해 고전적인 서사시에서는 쉽게 볼 수 없는 비유법을 쓴다. 가령 이런 것이다.

> 곡식 밭을 지나는 당나귀는
> 목동의 말에 아랑곳하지 않는다.
> 갈비뼈 몇 대가 부서지든 말든
> 밭으로 달려 들어가 곡식 대를 뜯고야 만다.
> 다른 목동들도 몰려와 당나귀를 매질한다.
> 그래봐야 애들 몽둥이질쯤 아무것도 아니다.
> 결국 곡식으로 배를 채우고 마는 걸 보라.
> 우리의 아이아스가 꼭 그 꼴이다.

아이아스의 용기는 고집스럽다. 달려들어 공격하지도 않는다. 수퇘지 같은 몸은 공격형이 아니다. 성격도 꼭 그렇다. 바보는 아니지

출정에 앞서 마시는 출발주. 클레오프라데스가 제작한 단지의 부분. 기원전 500년경.

만, 단순하다. 어렵고 복잡한 것은 싫어한다. 그리스 전령들이 아킬레우스의 대답을 기다리고 있을 때, 단순한 아이아스는 도무지 이해가 되지 않았다. 그깟 브리세이스 때문에 칼을 거두다니, 이 무슨 해괴망측한 소리인가 말이다.

그 한 여자 대신 일곱을 준다고 하지 않는가.
게다가 전리품도 더 얹어준다는데 뭐가 문제인가.

공격은 몰라도 수비에는 아이아스만 한 전사가 없다. 자리를 지키라는 명령이 떨어지면 그는 죽으나 사나 자리를 지킨다. 말 그대로 단순하다. 경계석 같다. 돌처럼 서서 경계를 지킨다. 그가 있는 한 누구도 넘어올 수 없다. 그래서 호메로스는 그를 탑 혹은 벽이라고 부른다. 단단하기가 콘크리트 같다.

전함 위에서 수비를 하고 있는 꼴을 보면 웃음이 절로 나온다. 갑판을 성큼성큼 오가면서 맡은 구역을 물샐 틈 없이 지킨다. 이쪽저쪽 창으로 찔러댄다. 필요하면 배를 미는 삿대로 찌른다. 전사로서 그의 속성은 아주 간단하다. 한 걸음도 물러설 수 없다는 것이다.

그런 그가 전사들을 향해 소리를 지른다.

우리 뒤에 뭐가 남았는가?
든든한 성채라도 서 있는가?
아니다. 여기가 우리 죽을 자리다.
우리밖에 없다. 구원의 빛은 싸움에 있다.

아이아스는 절망이라는 것이 무엇인지 모른다. 그는 전쟁이 '장난'이 아니라는 것을 너무도 잘 알고 있다. 그래서 이렇게 외친다.

기댈 것도 없고, 피할 곳도 없다.
두 주먹 불끈 쥔 힘으로
여기서 끝내자. 내 목숨 내가 지키든지
아니면, 깨끗하게 끝을 보든지.

바로 이런 단순함 덕에 아이아스는 전장에서 희미한 미소를 지을 수 있다.

아이아스의 용기는 스파르타식이고, 로마식이다. 스파르타도 후퇴란 없었고, 호라티우스도 티베리스 강 다리 위에 발 말뚝을 박았다. 명령이라면 서서 죽고 마는 용기가 아이아스의 용기다. 훗날 플루타르코스가 차용해서 수많은 문학에서 베껴썼지만 원조는 아이아스이고 호메로스다.

그에 비하면 디오메데스의 용기는 날렵하다. 그는 스파르타와는 다르다. 훨씬 더 즉흥적이고 뜨겁다. 디오메데스 하면 용기와 불같은 청년의 기질이 떠오른다. 사실 그는 그리스 전사 가운데 아킬레우스 다음으로 나이가 어리다. 그래서인지 어른들 앞에서 곧잘 대들곤 한다. 늦은 밤 참모회의에서 그는 과감하게 아가멤논을 공격하고 나선 적이 있다. 아킬레우스에게 더 많은 보상을 하라고 입바른 소리를 했다. 하지만 말 안 듣는 어린아이는 아니다. 전장에서는 무조건 복종한다. 심지어 부당한 명령에도 복종할 정도였다.

디오메데스는 언제라도 공격할 준비가 되어 있는 지원병 같다. 하루 종일 힘든 전투를 벌이고 돌아와서도 트로이아군의 진지로 야간 매복을 나가겠다고 설칠 정도다. 그는 맡은 임무만 끝내고 마는 성격이 아니다. 미친 사람처럼 죽어라고 맨 앞에 선다. 모든 장수들이 헥토르 앞에서 뒷걸음질을 칠 때 그는 홀로 갑옷을 고치고 섰다. 그게 디오메데스다. 손에 쥔 창도 디오메데스를 닮아 반쯤은 미쳐 있다. 그 스스로 고백하기를, "이놈의 창은 내 손 안에만 들어오면 뜨거워진다"는 것이다. 한 번은 나이 든 네스토르와 함께 헥토르 앞에 선 적이 있었다. 그때 헥토르의 승리를 간절히 바라는 제우스가 벼락을 쳐서 두 사람을 막았다.

> 끔찍한 천둥소리가 나더니
> 푸르스름한 불꽃이 떨어져
> 두 장수의 말 앞에 박혔다.
> 유황 타는 냄새가 코를 찌르고
> 겁먹은 말들이 마차 아래 움츠러들었다.
> 네스토르의 손에서 고삐가 힘없이 떨어졌다.

하지만 디오메데스는 전혀 흔들림이 없었다.

호메로스는 디오메데스를 전사들 중에 가장 용기 있는 자로 묘사한다. 그래서 적진 깊숙이 혼자 들어가 싸우는 게 다반사다.

> 튀데우스의 전투를 보면
> 저자가 트로이아 편인지, 아니면 아카이아 편인지
> 알 수 없을 정도다.

호메로스의 비유법을 따라가 보면, 디오메데스는 확실히 특이한 인간형이다. 농부들이 애써 쌓아놓은 둑과 과수원 철책을 송두리째 쓸고 지나가는 물살을 닮았다. 호메로스는 디오메데스를 부각시키기 위해 그가 싸울 때마다 투구 깃에 불꽃이 튀게 한다. 그게 디오메데스의 상징이다. 더 놀라운 것은, 다른 누구도 아닌 신과 싸운다는 점이다. 그것이야말로 디오메데스가 유일하다. 아킬레우스도 인간의 전투에 슬쩍 끼어드는 신과 맞선 적이 없다. 디오메데스만이 혼자서 아프로디테를 쫓고, 아폴론과 맞서고, 전쟁의 신 아레스를 친다. 디오메데스가 쓰러뜨린 트로이아 장수를 구하기 위해 아프로디테가 나서자 디오메데스는 미의 여신에게 대들었다. 감히 여신의 피를 흘리게 한 것이다.

> 창날이 미의 여신들이 만들어준
> 향기로운 옷을 뚫고 손바닥 바로 위
> 살을 뚫었다. 그리고 거기서
> 신의 핏줄기가 솟구쳤다.

전쟁의 신 아레스라고 해서 예외가 아니었다. 아레스는 너무 고통스러운 나머지 "수십 명 수천 명 인간의 소리로 포효했다"고 한다.

그렇다고 해서 디오메데스에게 신심이 없는 것은 아니었다. 본질적으로 그는 오만하지 않다. 다만 불꽃이 그를 담대하게 할 뿐이다. 그는 정열적이다. 하지만 정열에도 색깔이 있다. 아킬레우스의 정열이 우울하고 엄숙한 것이라면, 디오메데스의 정열은 밝고 경쾌하다. 광신도의 열정이다.

광신도는 그리스 말로 신의 기운을 받은 사람을 뜻한다. 맞다. 디오메데스 속에도 여신이 산다. 바로 전쟁과 지혜의 여신 아테네가 디오메데스를 지배하고 있는 것이다. 아테네 여신은 전차를 모는 디오메데스 옆에 서서 전열의 중심으로 돌진하라고 충동질한다. 그러면서 힘과 용기를 불어넣고 있다. 아테네 여신은 디오메데스에게 "저놈이야. 아레스, 저놈이 원흉이야!"라고 말한다. 아레스를 치라는 것이다. 아레스는 인간뿐만 아니라 신들도 싫어하는 신이었다. 그래서 아레스 신에게 바쳐진 신전은 지상에 거의 없었다.

디오메데스의 용기는 아테네 여신에 대한 믿음에서 나온다. 그런 면에서 보면 디오메데스는 중세 기사를 닮았다. 《일리아스》에 나오는 전사들 가운데 유일하게 기사답다. 어느 날 디오메데스는 낯선 트로이아 전사와 맞서게 되었다. 그런데 그가 자기 아버지 친구의 손자이며, 이름은 글라우코스라는 것을 알게 되었다.

디오메데스는 우연한 만남이 너무 기뻤다.

자기 창을 대지 위에 꽂은 디오메데스는 약간 들뜬 목소리로 말했다.

당신은 먼 조상 때부터 집안 친구이군.

선친께서는 내가 아주 어릴 적에 돌아가셨지.

테바이에서 아카이아 전사들이 몰살당할 때 말이야.

어쨌든 아르고스에 오면 당신은 내 손님이자 친구이고,

뤼키아에서는 내가 당신의 손님이 되는 셈이야.

자, 지금은 급하니까 우리 서로 피해 가기로 하세.

당신 말고도 내 손에 죽을 트로이아인들이 지천이고,

당신도 아카이아인들을 치러 가야 하니까.

그리고 우리가 오랜 친구 사이라는 것을 전사들이 다 알 수 있도록
갑옷과 투구를 바꿔 입도록 하지.

그러고는 전차에서 뛰어내려 악수를 했다. 평화 협정을 맺은 것이다.
이 장면은 《일리아스》 가운데서도 독특하고 특이하다. 이런 식의
행동을 보여줄 인물은 아무리 둘러봐도 광신도 디오메데스밖에 없
다. 더 기발한 것은 다음 장면이다.

그 순간 크로노스의 아들 제우스는 글라우코스의 셈법을 흐리게 했다.
금으로 된 무장과 청동으로 된 무장을 바꾼 것이다.
소 백 마리를 주고 고작 아홉 마리를 받은 셈이다.

디오메데스가 노골적으로 흡족해했다는 구절은 없다. 다만 디오메
데스는 아무 말도 하지 않았던 것이 틀림없다. 호메로스는 이런 식으
로 서사시의 진부함을 비트는 재주가 있다. 영웅이라고 해서 욕심이
없을 수 없다. 호메로스는 인간의 본성을 제대로 꿰뚫어보는 리얼리
스트다.

파리스의 변명

《일리아스》에는 전사만 나오는 것이 아니다. 여인도 나오고, 노인도
나온다. 그리고 전사라고 해서 다 용감한 것도 아니다. 파리스도 있
으니까 말이다. 종래 통설에 따르면 파리스와 헬레네의 연애 짓거리
가 트로이아 전쟁의 원인이었다. 그리고 두 남녀는 《일리아스》에서

도 여전히 현재형이다.

파리스는 헬레네를 유혹해서 함께 달아났다. 그 때문에 전쟁이 일어났다. 마지막에 활로 아킬레우스를 잡은 것도 파리스였다. 파리스는 호메로스 이전의 서사시에서도 전쟁의 원인으로 지목되곤 했다. 하지만 거기서는 파리스가 전쟁 영웅으로 알려져 있다. 트로이아와 헬레네를 차지한 전사로 묘사된 것이다. 하지만 호메로스는 파리스를 그런 위대한 인물로 보지 않았다. 그는 진짜 겁쟁이고, 덜 알려진 형 헥토르가 영웅이라고 보았다. 호메로스의 《일리아스》에서 파리스와 형 헥토르의 대립은 이야기 전체를 끌고 가는 힘이다. 헥토르는 말 그대로 영웅이고, 트로이아의 수호자인 반면 파리스는 나라의 수치이며 좀팽이였다.

그렇다고 해서 파리스가 그 시대의 바람직한 사내상에 대해서 영무감했던 것은 아니다. 그도 용감해지고 싶었다. 하지만 중요한 순간이 오면 심장이 오그라들고 건장한 체격이 무색하게 힘이 쭉 빠지는 것을 어쩔 수 없었다. 아픈 척하기도 하고, 이런저런 핑계도 대면서, 그는 형 헥토르에게 먼저 나가라고 했다. 곧 뒤따라가겠다고. 그러고는 별 이유도 없이 전장에 나가지 않았다. 파리스가 댄 이유라는 것도 구질구질하기 짝이 없다.

내 슬픔을 내가 감당할 수 없어서
방 안에 나를 가두어두었지.

가면 간다, 안 가면 안 간다, 확실하게 말하는 것도 아니다.

그렇지 않아도 내 마누라가

나가 싸우라고 자꾸 나를 떠밀고 있어.

마누라뿐만 아니라, 여러 사람한테 파리스는 꾸지람을 듣는다. 그럼에도 그는 잘도 버티고 있는 중이다. 그때마다 변명도 횡설수설이다.

알아, 알아.

승리란 이 사람에서 저 사람으로 늘 자리를 옮기는 법이니까.

옷 좀 입을 테니까 기다려.

먼저 가 있으면 뒤따라가든지⋯⋯

내가 오히려 형보다 먼저 도착할걸.

자랑스러운 트로이아 전사의 말투가 아니다.

무기를 들어도 파리스는 겁쟁이의 무기를 든다. 그가 제일 좋아하는 무기는 단연코 활이다. 활을 들고 있는 한 적과 일대일로 맞붙을 일이 없다. "무릎이 덜덜 떨리고 얼굴이 새하얗게 질릴" 필요가 없다. 파리스는 동료들을 앞에 세워두고, 혹은 비석 뒤에 숨어서 활을 쏜다. 적이 활에 맞으면 그제야 "입가에 환한 미소를 지으며 의기양양하게 모습을 드러낸다."

하지만 파리스는 겁쟁이치고는 특이한 유형이다. 겁이 나서 전쟁터를 슬슬 피하지만 자존심과 자만심까지 내다버린 것은 아니다. 그는 아름다운 용모를 뽐내기를 좋아한다. 전투 중임에도 어깨에 걸친 표범 가죽이 자랑스럽고, 여자처럼 땋아 내린 애교머리를 애지중지한다. 남자라면 모두 바깥에 나가 싸우는데, 혼자 여인네들 틈에 남아 활을 닦고 있다. 용모에 신경 쓰고. 제 몸은 끔찍이 챙기고, "온갖 여인들에게 추파를 던지고", 여자라면 사족을 못 쓰는 그는 확실히 인물은 인물이다. 조롱거리인 것은 맞지만, 중요도로 보면 여전히 주인공급이다. 그도 큰 비용만 안 든다면 헥토르처럼 트로이아의 수호자 칭호를 얻고 싶다. 활과 화살만으로도 가능하다면 말이다. 그렇다. 그의 마음속에서도 공포와 명예가 싸우고 있다. 그래서 가끔 심각해질 때가 있다. 어느 쪽으로 기울지 스스로도 고민이다. 그렇다면, 도대체 이 잘생긴 청년의 정체는 무엇일까? 아프로디테는 허영덩어리에 겁도 많은 파리스와 쉽게 길들여지지 않을 것 같은 헬레네를 합방시켰다. 그 결과 사람들로부터 온갖 욕을 얻어먹게 된 파리스는 과연 허섭스레기 같은 인물인가?

인간의 눈으로는 이 질문에 똑똑히 대답할 수 없다. 왜냐하면 인간의 눈은 파리스라는 인물의 본질을 볼 수 없기 때문이다. 그의 성격을 분석하기 위해서 참고해야 할 것이 있다. 다름 아니라 종교다. 종교적 체험이라는 면을 도외시하고는 파리스를 정확히 볼 수 없다. 헥토르가 욕을 해대자, 파리스는 순순히 자신이 겁쟁이라는 사실을 인정했다. 하지만 자기의 아름다움과 사랑은 욕하지 말라고 대꾸했다. 진지하게 그는 형에게 다음과 같이 항변하고 있다.

미의 여신이 내게 준 선물을 욕되게 하지 마라.

신이 준 것은 마음대로 버릴 수 없다.

은총이기 때문이다.

은총은 누구나 받을 수 있는 것이 아니다.

이 뻔뻔한 젊은 친구, 말하는 꼴이 가관이다. 그는 천하의 헥토르가 이해할 수 없는 논리로 헥토르에게 대들고 있다. 인간이 선택한 것이 아니라, 하늘에서 주는 은총이라는 것이다. 그는 아프로디테로부터 잘생긴 외모를 받았고, 여자 꼬이는 재주를 받았다. 미와 사랑은 신의 것이고, 신의 은총이다. 그러니 내가 잘생겼고 여자 잘 꼬인다고 욕하지 마라, 그것은 신을 욕하는 것이다. 파리스는 그 말이 하고 싶은 것이다. 그가 선택한 길이 아니다. 선택을 받았을 뿐이다. 파리스라는 인물은 그런 의미에서 신의 대리인이다. 다른 사람은 흉내낼 수 없는 종교적 체험을 한 건지도 모른다.

그렇게 생각하면 파리스를 조금이나마 이해할 수 있다. 그는 신이 만든 사람이다. 파리스는 신 내림의 결과다. 파리스가 느끼는 사랑도 신이 준 것이다. 사랑은 자기가 하지만 사랑 자체는 신의 속성이다. 따라서 파리스 안에는 두 가지가 공존한다. 하나는 경솔하고 비루한 인간이고, 다른 하나는 온전한 신이다. 한편으로 파리스는 보잘것없는 인간이다. 그럼에도 그는 여신 아프로디테를 몸에 담고 있다. 아프로디테의 충만함과 완전함, 경이로움이 그에게 있다. 파리스라는 인간의 생애는 결국 반쯤 신의 포로다.

전쟁에서 파리스는 겁쟁이다. 하지만 아프로디테 덕에 겁쟁이 파리스는 다시 태어난다. 자기 자신을 온전히 신의 뜻에 맡김으로써 파리스는 달라진다. 미의 화신이 된다. 그것이 파리스의 운명이다. 아프로디테는 메넬라오스의 창으로부터 용케 파리스를 구해내고 아름다운 아내가 있는 향기로운 침대로 그를 떠민다. 거기서 파리스는 전혀 다른 사람으로 태어난다.

자, 침대로 갑시다. 기쁨을 맛보러 갑시다.

이렇듯 욕망이 나의 심장을 장악한 적이 없소.

사랑스러운 당신을 라케다이몬(스파르타)에서 몰래 끌어내어

험한 바다를 헤쳐 크라나에의 섬에 나란히 누웠을 때도

오늘만큼 떨리지 않았소. 정말로 사랑하오.

당신을 향한 욕망이 나를 송두리째 삼키고 있소.

지금 이 말을 하고 있는 자는 파리스가 아니다. 아프로디테가 파리스를 이용해서 말을 하고 있다. 아무리 비천한 인간이라도 아프로디테가 선택한 인간은 근사해진다. 파리스도 마찬가지다. 헥토르가 보기에는 전혀 아니지만 말이다.

트로이아인들이 네 몸 위에

돌무덤을 쌓을 것이다.

파리스의 정반대편에 헬레네가 있다. 둘 다 매력적이기는 하지만, 파리스와 헬레네는 속마음에서 극과 극이다. 헬레네는 기본적으로 도덕 관념에 충실하다. 천하의 아프로디테가 그녀 마음에서 사랑이 활활 타오르게 해도, 헬레네는 한사코 거부한다. 파리스는 신을 따르지만 헬레네는 신을 거부한다. 그럼에도 둘 다 멋지고 아름답다. 멋지고 아름다운 것을 긁어낼 수는 없다. 그래서 두 사람의 운명은 잔인하다.

헬레네는 정돈된 삶을 지향한다. 가족끼리 평화롭고 온전하던 때가 못내 그립다.

나는 내 온전한 방과 가까운 친지들과 사랑하는 딸을 두고 떠났다.
그리고 지금 눈물 속에 시들고 있다.

헬레네는 스스로를 용서할 수 없다. 그래서 자신을 용서하지 않는
트로이아인들을 십분 이해한다. 그나마 파리스가 남편 메넬라오스처
럼 용감하고 사내다운 구석이 있었다면 위로가 됐을지 모른다. 용기
로 치자면 파리스는 메넬라오스의 발끝에도 못 미친다. 헬레네는 남
편을 버릴 생각이 없다. 그럼에도 헬레네로 인해 사단이 나고, 두 나
라가 송두리째 파괴되는 것이야말로 아이러니가 아닐 수 없다. 하지
만 그게 또한 호메로스의 재주다. 호메로스는 현모양처로 살고자 하
는 소박한 여인을 소용돌이의 중심에 올려놓는다. 그 여인 때문에 수
많은 인간들이 서로 살육한다. 좀 더 정확히 말하면 아이러니는 호메
로스가 지어낸 것이 아니라 신들의 작품이다. 신은 인간의 질서니 인
간의 법도니 하는 것을 좋아하지 않는다. 그게 신에게 대항하기 위한
것이라고 믿기 때문이다. 그래서 인간의 질서를 따르는 헬레네를 포
로로 삼아서 인간 세상을 흔들어놓는다. 헬레네는 아프로디테의 먹
잇감이다. 아프로디테가 헬레네 속에 들어온다. 헬레네는 아프로디
테를 닮아서 아름답다. 그리고 남자의 눈에 아름답게 보인다. 그것이
바로 불행의 씨앗이다.

헬레네를 본 순간 남자들은 눈이 먼다. 흥분하고 떨린다. 그럴 수
밖에 없다. 신의 모습을 하고 있기 때문이다. 헬레네 앞에 서면 트로
이아 남자들은 정신을 차리지 못한다. 그래서 되지도 않는 말을 지껄
이게 된다.

트로이아인들과 아카이아인들이

칼을 들고 죽어라고 싸우는 게 저 여인 때문이라면

놀랄 일이 아니다. 저 여인은 놀라울 만큼 불사의 여신과 닮았으니까.

헬레네로 인해 두 나라 전체가 끔찍한 고통을 겪고 있는데 사내들은 그럴 만도 하다고 고개를 끄덕이다니, 이건 말이 안 된다.

다만 한 가지 다행스러운 것은 트로이아인들이 다 넋이 나가 있는 것은 아니라는 사실이다. 프리아모스와 헥토르는 다르다. 두 사람은 옳은 것과 그른 것을 분간할 줄 안다. 헬레네는 지금 신의 도구로 쓰이고 있다. 정상적인 헬레네는 정조에 충실하다. 헬레네를 아름답게 꾸며서 외간남자와 놀아나게 한 것은 신이다. 따라서 신이 준 아름다움은 파괴적인 아름다움이다. 프리아모스의 말대로 "헬레네 당신의 잘못이 아니다. 욕을 하려면 신을 욕해야 한다."

헬레네는 아름다움을 갈구하지 않았다. 꾸민 적도 없고, 꾸밀 의지도 없다. 다만 신으로부터 받았을 뿐이다. 헬레네의 아름다움은 운명이다. 그래서 더욱 쓰리다.

아킬레우스: 현재에 충실한 인간형

자, 이제까지 덜 중요한 인물들이 나왔으니, 주인공이 등장할 차례다. 바로 아킬레우스와 헥토르다. 두 사람은 인간의 서로 다른 두 가지 속성을 대표한다. 누구나 가지고 있는 두 가지 속성의 전형이다.

먼저 아킬레우스는 젊음과 힘을 상징한다. 그는 우선 나이가 어리다. 이제 겨우 스물일곱 살이다. 게다가 힘이 넘친다. 성급하게 행동

하고 욱하는 성질이 있다. 아직 길들여질 기회도 없었다. 태어나서
그 나이까지 전장에서만 자라왔기 때문에 사회생활의 쓰라림도 겪어
본 적이 없다. 그는 혈기왕성하다. 그래서 약한 자들은 주로 그에게
기댄다. 그가 힘센 자이기 때문이다. 《일리아스》의 초반부에 예언자
칼카스가 그에게 의지하는 이유도 그것이었다. 아가멤논은 칼카스에
게 군대 안에 역병이 돈 이유를 물었다. 칼카스는 사실대로 말했다가
는 무사히 돌아가지 못할 것을 알고 아킬레우스에게 도움을 청한다.
아킬레우스는 주저 없이 자기가 보호해주겠다고 대답했다.

> 걱정 마시오, 칼카스.
> 내가 살아 있고 눈뜨고 있는 한
> 아카이아인들 가운데 누구도 당신 몸에
> 손대지 못할 것이오.
> 자기가 최고라고 떠들고 다니는 아가멤논도 마찬가지요.
> 할 말 있으면 다 하시오.

　이게 바로 아킬레우스의 이미지다. 힘차고 당당하다.
　나중에 그 당당한 힘을 아가멤논이 건드렸을 때, 힘은 분노로 변했
다. 아킬레우스는 당장에 다음과 같이 선언하고 전쟁을 거부한다.

> 이름 없는 산에서 베여 내려와
> 이제는 더 이상 꽃도 피울 수 없으며,
> 가지도 잎도 다 사라진 이 지휘봉을 보라.
> 단지 한 개 막대기로 보일지 모르지만

실상 제우스 신께서 이 막대기를 주심으로써

아카이아인들의 정의를 세우라 하셨고,

평화를 지키라 하셨으되,

나, 펠레우스의 아들 아킬레우스는 이제

이 막대기를 들고 맹세하노라.

어느 날, 나 아킬레우스를 그리워하리라.

아카이아의 아들들이

헥토르의 칼 아래 무참하게 쓰러지게 될 때

아카이아인들 가운데 가장 용감한 자를

능멸했던 일,

그대 심장을 찢으며 후회하리니.

 이렇게 선언을 하고 나서 18권이 지나도록 아킬레우스는 꿈쩍하지 않았다. 그 일이 아카이아인들에게 얼마나 큰 충격이었는지는 당시 병사들이 되풀이하는 말을 들어보면 알 수 있다. "아킬레우스만 깨어나라. 그러면 모든 군대를 다 구할 수 있다"라고 노래를 부른 것이다. 오뒷세우스도 아킬레우스를 설득하면서, "일어나서 군대를 구해주시오"라고 말했다. 결국 아킬레우스는 마음을 돌렸고, 그러자 사태는 급반전되었다.

아킬레우스가 일어났다.

그의 머리에서 광채가 일어 하늘에 닿고

참호 속까지 빛을 뿌렸다.

선 채로 그가 한 번 소리를 지르자

트로이아인들은 뭐라 말할 수 없는 두려움에 몸을 떨었다.

아킬레우스의 힘을 제대로 설명하기 위해 호메로스는 여러 가지 비유법을 동원한다. 아킬레우스는 산속 깊은 계곡에서 시작한 사나운 불길과 같다고 했다. 빽빽한 숲에 불이 붙고, 때마침 광풍이 일어 불꽃이 사방으로 넘실댄다. 전쟁터에 나가면 아킬레우스는 꼭 그 불길 같다. 누구를 쫓기만 하면 반드시 끝을 보고야 만다. 그 학살의 기세가 너무 세서 검은 흙바닥은 금세 피로 물든다. 호메로스는 자연현상뿐만 아니라 농사일을 빗대어 아킬레우스의 파괴 본능을 설명하기도 했다.

소가 흰 보리를 짓밟기 시작하면
음매 우는 소의 발끝에서
보리 알들이 탈곡되어 삐져나오듯이
아킬레우스의 말발굽 아래
사람과 방패가 반은 밟히고 반은 짓이겨졌다.
차축도 피로 물들고,
마차 바퀴에서 튀어 오른 핏방울은
마차 난간을 붉게 칠하고 있다.
영광을 향해 달려가는 펠레우스 아들의 손은
어느새 피로 칠갑이 되었다.

핏빛으로 사방을 물들이는 힘, 아킬레우스는 호메로스의 시에서 주로 그렇게 표현된다. 그는 기본적으로 잔인하다. 그중에서도 가장 잔인했던 것은 뤼카온한테 한 짓이다. 무장도 하지 않은 어린 소년이 애원하는 장면, 예전에 아버지 과수원에서 둘이 마주친 적이 있었다는 이야기, 뜻밖에 목숨을 건진 이야기 등으로 인해 아킬레우스의 살인 행위는 더욱 잔인하게 보인다. 특히 뤼카온의 다리를 잡아 저주를 퍼부으며 물고기 밥으로 던져주는 장면과 뤼카온이 살아보려고 몸을 버둥대는 장면을 읽을 때는 아킬레우스의 잔인함에 치를 떨지 않을 수 없다.

도대체 여신에게서 태어난 아킬레우스라는 이자는 사람인가, 짐승인가? 나는 아킬레우스가 기본적으로 사람이라고 생각한다. 다만 그는 감정에 좌지우지되는 사람이다. 그것이 아킬레우스의 심리 상태를 설명하는 열쇠다. 그는 우정에 약한 만큼 증오에도 약하다. 자기 자신에 대한 절절한 사랑에 감염되어 있고, 영예를 목숨보다 소중하게 여기지만, 기본적으로 감정적인 인간이다. 따라서 감정의 포로가 되기 쉽다. 우리는 뤼카온을 불쌍하게 여기지만, 그는 그런 생각을 하지 못한다. 분노로 들끓고 있기 때문이다. 분노는 사람의 심장을 쇳덩어리로 만든다. 분노에 사로잡힌 사람은 아무것도 보지 못하는 법이다.

그런 의미에서 보면 아킬레우스는 슈퍼맨이 아니라 나약한 인간에 지나지 않는다. 인간은 감정에 흔들리지만, 신은 감정에 초연한 법이니까. 아킬레우스는 상수라기보다는 변수다. 지배자라기보다는 피지배자다. 《일리아스》에는 총 네 개의 축이 있다. 브리세이스, 아가멤논, 파트로클로스, 헥토르다. 아킬레우스는 축이 아니다. 네 개의 축 사이를 제 감정에 못 이겨 미친 듯이 돌아다니고 있는 데 불과하다. 사랑과 증오 사이에 잡혀 있다. 아킬레우스의 영혼은 그래서 늘 폭풍이 불고 흐림이다.

그가 그나마 잔잔했던 순간은 아가멤논에게 당한 다음이다. 꼭두 각시밖에 안 되는 자가 자기를 능멸하자 아킬레우스는 그만 모든 것을 포기한 상태가 된다. 너 다 가져라는 식으로 나온다. 하지만 그것도 잠깐이다. 우정이 그를 건드리자마자 그는 폭발하고 만다. 밥도 먹지 않고 물도 마시지 않는다. 그냥 미친 듯이 소리를 지를 뿐이다.

> 친구는 죽었다.
> 창에 뚫린 그의 몸은 막사 입구에 다리를 두고 누웠으며
> 전우들이 슬피 운다.
> 다른 생각 없다.
> 학살과 피를 원한다.
> 적들의 신음소리를 간절히 듣고 싶다.

아킬레우스는 그런 사람이다. 누가 욕망을 일으키거나 슬프게 하거나 화나게 하면 균형이 순식간에 무너진다. 그러면 아무것도 보지 못한다. 그게 아가멤논이든 파트로클로스이든 헥토르이든 상관없다. 일단 목표가 정해지면 온몸으로 행동에 나선다. 시쳇말로 고삐가 풀린다. 아킬레우스를 장악한 감정은 다른 것으로 풀리지 않는다. 오직 행동으로만 풀린다.

이처럼 감정과 상처와 행동이라는 단순한 도식 안에 아킬레우스가 존재한다. 그는 결국 헥토르를 죽였다. 그 정도면 감정이 풀릴 법도 한데 아킬레우스는 그럴 수 없는 모양이다. 아직도 평정을 되찾지 못한 것이다.

운동 경기는 끝났다.

전사들은 배로 흩어졌다.

밥을 먹고 달콤한 잠에 빠질 것이다.

하지만 아킬레우스는 친구 생각에 울고만 있다.

모든 것을 길들이는 잠도

그의 눈물을 멈추게 할 수 없었다.

파트로클로스의 모습을 그리워하며

이리저리 뒤척일 뿐이다.

함께한 날들이 떠오른다.

수많은 전투, 끝도 없이 위험한 바다를 항해하던 날들

생각하면 눈물이 난다.

웅크려도, 바로 누워도, 엎드려도

눈물이 난다.

문득 일어나 슬픔으로 터질 것 같은 심장을 앞세워

바다로 갔다.

곶과 범선 위로 해가 떠올랐다.

아킬레우스는 헥토르의 시체를 달고

친구의 무덤 주위를 세 바퀴 돌았다.

다시 막사로 돌아와 시체를 내려놓았다.

헥토르의 얼굴은 먼지 속에 처박혀 있다.

다들 잠든 밤에 감정 하나가 얼마나 단단하게 아킬레우스를 장악하고 있는지 알 수 있다. 분노가 의식을 지배한다. 그리고 강한 분노는 강한 행동으로만 풀린다.

그런 의미에서 보면 아킬레우스는 지독하리만치 혼자다. 아킬레우스를 지배하는 것은 어떤 괴물이고, 어떤 감정이다. 그것은 승리를 먹고 자라고, 승리를 통해서 더욱 단단해진다. 그러고는 아킬레우스의 법이 된다. 동지들과의 유대, 타인과의 유대도 필요 없다. 아킬레우스는 파괴적이며 무정부주의적이다. 그래서 가끔 가장 비인간적인 사람으로 전락하기도 한다. 《일리아스》에서 가장 감동적인 장면은 헥토르가 아킬레우스에게 정중하게 제안을 하는 대목이다. 헥토르는 누가 죽든, 시신만큼은 가족 품에 돌려주자고 했다. 하지만 아킬레우스는 그마저도 잔인하게 거절하고 만다.

이 개 같은 놈아!

꿇어 엎드려도 소용없고,

우리 조상한테 빌어도 소용없다.

네 몸을 갈기갈기 찢어 생살을 씹어도

너는 용서가 안 된다.

네 시체에서 개를 쫓아줄 이 누구도 없다.

열 배 스무 배 몸값도 필요 없고,

프리아모스가 네 몸무게만큼 금덩어리를 내놓아도 안 된다.

네 어미는 죽은 너를 위해 울지도 못할 것이다.

개와 새가 다 뜯어 먹을 테니까.

아킬레우스는 이처럼 제 영혼의 사막을 건너 가장 쓸쓸한 곳으로 전진하고 있다. 스스로 파괴할 준비를 하고 있는 것이다. 군대를 포기할 것이고, 동료들이 죽건 말건 괘념치 않겠다고 했다. 영예도 필요 없고 그냥 늙어 죽겠노라고. 다시 말해서, 인생은 그에게 의미가 없다는 것이다. 하지만 나는 그 말을 믿지 않는다.

아킬레우스는 삶을 누구보다도 사랑하는 사람이다. 아주 열렬히 사랑한다. 다만 그는 현재를 사랑할 뿐이다. 지금의 감정과 지금의 움직임만 사랑한다. 오로지 거기에만 충실하다. 매 순간이 그에게는 삶이고 전부다. 살인도, 분노도, 눈물도, 사랑도, 연민도, 그는 모두 똑같이 사랑한다. 무슨 철학자들처럼 공평하게 거리를 두는 것이 아니라, 자연처럼 모든 것을 공평하게 끌어안는다. 고통도 기쁨만큼 즐겁다. 파트로클로스가 죽고 나서 아킬레우스는 학살의 즐거움에 몰두한다. 호메로스의 말대로 "그의 심장이 너무 아파서 견딜 수가 없"을 때, "무기는 그에게 날개가 되어 사람들 위를 날아다니게 한다."

이와 같은 강렬한 생애를 아킬레우스가 살고 있는 것이다. 그런 삶에 죽음은 어울리는 단어가 아니다. 아킬레우스는 한 번도 죽음을 생각해본 적이 없다. 죽음은 없다. 왜냐하면 현재가 전부이기 때문이다. 두 번씩이나 아킬레우스는 경고를 받았다. 헥토르를 죽이면 자신도 죽게 될 거라고. 하지만 아킬레우스는 개의치 않았다. 그렇게 살아서 "이 땅의 짐"이 되느니 차라리 죽겠다고 했다. 아킬레우스의 말 크산토스는 사람처럼 말을 할 줄 안다. 전선으로 나가면서 크산토스는 아킬레우스의 죽음을 예견했다. 아킬레우스는 그 말에 별로 신경 쓰지 않았다.

왜 나한테 죽음을 얘기하지?

알아. 내가 부모를 멀리 떠나와 죽고 말 운명인 줄.

그래도 멈출 수 없어. 가야지. 트로이아 전사들을 맞으러.

아킬레우스는 크산토스를 전선 맨 앞줄로 거세게 밀어붙였다.

아킬레우스는 그렇다. 그가 사랑하는 삶은 긴 삶이 아니라 명예로운 삶이다. 이미 어린 나이에 선택을 했다. 무사하게 지나가는 삶보다는 명예로운 삶을 살기로 한 것이다. 그는 명예를 추구한다. 그래서 전쟁터에 나간다. 거기서는 죽음이 오히려 삶이다. 명예를 이루다가 죽으면 사람들의 기억 속에서 영원히 명예롭게 살게 될 테니까 말이다. 시대를 넘어 영원히 사는 길, 아킬레우스는 그런 길을 택했다.

그런 의미에서 개인주의자 아킬레우스는 개인을 넘어 인류 전체의 범주로 들어온다. 무덤도 필요 없고, 비석도 필요 없다. 후세의 인간들이 두고두고 기억해주기를 그는 바라고 있다.

아킬레우스도 인간적인 모습을 보인 적이 있다. 헥토르의 시체를 이리저리 끌고 다니다가 막사 한가운데 아무렇게나 버려둔 그 저녁에, 아킬레우스는 죽은 친구를 떠올렸다. 그때 헥토르의 아버지 프리아모스가 찾아왔다. 죽을 각오를 하고 온 것이다.

프리아모스는 무릎을 꿇고 헥토르의 손에 키스를 했다.
죽은 아들의 피 냄새가 남아 있는 끔찍한 손이었다.

프리아모스는 아킬레우스의 아버지 펠레우스에 대한 얘기를 하면서, 장례라도 치르게 헥토르의 시체를 돌려달라고 간청한다. 아킬레우스는 갑자기 고향에 있는 아버지를 떠올리고는, 늙은 프리아모스를 일으켜 세운다. 둘은 하염없이 눈물을 흘린다. 한 사람은 친구를 위해 울고, 한 늙은이는 죽은 아들을 위해 우는 것이다. 아킬레우스

프리아모스. 에우튀미데스가 제작한 앗티케식 단지의 부분. 기원전 510년 이후 작품.

는 헥토르의 시신을 아버지에게 돌려보내기로 한다.

《일리아스》에서 이 장면이 특히 감동적인 이유는 역설적으로 도무지 아킬레우스답지 않은 모습을 보여주기 때문이다. 호메로스가 또한 번 재주를 부린 것이다. 쇠로 만든 사람의 초상에 휴머니즘 한 줄기를 훅 불어넣은 셈이다.

헥토르: 공동체를 사랑하는 고결한 인간

이제 헥토르에 대해서 말해야 할 시점이다. 나는 적어도 헥토르만큼은 서정시풍으로 묘사하고 싶다. 하지만 호메로스는 그렇게 하지 않았다. 자기가 창조한 인물에 대해서 그는 아주 공정하다. 편애하지 않는다. 그래서 거울로 비추듯이 독자들에게 비춰주고 말 뿐이다. 그럼에도 잘 들춰보면, 호메로스의 헥토르에 대한 애정을 숨길 수는 없다.

호메로스에게 아킬레우스와 헥토르는 비중이 약간 다르다. 아킬레우스는 이전의 서사시에 있던 모습 그대로 가져왔지만, 헥토르는 자기 손으로 다시 만들었다. 게다가 약간 덧칠을 했다. 어떤 의미에서 헥토르는 호메로스가 선택한 인물이다. 특히 모범적인 인간을 고를 때는 다른 누구도 아닌, 헥토르를 고른다. 알다시피 《일리아스》는 트로이아 전쟁에 대한 이야기이고, 트로이아 전쟁에서 이긴 쪽은 그리스인이었고, 호메로스도 그리스인이다. 호메로스가 제아무리 공정하려고 해도, 그리스 민족주의를 통째로 버릴 수는 없었을 것이다. 그럼에도 호메로스는 제일 좋은 것을 적장에게 주었다. 호메로스라는 작가를 휴머니스트라고 불러야 하는 이유다.

《일리아스》에 나오는 전사들이 다 그렇듯이, 헥토르도 용감하고 힘이 세다. 하지만 헥토르는 조금 더 밝다. 피 냄새와는 차원이 다른 건강미를 풍긴다.

> 보리를 듬뿍 먹고 오랫동안 마구간에 누웠다가
> 어느 날 갑자기 세상으로 뛰쳐나와서는
> 땅을 쿵쿵 울리는 걸음걸이로 내달려 맑은 물에 뛰어든다.
> 갈기를 흔들고 물에서 솟구쳐 암말 사이에서
> 자신의 아름다움을 한껏 뽐내는 종마,
> 헥토르는 종마를 닮았다.

헥토르도 아킬레우스만큼 용감한 사람이지만, 그 둘은 성격이 다르다. 아킬레우스는 천성적으로 용감한 사람이고, 헥토르는 배워서 용감해진 사람이다. 훈련을 통해 용기를 배웠고, 그것이 그의 몸에 녹아든 것이다. 아킬레우스는 전쟁을 하면 신이 나는 사람이지만, 헥토르는 전쟁을 아주 싫어하는 사람이다. 안드로마케에게 고백했듯이, 그는 용감해지는 법을 배워야 했고 최전선에 나가 싸우기 위해 훈련을 받은 데 지나지 않았다. 소크라테스의 말을 빌리면, 헥토르의 용기야말로 최상급의 용기다. 두려움이 뭔지 알지만, 동시에 그것을 극복하는 용기이기 때문이다.

"흉악한 얼굴을 한 괴물 같은" 아이아스가 다가오자, 헥토르는 두려운 표정을 감출 수가 없었다. 인간이면 누구나 겪는 자연스러운 반응이었다. 심장이 "요동을 쳐" 어깨가 들썩거릴 지경에 이르렀다. 하지만 그는 두려움을 다스릴 줄 알았다. 두려움을 이기기 위해 싸움의 기술을 기억해내는 것이다. 그는 아이아스에게 이렇게 말했다.

아이아스, 어린애들 겁주는 식으로 덤비지 마라. 나는 싸움에 관한 기술을
알고 있으니까. 사람을 어떻게 무너뜨리는지 너무 잘 알아. 이 가죽 방패를
오른쪽 왼쪽으로 자유자재로 움직일 거고, 우리 몸이 부딪치면 전쟁의 신
아레스처럼 춤을 출 거야.

그런 헥토르도 물러서고 싶은 순간이 있었다. 트로이아 성 앞에서
아킬레우스와 맞설 때였다. 아킬레우스를 죽이든지 자기가 죽든지,
둘 중 하나로 끝날 그 순간에 헥토르도 그만 비겁해지고 싶었다. 자
기가 죽고 나면 가족들은 노예가 될 것이고 트로이아 성은 불타 없어
지고 말 거라는 생각에 더더욱 죽음이 두렵고 가슴 아팠다. 배운 대
로라면 용감하게 맞서 싸워야 하지만, 자기도 모르게 비겁한 생각이
들 수도 있다. 여기서 맞서 싸우면 죽을지도 모른다. 지금이라도 피
할 수 있지 않을까? 성으로 들어가버리면 되지 않을까? 아킬레우스
에게 애원하고 싶다. 아니, 그냥 순순히 무기를 내려놓고 포로가 되
고 싶다. 트로이아의 이름으로 화해를 청하면 어떨까? (안 될 이유가 무
엇인가?) 아주 짧은 순간이지만, 헥토르는 침묵 가운데서 이런 생각들
을 했다. 화해의 조건은 뭐가 좋을까 궁리하기까지 했다. 그러다가
퍼뜩 제정신이 들었다. 이 무슨 미친 짓이고, 비겁한 생각인가. "내
가 도대체 무슨 생각을 한 거지?" 아니다. 나는 아킬레우스에게 목
숨을 구걸하지 않을 것이다. 힘없는 여인들처럼 무참하게 쓰러지지
않을 것이다. 비겁하게 성안으로 돌아가는 일도 없다. 나약한 생각들
은 젊은 날의 사랑처럼 헥토르의 마음속에서 사라져갔다.

청춘남녀가 밀어를 속삭이는 것처럼, 바위 밑에서 나무 밑에서 이야기나 하고 있을 계제가 아니다.

죽음을 똑바로 쳐다보아야 한다. 용감하게 죽는 길을 택해야 한다. 비겁함과 싸우기 위해서는 자존심을 지켜야 하고, 인간으로서의 품위를 잃지 말아야 한다. 그것들에 비하면 목숨은 오히려 하찮다.

아킬레우스는 용감해지기 위해서 무슨 생각 따위를 할 이유가 없다. 하지만 헥토르의 용기는 사색과 품위에서 나온다.

헥토르는 생각할 줄 아는 사람이므로 그의 입에서 나오는 말에는 때로 본질을 꿰뚫는 아름다움이 있다. 어느 날 동생 폴뤼다마스가 아주 불길한 계시를 받았으니 전투를 그만두는 것이 좋겠다고 말했다. 폴뤼다마스가 말한 계시는 실제 일어난 일과도 크게 다르지 않았다. 하지만 헥토르의 생각으로는 계시란 확실한 것이 아니며, 계시가 무엇이건 상관없이 싸우기를 택했으므로, 이렇게 대답한다. "가장 확실한 계시는 조국을 위해 싸우는 거다." 지금은 평범하게 들리겠지만, 신의 계시가 지배하고 누구도 신의 계시를 거스르려 하지 않던 시대에는 놀라운 발상이다. 특히 헥토르처럼 신심이 깊은 사람의 입에서 나온 말이라면 더욱 그렇다.

그럼에도 사색과 품위만으로 헥토르를 다 설명할 수는 없다. 그의 용기는 더 깊은 근원에서 나오는 것이기 때문이다. 헥토르가 갖춘 품위는 그저 단어로서 존재하는 품위가 아니다. 헥토르의 품위는 사랑하는 조국을 위해 싸우는 데 있고, 필요하다면 조국을 위해 죽는 데 있고, 아내와 아이들을 살리기 위해, 노예로 만들지 않기 위해, 전쟁에 나서는 데 있다. 헥토르의 용기는 현자들의 용기와 다르다. 가령

소크라테스의 용기는 일상과 동떨어진 머릿속에 존재하는 용기이지만, 헥토르의 용기는 사랑하는 사람들을 지키고자 하는 구체적인 용기다.

헥토르는 조국을 사랑한다. "신성한 땅과 아버지의 백성들"을 사랑한다. 모든 희망이 무너질 때까지 그들을 위해 싸울 것이다.

> 물론 나도 안다. 트로이아는 이미 싸움에서 졌다. 트로이아는 멸망하고 말 것이다.

그러나 트로이아에 대한 사랑은 마지막까지 멈출 수 없다. 최후의 한 사람이 죽을 때까지 사랑하고 싸울 것이다. 이처럼 헥토르의 모든 행동은 오로지 트로이아를 구하는 데 바쳐진다. 헥토르가 자기의 도시와 시민들과, 왕인 아버지에 대한 사랑으로 가득 차 있는 만큼, 아킬레우스에게도 물론 사회적인 관계가 있다. 하지만 아킬레우스는 전쟁을 일삼는 부족에서 태어나 전쟁을 통해서 세상을 배웠고 전쟁을 하면서 점점 더 야만스러워진 데 반해, 헥토르는 철저한 한 시민이다. 도시를 지키기 위한 전쟁에 가담했을 뿐이다. 따라서 헥토르는 전쟁을 통해서 더욱더 완벽한 시민이 되어가고 있다. 그런 의미에서 아킬레우스는 무정부주의자이고, 헥토르는 문명인이다. 아킬레우스는 헥토르를 죽이면서 자기가 증오하는 한 사람으로 알 뿐이지만, 헥토르는 조국의 적마저도 증오할 줄 모른다. 그는 적에게 최후의 일격을 가하면서도 이렇게 말한다.

"내 창을 네 몸 속에 꽂는 것은 신들이 시킨 일이다. 내가 너를 죽이는 것은 너를 죽이기 위함이 아니다. 트로이아에 전쟁이 그치기를 바라기 때문이다."

전쟁마저도 헥토르를 증오로 물들이지 못한다. 그에게는 조국을 지키는 일이 가장 중요할 뿐이다.

문명인 헥토르는 언제든 적과 타협할 준비가 되어 있다. 그는 사람들 사이를 나누는 힘보다는 통합하게 하는 힘이 더 강하다고 믿는다. 그래서 아이아스에게 다음과 같이 제안하기도 했다.

"우리, 서로 좋은 선물을 교환하자. 그래서 아카이아인들과 트로이아인들이 두 사람은 서로 싸웠지만 화해하고 친구가 되어 헤어졌다고 말하게 하자."

아킬레우스가 자기를 그토록 증오했음에도 불구하고 헥토르는 그도 자기와 같은 사람일 거라고 믿었다. 그래서 그리스인들에게 헬레네와 파리스가 약탈해온 재물과, 원한다면 트로이아가 가진 것 중 일부를 떼어주겠다고 말하고 싶었다. 자기라면 그런 제안을 받아들일 거고 아킬레우스도 그럴 거라고 믿었다. 죽음이 겁나서가 아니었다. 적들끼리도 협상을 할 수 있다는 믿음이 있었고, 이런 믿음이 헛된 꿈에 불과하다는 것이 확실해진 급박한 순간에도 폭력을 쓰고 싶지 않았기 때문이다.

그래, 그래도 싸우겠다면 별수 없다. 하지만 마지막으로 하나만 약속하자. 네가 죽든 내가 죽든 여기서 끝날 테니까. 헥토르는 아킬레우스에게 이렇게 말했다.

"신의 이름으로 이것 한 가지만 약속하자. 혹시 제우스가 도와서 내가 살아남고 너를 죽인다 해도, 나는 절대로 너를 욕되게 하지 않을 것이다. 그저 네 몸에서 갑옷과 무기를 벗기고, 너의 시신을 그리스군에게 정중히 넘겨주겠다. 네가 혹시 이기더라도 나한테 그렇게 해주기를 바란다."

아킬레우스는 헥토르의 마지막 제안마저 잔인하게 거절했다.

"헥토르, 나한테 약속 같은 소리 하지 마. 이 더러운 놈아. 사자와 사람 사이에, 늑대와 양 사이에 약속이란 있을 수 없어. 너와 나는 친구가 될 수 없어."

이 마지막 대답이 의미하는 바처럼, 헥토르는 아킬레우스를 사랑하고 싶어했고, 아킬레우스는 전혀 그럴 마음이 없었다.

결국 아킬레우스는 자기 자신에게서 빠져나오지 못했고, 헥토르는 더 높은 이상을 꿈꾸다가 죽어갔다. 헥토르가 마지막까지 이루려고 했던 평화에 대한 꿈은 어쩌면 인간이 갖추어야 할 가장 기본적인 덕목인지도 모른다.

헥토르가 보여주었던 조국에 대한 사랑과 인류 전체에 대한 믿음은 튼튼한 기초 위에 서 있다. 그것은 다름 아니라 가족에 대한 사랑이다. 헥토르는 누구보다도 아내와 자식을 사랑한다. 그 외의 모든 것은 이 기본적인 사랑에 뿌리를 두고 있다. 그에게 조국이란 성벽과 요새와 그 속에 사는 트로이아인들을 의미하지 않는다(요즘의 국가라는 개념과도 다르다). 조국이란 모든 이들 가운데 가장 사랑스러운 사람들, 그래서 안전하게 지켜주고 싶고 자유롭게 살게 해주고 싶은 사람들을 의미한다. 헥토르가 조국을 사랑한다는 뜻은 '살붙이'를 사랑한다는 뜻이다. 안드로마케와 그의 아들 아스튀아낙스는 헥토르가 말하는 조국의 가장 구체적인 모습이다. 싸우러 나가기 전에 그는 안드로마케에게 이렇게 말했다.

"언젠가 우리 트로이아와 왕과 여기 이 용감한 백성들이 다 죽게 되리라는 것을 잘 알고 있소. 하지만 트로이아에 닥쳐올 불행보다도,

어머니와 왕과 적들의 칼에 무참하게 쓰러질 내 형제들의 비참한 죽음보다도 훨씬 더 나를 슬프게 하는 것은 바로 당신이오. 갑옷을 입은 아카이아인들이 당신의 자유를 빼앗아갈까 봐, 당신을 슬프게 할까 봐……. 당신은 낯선 사람들의 옷을 짜고, 물을 긷고, 살기 위해서라면 뭐든 해야 하겠지. 당신이 남의 노예가 되지 않도록 내가 지켜줘야 하는데, 나마저 죽고 나면 당신도 많이 울 텐데. 다른 거 없소. 그저 당신의 울음소리가 들리기 전에, 당신이 어디론가 끌려가는 걸 보기 전에, 흙이 나를 빨리 덮어주기만을 바랄 뿐이오."

안드로마케는 조금 전까지만 해도 전쟁에 나가지 말라고 애원했었다. 하지만 더 이상 그럴 수가 없었다. 헥토르가 지키려고 하는 것이 그들 부부의 사랑이라는 것을 알았기 때문이다. 확실히 이 두 부부의 마지막 대화에는 고전문학에서는 쉽게 찾아볼 수 없는 독특한 무엇인가가 있다. 두 사람은 평등하게 사랑하고 존경한다. 헥토르는 아내를 사랑할 때도, 아이들을 사랑할 때도, 아내와 자식들을 한 사람으로 사랑한다. 살붙이에 대한 사랑과 인류에 대한 사랑이 헥토르에게는 다른 것이 아니다.

헥토르는 죽는 순간까지 사랑을 했다. 칼을 놓치고 아킬레우스 앞에서 죽어가면서, 헥토르는 사랑을 했고 평화를 꿈꾸었다.

그러나 신은 헥토르를 버렸다. 바로 옆에 동생 데이포보스가 있는 줄 알았지만, 그것은 동생으로 변장한 아테네였다. 속은 것이다. 동생에게 무기를 달라고 했다. 그러나 아무도 없었다. 그는 혼자였다. 운명은 그런 것이다. 눈이 멀도록 강렬한 빛 속에서 그는 자신의 운명을 보고 말았다.

불행하도다. 신들이 나를 죽음으로 부르는구나. 사악한 죽음이 다가온다. 죽음이 바로 옆에 있다. 도망갈 곳은 없다……. 운명이 나를 삼킨다.

너무도 또렷이 헥토르는 운명을 알아차렸다. 죽음은 만질 수 있을 만큼 가까운 곳에 와 있었다. 하지만 바로 그 장면에서조차 헥토르는 새로운 의지를 길어낸다. 그리하여 다음과 같은 말을 쏟아낸다.

운명이 나를 삼킨다. 그러나 나는 싸우지 않고 그저 죽기만을 기다리는 사람이 아니다……. 다음 세대들이 똑똑히 볼 수 있는 무언가를 마지막으로, 나는 완성할 것이다. 싸우고 사랑하다가 죽을 것이다.

헥토르에게 죽음의 순간은 투쟁의 순간이다. 그는 신들이 점지한 운명에 맞서는 인간이다. 훗날 다음 세대들이 위대했다고 칭송해 마지않을 인간의 모습으로 죽음을 맞으려 한다.

호메로스의 인본주의에는 이처럼 진실하고 위대한 인간의 모습이 있다. 가족을 사랑하고 보편적 가치를 숭상하며 마지막 숨을 거두는 순간까지 사랑하며 싸우는 인간이 있다. 헥토르가 그렇다. 그는 숨이 끊어지는 순간에도 죽음과 싸운다. 그의 부르짖음은 더 나은 인간의 모습을 향한 부르짖음이다. '다음 세대'인 우리가 그 부르짖음을 듣게 되기를 헥토르는 간절히 바라고 있는 것이다.

아킬레우스와 헥토르, 그들은 기질이 전혀 다른 두 종류의 인간이면서, 인류의 두 시대를 상징적으로 보여주고 있다.

위대한 아킬레우스는 통째로 불타고 있는 한 시대에서 마지막 빛을 발한다. 약탈과 전쟁으로 얼룩진 아카이아인들의 시대는 이제 아킬레우스와 함께 사라져가고 있다. 훗날 우리 속에서 언제든 다시 부활할 수 있겠지만 말이다.

그리고 그 자리에서 헥토르는 새로운 시대를 선언한다. 가족과 땅과 공동체를 지키고자 하는 시민들의 시대가 왔음을 선언하고 있는 것이다. 그는 단지 잘 싸우기만 하는 사람이 아니다. 타협할 줄도 안다. 협정을 맺을 줄도 안다. 가족에 대한 사랑으로 충만한 사람이다. 그리고 그 사랑은 다음 세대에서 더 넓은 인류에 대한 사랑으로 발전할 것이다.

《일리아스》가 위대한 것은 그 때문이다. 이 위대한 시편은 아킬레우스와 헥토르라는 상반된 인간형을 통해서 인간의 고결함과 정의로움에 대해서 말하고 있다. 아킬레우스와 헥토르가 있었고, 그들이 인류의 역사를 번갈아 가며 이끌어왔으며, 지금 우리의 마음속에서도 계속 싸우고 있는 건지도 모른다.

chapter 3

오뒷세우스와 바다

문명은 노력과 업적의 기록이다. 호메로스의 두 번째 서사시는 인간이 이룬 것 가운데 가장 위대한 업적에 대한 이야기다. 어떻게 바다를 장악하게 되었는가를 설명하고 있다. 그리스인들은 용기와 인내, 지혜를 총동원해서 바다를 항해하는 법을 배웠다. 그리고 그 중심인물이 바로 오뒷세우스였다.

《일리아스》의 작가 호메로스가 진짜로 《오뒷세이아》를 썼는지는 분명치 않다. 아니, 그랬을 것 같지 않다. 나뿐만 아니라 여러 사람들이 고개를 갸우뚱거린다. 말투나 형식이나 종교관, 이런 것들을 비교해보면, 《오뒷세이아》는 《일리아스》보다 훨씬 더 신식이다. 대략 50년 정도 뒤에 쓴 것 같다. 그럼에도 두 작품은 기원이 비슷하다. 즉흥시라는 점도 같고, 음유시인의 입을 통해서 구전된 것도 비슷하고, 여러모로 쌍둥이다. 《오뒷세이아》에서도 작가는 《일리아스》와 비슷한 작업을 했다. 즉 오뒷세우스에 관련된 이야기들을 여기저기서 긁어모은 다음 문학 작품으로 빚은 것이다. 이건 빼고 저건 늘리고 하는 식으로 솜씨 좋게 손을 대서 작품을 완성했다. 그리고 작품의 중심에 오뒷세우스를 올려놓았다. 사실 오뒷세우스가 없었다면 《오뒷세이아》는 이야기 모음집에 불과하고 잡동사니 무용담으로 남았을 것이다. 그런 이야기들은 전래동화나 민담을 뒤져도 얼마든지 나온다. 줄거리도 뻔하다. 중요한 것은 이야기의 중심에 오뒷세우스의 지혜와 재능, 아이디어가 번뜩인다는 점이다. 《오뒷세이아》의 작가는 같은 재료를 오뒷세우스 중심으로 배열했다. 인물도 이야기도 오뒷세우스를 향한다. 전혀 새로운 작품이 된 것이다. 그런 의미에서 《오뒷세이아》의 작가는 시인이기에 앞서 창조자다. 작품이 쓰인 정확한 연도에 대해서는 학계에서도 의견이 분분하지만, 대체로 기원전 8세기 중반 혹은 후반으로 추정된다. 그때라면 그리스 민족이 지중해 서쪽 세상에 대한 탐구와 정복에 나서던 시점이다. 따라서 《오뒷세이아》는 그 길에 앞장섰던 뱃사람들과 상인 계급의 노래라고 보아야 한다. 그것이 차츰 그리스 민족 전체의 유산으로 굳어진 것이다.

사실 작가가 누군지는 그다지 중요하지 않다. 전혀 다른 작품인 《일리아스》와 《오뒷세이아》가 설령 같은 호메로스의 작품이라고 해도 달라지는 건 없다. 호메로스라는 이름 자체가 한 사람을 지칭하기보다는 한 가족, 한 무더기의 음유시인들을 총칭하는 이름이기 때문이다. 중요한 것은 사람들이 2500년 동안 이 흥미진진한 이야기를 호메로스의 《오뒷세이아》라고 불렀다는 점이다.

항해 중인 디오뉘소스. 에크세키아스가 제작한 잔의 아래 부분. 기원전 6세기 후반.

파이스툼에 위치한 포세이돈 신전의 열주. 기원전 5세기.

뱃사람과 상인 계급의 노래

앞에서도 말했듯이 신천지에 도착한 그리스 민족은 바다가 뭔지도 몰랐고 배를 어떻게 타는지도 몰랐다. 바다는 에게인들의 전공이었다. 에게인들은 돛을 달고 노를 저어 바다를 누비고 다녔다. 호메로스가 '중요한 해로'라고 지칭한 길들을 찾아낸 것도 그들이었다. 가령, 소아시아 해변으로 가는 길, 이집트로 통하는 길, 시켈리아를 거쳐 지중해 서부로 가는 길 등 에게인들은 여러 곳에 손을 뻗쳤다. 초창기에는 주로 '벙어리 물물교환'을 했다. 배를 약간 멀리 세운 다음 걸어와서 바꾸고 싶은 것을 해변에 내려놓고, 다시 배로 돌아가 기다린다. 그러면 원주민들이 값이 비슷하게 나가는 물건으로 바꿔준다. 한두 번 물물교환을 하다가 신뢰가 쌓이면 본격적으로 물건을 사고팔기도 했다. 하지만 솔직히 말하면 그런 고상한 상행위보다는 단순한 해적질이 더 편했다. 그리스 세계에서는 보통 펠라스고이족을 해적의 원조라고 부른다. 그리스 민족의 본격적인 해적질이 시작되기전에 말이다.

다시 한 번 강조하지만 에게인들만큼 바다에 익숙해지기 위해서는 수백 년 세월이 필요했다. 그리스 민족은 땅에서 살아온 민족이다. 양 몇 마리 끌고 다니는 것으로 근근이 목숨을 부지했다. 그러다가 땅을 갈아 곡식을 심었다. 바다는 그보다도 한참 후에 배웠다. 무엇보다 농사만 지어서는 수요를 충족할 수 없기 때문이다. 공산품이 필요한데, 그걸 얻으려면 동쪽으로 가야 했다. 부자들은 금 막대기도 필요했고, 보석과 향수, 자수가 박힌 옷감, 보랏빛으로 곱게 물들인 옷도 필요했다. 모두 동쪽에만 있는 아이템이었다. 물론 서쪽에도 그 못지않게 중요한 것, 즉 땅이 있었다. 짐작하겠지만 땅을 보면 군침을 흘릴 거지들이 그리스 땅에 한둘이 아니었다. 동쪽이든 서쪽이든 가지 않을 이유가 없었던 것이다. 하지만 그리스 민족의 입장에서 무엇보다 다급한 아이템은 금속이었다. 쇠는 그나마 조금이라도 구할 수 있었지만, 주석은 그리스 일대에 전무했다. 주석은 구리를 청동으로 만들어준다. 모양도 잘 나오고 쉽게 깨지지 않는 청동을 얻기 위해서는 주석을 찾아 나서야 했다.

도리스인들이 쳐내려오기 시작하면서 쇠가 지배하는 세상이 되지만, 적어도 기원전 8세기에는 청동이 최고였다. 그 이후도 사정은 크게 바뀌지 않았다. 몸을 감싸는 무구로는 청동이 제격이었으니까 말이다. 무구는 총 네 부분으로 구성되어 있다. 머리에 투구가 있고, 어깨부터 배까지 몸체가 있고, 다리에 각반이 있고, 왼쪽 팔에 방패가 있다. 그런 무구를 만들려면 반드시 주석을 수입해와야만 했다.

처음 바닷길에 나선 것은 소위 돈깨나 있는 귀족들이었다. 괜찮은 배를 만들어서 바다에 띄우려면 자본이 드니까. 귀족들 가운데 용기 있는 자들이 먼저 배를 탔다. 그들은 돈이 되는 사업이라면 이것저것 가릴 인간들이 아니었다. 그래서 상업에 손을 대기 시작했다. 그러면서 자연스럽게 여러 종류의 인간들을 대동했다. 선원, 항해사, 상인, 이민자들이 그들이었다. 돈도 없고 땅도 없으면서 그리스 땅에 엉덩이를 비비고 앉은 자들이야말로 가장 쓰기 좋은 일꾼이었다.

기원전 8세기의 인간들을 흥분시키는 이 주석을 구할 곳은 두 군데였다. 최소한 지중해 일대에서는 그랬다. 흑해 끝 카우카소스 산맥 아래 콜키스와 이탈리아의 에트루리아였다. 흑해 주석 광산으로 가는 길을 제일 먼저 연 것은 밀레토스 사람들이었다. 그 때문에 코린토스와 칼키스에서 떠난 그리스인들은 다른 길을 잡았다. 위험을 무룹쓰고 멧시나 해협을 넘어 이탈리아 반도로 올라간 것이다.

오뒷세우스가 지나간 길도 바로 이 길이었다. 크게 보면 《오뒷세이아》는 안내도다. 모험을 즐기는 자들, 선원들, 이민자들, 쇠를 구해서 무기를 만들고자 하는 부자들을 위한 여행 안내서다. 그리스 사회의 온갖 잡동사니들의 척후병 역할을 한 것이 오뒷세우스였던 셈이다.

그럼에도 《오뒷세이아》에서는 주석 따위를 찾아가는 얘기는 나오지도 않는다. 철저하게 서사시의 형식을 띠고 있다. 사람들은 바다로 떠난 영웅들의 얘기를 더 좋아하기 때문이다. 50년 전, 100년 전에도 영웅이 있었고, 지금도 그런 영웅이 있다고 믿는다. 호메로스는 그런 영웅에 관한 전설을 여기저기서 수집하여 오뒷세우스 위에 덮은 것이다. 바다 너머 어딘가에 사는 거인 이야기, 둥둥 떠다니는 섬 이야기, 배를 산산조각 내거나 삼켜버리는 괴물 이야기 같은 것들이다. 오뒷세우스가 두 번씩이나 올라간 마녀의 섬, 기억상실증에 걸리게 하는 나무 이야기도 다 주워들은 것이다. 그런 의미에서 《오뒷세이아》는 아라비안나이트다. 트로이아 전쟁의 영웅 오뒷세우스가 집으로 귀향하는 얘기가 아니라, 오래전부터 구전되던 이야기 모음집이다.

속지 말아야 한다. 《일리아스》에도 오뒷세우스가 나오지만, 거기서 그는 웅변가이자 외교관이고 훌륭한 장수다. 테르시테스를 꾸짖던 위엄 있는 장수다. 그가 배를 잘 탄다는 얘기는 어디에도 없다. 그런데 느닷없이 《오뒷세이아》의 오뒷세우스는 신드바드나 로빈슨 크루소가 겪었음직한 모험을 떠나는 인물로 둔갑한다. 오뒷세우스를 중심으로 전래동화를 다시 엮었기 때문이다.

오뒷세우스는 마침내 '저 멀고 먼 바다를 떠돌아다니는' 모험가가 된다. '사나운 바다'를 건너기 위해 죽을 고비를 수도 없이 넘긴다.

호메로스의 작품을 통해서 다음 세대들이 두고두고 칭송해 마지않는 영웅으로 태어나는 것이다.

좀 더 자세히 들여다보면 《오뒷세이아》에는 아버지의 귀환이라는 공식이 있다. 지중해의 개척자나 바다를 누비는 영웅의 이야기이기 전에 귀향의 기록이다. 전래동화가 자주 다루는 주제 그대로다. 아버지는 어쩔 수 없이 먼 길을 떠난다. 길 떠난 지아비를 기다리는 아내는 끝까지 정절을 지키고, 돌아온 남편을 알아본다. 스칸디나비아나 인도의 전래동화에 나오는 이야기와 다르지 않다. 아버지는 늙어서 돌아오거나, 몰래 돌아오지만 세 가지 증거를 보고 아버지인지 알 수 있다. 이야기마다 조금씩 다르지만 《오뒷세이아》에도 어김없이 그런 증거가 나온다. 아버지만이 활을 구부릴 수 있고, 침대를 직접 만들었으며, 어머니만 아는 상처가 있다. 이 가운데 세 번째 증거는 뒷부분에서 결론에 갈음한다. 상처를 확인하면서 이야기가 끝나는 것이다. 보통 이런 이야기에서는 순차적으로 증거 세 가지가 연달아 드러나면서 긴장감을 고조시킨다. 하지만 호메로스는 그런 진부함에서 한참 벗어나 있다. 순서를 바꿀 뿐만 아니라, 증거가 제시되는 상황과 의미까지 변주한다. 극의 구성을 달리한다. 침대 이야기는 오뒷세우스의 아내 페넬로페가 처음으로 남편을 알아보는 장면에서 나온다. 페넬로페는 오뒷세우스에게 덫을 놓을 생각으로 하녀 에우뤼클레이아에게 침대를 바깥으로 들어내라고 한다. 하지만 직접 침대를 만든 오뒷세우스는 그게 불가능하다는 것을 알고 있다. 바닥에 뿌리를 내린 올리브나무를 이용해 침대를 만들었기 때문이다. 침대를 옮기려면 바닥을 파고 나무뿌리를 자르는 수밖에 없다. 그런 비밀을 애기하자, 아내 페넬로페는 비로소 남편이 맞다는 것을 확인한다. 두 번째 증거, 즉 활을 구부리는 것도 이야기 속에서 묻어 나온다. 아무도 구부릴 수 없는 활을 구부려, 사악한 안티노오스 몸을 관통케 함으로써 오뒷세우스는 적들에게 자신의 존재를 알린다. '내가 오뒷세우스'라고.

위 두 가지에 비하면 상처가 드러나는 장면은 좀 더 특이하다. 마지막에 페넬로페가 알아보기 전에 늙은 하녀 에우뤼클레이아가 발을 씻어주다가 주인을 알아보았다. 그 바람에 계획이 꼬였다. 나름대로 완벽하게 짜온 계획이 헝클어진 것이다.

이처럼 호메로스는 전통적인 '아버지의 귀환'에 나오는 문법을 비틀고, 그럼으로써 흥미를 돋운다. 그럼에도 고향을 찾아 먼 길을 떠도는《오뒷세이아》역시 전래동화의 모티프를 차용하고 있다는 점만큼은 틀림없다.

세계에 대한 무한한 호기심

그런 마당에《오뒷세이아》의 줄거리를 다시 상세하게 설명할 필요는 없을 것 같다. 다만, 오뒷세우스라는 인물은 두고 온 땅에 대한 그리움이 깊고, 주위 사내들이 호시탐탐 노리고 있는 아내 페넬로페와 아주 오랫동안 보지 못한 아들 텔레마코스를 끔찍이 사랑하는 인물이라는 점을 강조해둔다. 10년에 걸친 전쟁이 끝나자 오뒷세우스는 빨리 고향으로 돌아가고 싶은 마음뿐이었다. 고향 이타케로 가기 위해서 그리스 반도 남부를 돌아가던 중 말레아 곶에서 폭풍우를 만났다. 순식간에 지중해 서부로 밀려난 것이다. 시켈리아, 사르데냐와 북아프리카가 마주 보고 있는 바다였다. 트로이아 전쟁 이후 수백 년이 지난 당시에도 온갖 괴물과 위험이 도사리는 것으로 악명 높은 그 바다다. 오뒷세우스는 오직 집과 가족 곁으로 돌아가야 한다는 일념으로 그 바다를 헤매고 다녔다.

다시 10년 동안이나 죽을 고생을 한 오뒷세우스는 마침내 꿈에 그리던 집으로 돌아온다. 어느새 스물두 살이 된 아들과 충성스러운 하인들의 도움으로 아내에게 치근대면서 재산을 축내던 인간들을 하나하나 물리쳤다. 하인들도 차츰 주인을 알아보고, 가정의 행복을 되찾게 되었지만, 그러기까지 얼마나 힘이 들었는지.

당시 사람들에게 서부 지중해는 무섭고 두려운 곳이었다. 수많은 위험이 도사리고 있었다. 거센 물살이 배를 공중으로 띄워 올리고, 폭풍이 배를 산산조각 내는가 하면, 떼밀어 암초에 부딪히게 했다. 번갯불이 내리치기도 했고, 불타오르는 배에서 뛰어내려 파도와 싸워야 하는 날도 있었다. 구름이 하늘을 가리고, 간신히 길잡이로 삼던 별들마저 사라진 밤에는 어디로 가는 건지 짐작조차 할 수 없었다. 붉은 해가 기우는 서쪽으로 가는 것인지, 아니면 광명한 해가 떠오르는 동쪽으로 가는 것인지 알지 못했다. 하지만 그런 것쯤 오뒷세우스에게는 대수도 아니었다. 더 큰 위험도 많았다. 좁은 해협에 웅크리고 숨은 해적들 손에 잡혀 노예로 팔려갈 수도 있었다. 잘 모르는 해변에 내렸다가 흠씬 두들겨 맞고 가진 걸 모두 털릴 수도 있었다. 가장 끔찍한 것은 사람 살을 먹어치우는 괴물이었다.

세상은 그렇게 험악한데 오뒷세우스를 태운 배는 초라하기 짝이 없었다. 갑판도 없고, 순풍에만 겨우 나아갈 수 있는 돛배였다. 말이 쉽지 역풍을 뚫고 가는 것은 거의 불가능에 가까웠다. 맞서서 노라도 힘껏 저어야 하는데, 그게 사람 힘으로 되는 일이 아니었다. 밤하늘에 그려진 지도가 없다면 바다로 나서는 것 자체가 무모했다. 더구나 먹을 게 없어서 가능하면 해안에서 멀리 벗어나지 않는 게 상책이었다. 빵 몇 조각, 물 몇 양동이를 싣고 나면 남는 공간도 별로 없었다. 그래서 매일 뭍으로 기어오르고, 물을 찾아 뭍 안으로 깊숙이 들어간다. 뭐가 튀어나올지 모르는데도 말이다. 양가죽에 맺힌 이슬을 힘껏 짜서 겨우 물 한 잔 마실 수 있는 상황이었다.

기원전 8세기, 뱃사람의 삶이란 그런 것이었다. 처참한 삶이었고 짐승만도 못한 삶이었다. 자연치고도 가장 혹독한 자연을 맨주먹으로 맞서는 일이니까 말이다.

그런 뱃사람들에게 오뒷세우스는 영웅이었다. 이제 얼마 후면 그리스 민족의 식민지가 될 땅을 앞서서 밟고 다녔다. 이상한 땅에도 갔고, 무서운 땅에도 갔다. 그가 겪은 고통은 이루 말할 수 없을 정도였다. 훗날 뱃사람들의 입을 거치면서 약간씩 부풀려지기는 했지만, 기본적으로 인간이 감히 갈 수 있는 길이 아니었던 것만큼은 틀림없다.

가령 이탈리아 해안에는 식인종이 살고 있었다. 눈이 하나밖에 없는 거인 퀴클롭스는 치즈나 우유를 주로 먹고 살다가, 가끔씩 사람 고기로 포식하기도 했다. 그뿐이 아니다.

뱃사람을 꼬여서 노예로 부려 먹는 요정들이 사는 섬도 있었다. 그 가운데 키르케는 욕정에 불타오른 사내를 지팡이로 건드려 사자나 여우로 둔갑시키는 마녀였다. 오뒷세우스의 선원들도 예외가 아니었다. 많은 선원들이 돼지로 변해버렸다. 하지만 오뒷세우스는 그들을 모른 채 두고 떠날 사람이 아니었다. 헤르메스 신의 도움을 받아 마녀의 침실까지 쫓아간 그는 칼로 마녀를 위협해서 변신술의 비밀을 캐낸다. 다시 사람이 된 선원들은 떠난 줄 알았던 선장 오뒷세우스를 보고는 기쁨의 노래를 부른다.

풀로 배를 채우고 돌아오는 소 떼들 앞에 서서 껑충껑충 장난질 치는 송아
지들을 목책인들 막을 수 있겠소. 내게로 몰려오는 저 선원들은 꼭 저 송아
지들 같았소. 어미 소를 둘러싸고 음매음매 우는 송아지들처럼 눈빛이 하
나같이 울음에 가득 차 있었소.

　요정 칼립소가 사는 섬도 있다. 어쩌다가 그 섬에 좌초한 오뒷세우
스는 요정과 사랑에 빠진다. 마치 태평양을 항해하던 뱃사람이 폴리
네시아 여인을 만나는 것과 같다. 오뒷세우스는 금세 탐험이 지겨워
졌다. 그로부터 자그마치 7년 동안 요정은 오뒷세우스와 부부처럼
지낸다. 배가 좌초하는 바람에 만나게 된 그 운명의 남자를 요정도
사랑하게 된 것이다. 그럼에도 오뒷세우스는 매일 바닷가에 나가 바
위에 걸터앉는다. 아내와 가족, 과수원과 올리브나무 숲, 그것들로부
터 자신을 갈라놓은 황량한 바다를 응시하곤 했다. 그런 모습을 보고
칼립소도 결국은 오뒷세우스를 놓아줄 수밖에 없었다. 제우스의 명
령에 따라 도끼와 망치, 못들을 내어준 것이다. 오뒷세우스는 그걸로
뗏목을 만들었다. 한 조각 뗏목에 의지해서 험한 바다로 나서게 되는
것이다.
　그밖에 또 세이렌을 만난다. 매혹적인 노랫소리로 뱃사람들을 유
혹해서 잡아먹는 고약한 요정들이다. 그 요정들이 사는 섬에는 사람
의 해골이 산더미처럼 쌓여 있다고 한다. 그럼에도 누구도 요정들의
노랫소리를 흘려 넘길 수 없었다. 오뒷세우스는 호기심이 동했다. 세
이렌의 목소리가 듣고 싶었다. 물론 잡아먹히고 싶지는 않았다. 곰곰

이 궁리한 끝에 좋은 방도가 떠올랐다. 들을 건 듣되 유혹에 넘어가지 않는 수였다. 오뒷세우스는 선원들의 귀를 밀랍으로 채워 막고, 자신의 몸을 돛대에 꽁꽁 묶었다. 세이렌의 노랫소리를 듣기 위해 엄청난 위험을 감수한 것이다. 그렇게 해서 오뒷세우스는 세이렌의 노랫소리를 듣고도 목숨을 건진 최초의 인간이 되었다.

이런 얘기들이 암시하는 것처럼, 기원전 8세기의 그리스 민족에게 바다는 위험한 곳이고 동시에 매력적인 곳이었다. 오뒷세우스도 바다를 무서워하면서도 사랑하고 좋아한다. 넓디넓은 바다만 생각하면 심장이 터질 것 같다. 바다는 자석이다. 무엇보다 바다에서는 돈을 벌 수 있다. 바다를 넘어가야만 보물을 찾아올 수 있다. '금과 은, 상아를 원하는 자라면 반드시 통과해야 하는 곳이 바다'였다.

집으로 돌아가겠다는 생각에 사로잡혀 있는 오뒷세우스였지만 가끔은 섬을 떠나기 아까울 때도 있었다. 그렇게 일구기 좋은 땅을 버리고 어떻게 떠난단 말인가. 목초지 아래 비옥한 토지가 있고, 꿀이 흐르는 포도밭, 살짝 뒤집기만 하면 곡식을 끝도 없이 밀어올릴 땅들이 지천이었다. 흙 한 줌만 집어봐도 대번에 알 수 있다. 여기는 기름진 땅이다. 땅만 그런 것이 아니다. 어떤 항구는 바람과 파도를 완벽하게 막아주는 곳에 숨어 있어서, 배를 줄로 묶을 필요조차 없다. 제 땅을 끔찍이도 아끼는 오뒷세우스마저 어떤 순간에는 그냥 눌러살까 하는 생각이 불끈불끈 솟을 정도였다. 결국 오뒷세우스는 남들보다 먼저 미래를 본 것이다. 지금은 아무도 살지 않고 위험한 존재들이 들끓는 땅이지만, 그리스 민족은 여기저기에다 커다란 도시를 세울 것이다. 벌써 기초공사를 시작한 곳도 있고 말이다.

바다는 누가 뭐래도 무서운 곳이다. 그러나 그 너머에는 낯선 신세계가 있다. 오뒷세우스는 황금에만 눈먼 자가 아니다. 무엇보다 그는 새로운 세계에 대한 호기심에 가득 차 있는 인물이다. 새로운 것을 만나면 그냥 지나치는 법이 없다. 선원들이 그렇게 말렸음에도 퀴클롭스의 소굴로 쳐들어가고야 만다. 도대체 무엇이 그를 그렇게 담대하게 하는가. 그는 이렇게 설명한다. 내가 퀴클롭스를 만나러 간 이유는 타이르기 위해서다. 손님한테 그런 식으로 무례하게 굴지 말라고 얘기하고 싶었다. 하지만 그보다 더 중요한 이유는 그 괴상한 괴물을 직접 보고 싶었기 때문이다. '사람 살을 뜯는 거인'을 보고 싶었고, 키르케를 보고 싶었고, 세이렌의 노래를 듣고 싶었다. 이와 같이 《오뒷세이아》에는 세계에 대한, 혹은 존재에 대한 무한한 호기심이 있다. 그리스인에게 자연은 위험한 존재들이 사는 무서운 곳이다. 동시에 신비의 보고이기도 하다. 그 신비를 보고 싶고, 샅샅이 뒤지고 싶고, 이해하고 싶고, 지배하고 싶고, 알고 싶다. 오뒷세우스는 그런 의미에서 문명인이다.

바다에 대한 꿈과 투쟁의 기록

자연을 정복하기 전에 오뒷세우스는 자연의 위험과 매력을 마주한다. 자연은 그에게 공포의 대상이고, 꿈꾸는 대상이고, 바라는 대상이다. 하지만 그는 자연을 마주할 뿐만 아니라, 자연을 다시 창조하기도 한다. 동물들은 자연 속에서 사는 게 전부지만, 인간은 자연을 다시 창조한다. 자연의 힘으로 인간 자신이 새로워진다. 인간이 사는 세계를 아름답게 건설한다. 이와 같은 창조의 힘을 보여주는 이야기가 있다. 파이아케스인들과 나우시카아 공주가 사는 섬 이야기다.

헤라클레스의 두상. 셀리노스 신전의 소간벽(小間壁). 기원전 6세기 초.

기마상. 펜텔리코스 산 대리석으로 제작되었으며, 아크로폴리스에서 발견되었다. 기원전 500년경.

파이아케스인? 도대체 그들은 누구인가? 지도를 찾을 필요는 없다. 그냥 바다 한가운데 온갖 경이로움으로 가득한 비옥한 섬에 사는 순수한 사람들이라고 해두자. 스케리아라고 불리는 이 지역은 천국이다. 인간의 역사가 훼손하지 못한 말 그대로 천국이다. 스케리아의 자연은 자연이기에 앞서 예술 작품이다. 아름답고 웅장하고 매혹적이다.

알키노오스 왕의 과수원에는 나무들이 자라는데, 1년 내내 사시사철 열매를 맺는다. "나무들은 금세 자라서 무성해지고, 탐스러운 사과와 석류, 배와 무화과, 올리브 열매가 맺힌다. 여름이건 겨울이건 열매는 떨어지는 법도 시드는 법도 없다. 오히려 서풍이 불어오는 날에 나무도 열매도 더 빨리 자라고 더 빨리 무르익는다. 배 위에 배, 사과 위에 사과, 한 송이 안에 다른 한 송이, 무화과 열매 위에 새로운 무화과 열매가 덧쌓인다."

알키노오스 왕의 궁전은 해와 달이 가득 비추는 것처럼 눈부시다. 금, 은, 동이 보는 이의 눈을 멀게 한다. 문을 지키는 개마저도 황금색이다. 바로 대장장이 신 헤파이스토스가 만든 황금색 살아 있는 개다. 궁전은 그야말로 별천지다. 겉만 번지르르한 것이 아니다. 사람들의 마음도 고결하기 그지없다. 나우시카아의 가족들 모두 금빛 심장을 지녔고, 천국의 주민답게 착하다. 아주 오랜 옛날부터 파이아케스인들은 뱃사람들이 짝사랑해온 족속이다. 그들의 배는 심지어 스스로 생각하면서 나아간다고 한다. 타고 있는 자가 마음속에 원하는 길로 인도해준다. 길을 잃을 염려도 없고, 안개 속에 헤맬 일도 전혀 없다.

스케리아는 그런 곳이다. 춤과 노래의 땅이고, 요정들이 사는 천국이다. 그리스 민족은 스케리아를 단지 꿈꾸고 있을 뿐만 아니라, 스케리아로 가기 위해 끊임없이 애쓰고 있다. 그들의 가슴속에 스케리아는 언젠가 지구상에 구현해야 할 나라의 대명사다. 지혜와 평화를 숭상하는 시민들이 행복한 삶을 영위할 수 있는 곳이 바로 스케리아다.

스케리아에 있는 모든 것 가운데에서도 가장 위대한 존재는 나우시카아다. 스케리아의 공주 나우시카아는 순수하기 그지없는 영혼을 가졌다. 그녀는 지금 미개인이나 다름없는 벌거숭이 오뒷세우스를 만나기 위해 빨랫감을 들고 바닷가로 나와 있다. 오뒷세우스는 며칠 전 폭풍우에 휩쓸려 바닷가로 올라와서는 숲 속에 몸을 숨겼다. 잎사귀 몇 개로 겨우 주요 부위를 가리고 살 길을 궁리 중이다. 오뒷세우스의 배가 좌초되던 날 밤 나우시카아의 꿈에 아테네 여신의 계시가 나타났다. 곧 새로운 인연을 만나 결혼하게 될 터이니, 빨랫감을 들고 바닷가 개천으로 나가라는 것이었다. 나우시카아는 얼른 왕에게 달려가 이렇게 말했다. "아버지, 수레를 하나만 내주시면 바닷가에 가서 빨래를 할게요. 아버님도 국사를 보시려면 깨끗한 옷이 필요하실 거고, 아직 장가도 못 간 세 오빠들도 말끔한 옷이 있어야 파티에 갈 거 아니에요?" 왕은 뭔가 눈치를 챈 듯한 표정으로 대답했다. "그럼. 뭐든 내주마. 네가 달라는데 못 줄 게 뭐가 있겠니?"

그렇게 해서 나우시카아는 시녀들을 대동하고 빨래를 하러 갔다. 물에 빨고 개천에 담가 발로 밟은 다음에 양지바른 돌 위에 가지런히 널었다. 그러고는 시녀들과 즐겁게 공놀이를 하기 시작했다. 마침 공이 물에 빠지자 시녀 몇이 소리를 질렀는데, 그 소리에 숲에서 자던 오뒷세우스가 깨고 말았다. 오뒷세우스는 몸을 가린 이파리를 걷어

치우고 밖으로 나갔다. 시녀들은 기겁을 해서 멀리 도망쳤지만 나우시카아는 당당하게 오뒷세우스 앞에 섰다. 오뒷세우스는 어떻게든 살 길을 찾으려고 여인에게 말을 하기 시작했다. "부드러움과 기지"가 빛나는 말이었다.

"신이신지 사람인지 모르겠지만 이렇게 간청을 드립니다. 만약 하늘에서 내려오신 신이라면 틀림없이 제우스 신의 따님 아르테미스일 것 같습니다. 생김새나 키가 아르테미스의 상을 꼭 닮은 게 말이에요. 혹시 하늘에 사시는 신이 아니라 땅에 사시는 저랑 같은 사람이라면, 당신의 어머니나 아버지, 형제들 모두 매일 행복하겠지요. 당신이 그 싱그러운 자태로 춤추는 걸 볼 때마다 가족들 모두 기쁨으로 복받쳐오르겠고요. 당신과 함께 살 집으로 가는 남편은 또 얼마나 행복하겠습니까? 언젠가 저는 아폴론의 신전에서 종려나무 줄기가 땅속에서 솟아나 위로 뻗는 것을 보았습니다. 그렇게 아름다운 것이 있을까 싶어 정신이 멀었고, 한참 동안 쳐다보았습니다……. 오늘 제가 당신을 마주한 심정이 그때와 같습니다. 얼마나 두렵고 떨리는지요."

아직 자기 이름을 밝히지 않은 오뒷세우스는 사정을 얘기하고 나우시카아의 아버지에게 데려가달라고 부탁했다. 파이아케스인들은 오뒷세우스를 환대했다. 오뒷세우스의 얘기를 전부 들었고, 오뒷세우스가 누군지도 알게 되었다. 그러자 파이아케스인들은 오뒷세우스의 든든한 원군을 자청했다. 그를 고향으로 데려다준 것이다. 파이아케스인들 덕에 오뒷세우스는 페넬로페를 보호해준다는 명목하에 재산이나 축내는 사내들과 싸워 이기게 되었고, 행복한 자기 세계를 다시 창조했다.

《오뒷세이아》는 이처럼 바다를 배경으로 한 뱃사람들의 이야기다. 걸음마를 배우기도 전에 헤엄치는 법을 배우는 그리스의 아이들이 가장 좋아하는 이야기가 《오뒷세이아》다. 아이들은 글도 《오뒷세이아》로 배운다. 읽고 암송하면서 저절로 글을 익힌다. 《오뒷세이아》는 그런 의미에서 그리스 민족의 시다. 바다를 처음으로 알게 되기까지 그들이 겪었던 일들의 기록이다. 꿈과 투쟁의 기록이고, 지침서다. 호기심에 가득 찬 용감한 사람들은 오뒷세우스를 흉내 내며 바다로 떠났다. 《오뒷세이아》라는 안내서가 있었기에 가능한 일이다. 그러고 나서 불과 몇 백 년 안에 지중해는 그리스 민족의 호수가 되었다. 요지를 장악했고 중요한 길목도 죄다 확보했다. 그렇다. 그리스 민족의 시는 읊조리고 마는 시가 아니다. 시 자체가 하나의 생생한 기록일 뿐만 아니라 가만히 있던 자들도 들썩이게 하는 힘으로 가득하다.

지혜로운 인간의 상징, 오뒷세우스

조금 더 정확히 말하면, 《오뒷세이아》는 뱃사람들의 시 그 이상이다. 오뒷세우스도 그냥 뱃사람이 아니다. 자연 앞에서, 운명 앞에서 인간이 반드시 갖추어야 할 덕성을 보여주는 인물이다. 모범이다. 문제가 닥치면 오뒷세우스는 늘 생각한다. 행동하기 전에 궁리한다. 위험한 일이 닥칠 때 그가 가장 먼저 하는 짓은 생각이고 궁리다. 잔꾀를 부리는 수준이 아니다. 훨씬 더 정교한 생각을 한다. 오뒷세우스가 문제를 푸는 방법은 단순하고 확실하다. 생각의 결과이기 때문이다.

가령, 오뒷세우스 앞에 닥친 문제는 이것이다. 선원들이 동굴에 갇혀 있다. 동굴 문은 너무 무거워서 열 수 없다. 오직 외눈박이 거인만 문을 열 수 있다. 그 거인은 지금 선원들을 하나둘 먹고 있고, 동굴 안에는 양이 있다. 양젖을 위해서라도 거인은 문을 열고 양을 내보내서 풀을 뜯게 해야 한다. 해답: 거인만 문을 열 수 있으므로 거인을 죽여서는 안 된다. 대신 무력화한다. 눈이 하나니까 그걸 없앤다. 그러려면 재워야 하고, 재우려면 술 취하게 해야 한다. 문제는 거인이 친구들에게 도움을 요청하고 친구들이 끼어드는 것인데, 그걸 막으려면 거인의 말을 듣고도 친구들이 개입하지 않아야 한다(오뒷세우스는 자신을 '아무도 아니다(no one)'이라고 소개해서, 나중에 퀴클롭스가 "no one이 내 눈을 멀게 했다"라고 소리 지르게 만든다—옮긴이). 마지막으로 동굴에서 반드시 나가야 하는 것이 있는데, 그게 양이다. 나갈 때는 양을 이용한다. 이런 식으로 오뒷세우스의 논리가 진행된다.

모든 요소들을 검토한 다음에 오뒷세우스는 유일한 해결 방안에 도달한다. 그다음부터는 마치 공식처럼 문제가 풀린다. 그렇다고 해서 엉성하게 푸는 것도 아니다. 일처리는 깔끔하고 정교하다. 불에 달군 말뚝을 쥔 오뒷세우스와 선원들은 퀴클롭스의 눈에 꽂고 한 번이 아니라 여러 번 휘휘 젓는다. 눈의 뿌리까지 확실히 뽑히도록 말이다. 필요하다면 간단한 속임수도 쓸 줄 안다. 가령, 계획대로 양의 배에 매달려서 밖으로 나왔다. 하지만 양을 그냥 내버려두지 않고 전리품처럼 배에 실었다. 식량이니까. 작전이 성공하자 오뒷세우스는 의기양양해졌다. 기뻐서 미칠 지경이었다. 특히 즉흥적으로 만들어낸 이름 '아무도 아니다'는 아무리 생각해도 기발했다. "어떻게 그런 이름을 생각해서 놈들을 속일 수 있었을까?" 스스로도 감탄하지 않을 수 없었다. 그래서 퀴클롭스의 소굴에서 벗어나 막 바다로 떠나면서 오뒷세우스는 퀴클롭스를 약올리기 위해 소리를 질렀다. 겁에 질린 선원들을 아랑곳하지 않고 오뒷세우스는 일종의 초대장을 날렸다. "퀴클롭스, 네 눈을 멀게 한 건 바로 오뒷세우스야. 라에르테스의 아들이고, 약탈 전문가지. 주소는 이타케니까, 잘 기억해둬."

이 대목에서는 약간 방정맞아 보이지만, 오뒷세우스가 늘 그랬던 것은 절대 아니다. 내가 아는 한 오뒷세우스는 자신을 잘 다스리는 사람이다. 폭풍우가 그를 나우시카아 공주에게로 인도하는 와중에도 오뒷세우스는 냉정하고 차분했다. 노토스(남풍)와 보레아스(북풍), 에우로스(동풍), 제퓌로스(서풍)가 장난감만 한 뗏목에 숨결을 불어대고 있을 때였다. 오뒷세우스는 널빤지 하나에 목숨을 기대고 있었다. 그때 이노 여신이 나타났다. 파도를 헤치고 튀어나와 이런 제안을 했다. 오뒷세우스가 여신을 믿고 헤엄을 치기 시작하면 가라앉지 않도록 돕겠다는 것이었다. 오뒷세우스는 잠시 생각해보았다. 이것은 함정인가, 아니면 진짜로 신이 나를 돕는 건가? 그는 남은 널빤지를 들여다보고 다음과 같이 결론을 맺었다. "아무래도 이게 가장 좋을 것 같다. 이 나뭇조각들이 서로 잘 붙어 있는 한 여기에 의지해서 괴로움을 견뎌내리라. 만약 심술쟁이 파도가 이 나뭇조각마저 부숴버리면 그때는 헤엄을 칠 것이다. 그게 나의 전략이다."

오뒷세우스는 신심이 깊은 사람이다. 그럼에도 신이 배반할 때도 있다는 것을 누구보다 잘 알았다. 그래서 일단은 먼저 자기 자신을 믿는다. 결국 맨몸으로 바다에 버려진 오뒷세우스는 이틀 밤낮 동안 죽을힘을 다해 헤엄을 쳤다. 그렇게 해서 다다른 곳이 바로 파이아케스인들의 섬이었다. 이긴 것이다.

어떤 싸움에서도 오뒷세우스는 바다와 운명에 물러서지 않는다. 기필코 자기 몫을 지킨다. 그의 무기는 용기와 지혜다. 우스워 보이지만 그것은 보통 무기가 아니다. 사람과 사물을 자기편으로 만드는 무기다. 그렇다고 신을 무시하는 것은 아니다. 마침 적당한 장소에 있었던 포도주 가죽부대와 올리브나무 말뚝을 이용할 수 있는 것이 바로 지혜다. 오뒷세우스는 지혜 덕에 무사할 수 있었다. 망치와 못으로 들보와 나뭇조각을 이어 위험에서 빠져나왔다. 필요한 때는 사탕발림을 구사하고 '악의 없는' 거짓말도 한다. 그런 것들이 오뒷세우스가 가진 무기였다. 게다가 오뒷세우스는 사람의 마음을 움직일 줄 안다. 나우시카아 공주도 그를 사랑하게 되고, 아들도 아버지를 따르고, 아내도 남편을 믿으며, 오랜 하인들도 주인 편을 든다. 돼지치기 에우마이오스나 유모 에우뤼클레이아도 마찬가지다.

오뒷세우스는 지혜로운 인간의 상징이다. 인간의 지혜는 실질적이고 창조적이다. 세상에 대한 의미 없는 지식을 쌓아놓은 것이 아니다. 어려운 상황이 닥칠 때마다 적절한 대안을 제시할 줄 아는 그런 지혜다. 신과 적들은 인간이 가는 길목마다 방해꾼을 심어놓고 인간을 끊임없이 불행의 나락으로 인도한다. 그런 상황에서는 지혜만이 인간을 구할 수 있다. '재주꾼' 오뒷세우스가 이기는 이유다.

그는 자신의 손으로 신혼 침대를 만들었듯이 자신의 힘으로 행복을 되찾고 공고히 하고자 한다. 그런 의미에서 오뒷세우스는 만드는 자이고, 장인의 선조다. 《오뒷세이아》를 처음부터 한번 훑어보라. 오뒷세우스는 온갖 것을 다룰 줄 안다. 목수이고, 항해사이며, 석공이고, 마구장이다. 도끼와 쟁기와 배의 키를 자유자재로 다룬다. 칼을 다루듯이 인간의 도구를 다룬다. 하지만 그가 만든 것 중 최고 걸작은 다름 아닌 가정이다. 행복한 가정. 그는 가장으로서 모든 가족 구성원들을 친구로 포섭해서 행복한 가정을 꾸린다. 호메로스가 말하듯이, 오뒷세우스의 '악의 없는 지혜'가 반짝이는 대목도 바로 거기다.

여섯 개의 머리를 가진 스퀼라와 바다 소용돌이가 도사리는 자연이라는 끔찍한 운명 앞에서, 인간의 행복을 위해 오뒷세우스가 앞서 싸우고 있다. 인간이 온전하게 이 세상에 살면서 자연을 정복해가는 길을 몸소 보여주고 있다. 그래서 오뒷세우스는 인간의 모범이고, 다음 세대의 모범이다. 호메로스가 만들어낸 미래형 인간이다.

chapter 4

아르킬로코스, 시인과 시민

기원전 7세기에서 6세기까지는 서정시의 시대였다. 그 기세가 얼마나 대단했는지 비극이 엄청난 인기몰이를 하던 시대에도 사람들은 서정시를 버리지 않을 정도였다. 우선 서정시가 무엇인지 정의해보자. 두 가지 요소를 들 수 있다. 원래 서정시는 노래로 부르기에 적합한 시를 일컫는 개념이었다. 그래서 여러 행과 연으로 나누어져 있었다. 하지만 그리스 민족이 즐긴 서정시는 색다른 면이 있다. 역사상 최초로 시인 자신의 감정을 표현한 시라는 점이 그렇다. 형식도 중요하지만, 내용도 그 못지않게 중요하다. 시인은 지극히 일상적이고 자질구레한 감정을 노래한다. 그러기 위해서는 거꾸로 형식에 구애받아서는 안 된다. 그래야 리듬이 자유롭고 풍부해진다. 악기 연주 없이 시만 읽어도 사람들은 그걸 노래로 들을 정도다. 시가 노래가 되는 것이다.

그럼에도 서정시라고 하는 이 매력적인 유물은 제대로 대접을 받지 못했다. 그리스 문학 가운데서도 가장 많이 훼손된 것이 또한 서정시다. 시 몇 구절이라도 찾으려면 사람들은 종래 문헌들을 샅샅이 뒤져야 한다. 따분한 문법 강의나 운율론에 예문으로 쓰려고 남겨둔 단어나 구절이 고작이었다. 그 가운데도 핀다로스와 테오그니스의 시가 좀 더 많이 살아남았다. 교재에 실렸기 때문이다. 하지만 핀다로스는 몰라도 테오그니스에게는 지나치게 과분한 대접이다. 그 지겨운 테오그니스를 보존하고 베끼다니!

서정시라면 최소한 아르킬로코스나 삽포 정도는 되어야 한다. 나는 지금부터 이 두 시인에 대해서 이야기하고자 한다. 먼저 아르킬로코스다. 그는 한마디로 말해서 유럽 서정시의 아버지다. 대부분 잘려나가서 몇 개 안 남은 구절만 놓고 봐도 그의 시는 작품이다. 그는 지긋지긋한 서사시의 문법과 어투를 버렸다. 호메로스의 추종자들이 구구절절이 늘어놓은 그 장문으로부터 결별했다. 아르킬로코스의 시는 무엇보다도 간결하다. 규칙적인 리듬을 탄다. 그러면서 사랑과 풍자를 노래하는데, 말 많은 영웅담과는 확실히 다른 아름다움이 있다. 그렇다고 해서 아르킬로코스의 시가 사랑 타령만 하는 것도 아니다. 그것 역시 그리스의 도시에 바쳐진 노래다. 아르킬로코스의 서정시 전통은 삽포가 이어 받는다. 삽포가 서정시의 꽃을 피우고, 최고조의 아름다움을 뿜낸다.

파로스의 서정 시인

아르킬로코스는 파로스에서 태어났다. 에게해에 불쑥 솟은 파로스

섬은 대리석 덩어리다. 흙 몇 센티미터만 파내면 대리석이 나올 정도다. 기원전 7세기 조각가나 건축가에게 대리석은 별로 쓸모없는 돌이었다. 그 단단한 것을 다룰 기술이 없었기 때문이다. 결국 파로스는 당시로서는 내세울 게 별로 없는 섬이었다. 황량하고 가파르다. 염소 몇 마리가 어린잎을 뜯어 먹고, 군데군데 무화과나무와 포도나무가 심어져 있으며, 언덕 아래 야윈 곡식밭을 지나 작은 항구 마을이 전부다. 나중에 아르킬로코스는 파로스를 떠나면서 "무화과나무와 바다가 전부인 파로스를 잊어버리자"라고 말하기도 했다.

당시 그리스 전역이 다 그렇듯이, 가난한 땅에는 반드시 빈부차가 있었다. 가난한 자들보다 아주 조금 돈이 많은 부자들은 땅을 차지하고 가난한 자들을 착취했다. 그러다가 종기가 곪아 터지듯이 폭동이 일어났다. 그런 일이 자주 일어나자 사람들은 지겨운 고향을 등지고 이민을 떠났다. 기원전 7세기 그리스에서는 이민이 하나의 유행이었다. 사람들은 에게해 북쪽 트라케로 갔다. 거기는 비옥한 땅도 있고, 금광도 있다. 미개한 트라케인들은 금이 뭔지도 모른다.

파로스 사람들은 트라케 본토 대신 바로 앞에 있는 타소스 섬 주민들과 친하게 지냈다. 같은 데메테르 여신을 섬기고 있었기 때문이다. 이민자들이 떠나기 전에 데메테르 여신의 선교자들이 먼저 타소스로 가는 길을 열었다. 아르킬로코스가 태어나기 50~60년 전의 일이다.

아르킬로코스의 아버지, 텔레시클레스는 타소스로 가는 첫 번째 지원자들을 모집한 장본인이었다. 이들은 타소스로 가서 원주민들의 손에서, 그리고 조금 더 일찍 도착한 다른 그리스 민족의 손에서 땅을 빼앗을 작정이었다. 트라케로 가는 요지니까 말이다. 텔레시클레스는 장도를 떠나기에 앞서 신전에 올라 신의 계시를 청했다. 아폴론

신의 사제들은 이민자들을 위한 여행 안내자였다. 때는 기원전 684년, 아르킬로코스가 막 스무 살을 넘겼을 때였다. 하지만 아르킬로코스는 타소스로 가는 행렬에 합세하지 않았다.

시에서 직접 밝힌 것처럼 아르킬로코스는 서자다. 어머니는 에니포라고 불리는 노예였다. 그럼에도 아르킬로코스는 한 번도 자신의 출생에 대해서 부끄러워한 적이 없다. 오히려 자랑스럽게 여겼다. 노예와 모험을 좋아하는 한량 사이에서 태어났다고 해서 차별을 받는 것도 아니었다. 친부가 인지를 하기만 하면 다 같은 파로스의 시민이었다. 다만 한 가지 불편한 점은 서자이기 때문에 아버지의 재산을 물려받을 수 없다는 것이었다. 결국 아르킬로코스 앞에 남은 길은 파로스 섬에 남아 근근이 먹고살든지, 아니면 칼로 무장을 하고 돈을 벌러 떠나든지 둘 중 하나였다. 아르킬로코스는 먼저 첫 번째 길을 택했다.

파로스에서 자란 아르킬로코스는 무화과 열매와 생선으로만 배를 채운 것은 아니었다. 그를 살찌운 또 다른 양분은 호메로스의 시였다. 훗날 호메로스와는 다른 시를 쓰게 되지만 시라는 장르를 처음 배운 것은 호메로스를 통해서였다. 아르킬로코스는 그렇게 차츰 시의 길로 들어섰다. 초창기 시는 주로 자질구레한 일상이나 타소스로 떠난 이민자들이 전해준 이야기를 다루었다.

〈난파선에서〉라는 시에 보면 타소스로 떠난 첫 번째 파로스인들이 폭풍우를 만나 떼죽음을 당한 이야기가 나온다. 희생자 가운데는 아르킬로코스의 매제도 있었다. 아르킬로코스는 사뭇 씩씩한 어조로 친구들을 잃은 슬픔을 노래한다.

"모두가 울고 모두가 슬퍼하도다, 페리클레스여. 울지 않는 시민이 없으며, 축제에도 향연에도 기쁨이 없다. 차라리 폭풍우가 부자들을 집어삼켰더라면! 이다지 심장이 터지지는 않았을 것을! 그러나 친구여, 신은 가장 견디기 힘든 슬픔 가운데서도 치유를 예비하나니, 그것은 자꾸만 단단해지는 우리들 심장이다. 오늘은 내가 아프고, 내가 피 흘리며, 내가 울부짖을 것이며, 내일은 네 차례라고 하자. 그리고 이제 슬픔은 여인네들의 몫으로 남겨두고 단단하게 일어나야 하지 않겠는가?"

　　슬픔을 위로하던 시인의 어투는 점점 선동조로 바뀐다. 그러고는 영웅 플루타르코스가 할 법한 말로 시를 끝맺고 있다. "운다고 슬픔이 끝나지는 않으리니, 차라리 한바탕 축제로 이 슬픔을 다스릴 일이다."

　　바로 위와 같은 구절이 아르킬로코스의 진면목이다. 그는 죽음을 솔직하게 대면한다. 그럼으로써 진부한 사람들의 비난을 받을지 몰라도 남들과는 다른 태도를 취한다. 그것이 바로 아르킬로코스의 풍자시가 시작되는 지점이다. 그는 '인형'이라는 이름으로 불리는 매춘부를 이렇게 묘사한다.

　　바위 위 무화과나무로 까마귀들이 날아들듯이,
　　동네 노리개에게 낯선 사내들이 붙는구나.

세상을 바라보는 눈매가 보통 날카로운 것이 아니다.

행렬을 이끄는 디오뉘소스. 무녀들이 들고 가는 지팡이 끝에 솔방울이 달려 있다.
기원전 500년경에 제작된 단지에 그려진 그림.

영웅담 대신 사랑과 풍자

아르킬로코스가 네오불레를 처음 사랑한 곳도 파로스였다. 네오불레의 아버지 뤼캄베스는 시인에게 딸을 주기로 했다. 하지만 무슨 이유에선지 약혼은 깨지고 말았다. 심지어 뤼캄베스는 아르킬로코스에게 모든 잘못을 뒤집어씌우려고 했다. 돈을 노리고 네오불레를 꼬셨다는 것이다. 아르킬로코스는 결국 복수를 선택한다. 그러고는 복수의 수단으로 시를 이용했다. 우화를 빗대어 역사적인 복수를 감행한 것이다. 사실 아르킬로코스의 서정시에는 친구나 적들이 자주 등장한다. 그 가운데서도 첫 번째 목표는 단연코 뤼캄베스였다.

도대체 무슨 생각을 하십니까? 누가 당신의 이성을 그리 흔들었는지요? 이 날까지는 그나마 균형이 뭔지 아는 분이었는데, 사람들이 얼마나 험한 말을 해대는지 아시는지요? 엄중한 약속을 어기셨고, 상을 뒤엎으셨습니다. 제우스 신이여, 내 혼례고 뭐고 다 망가졌습니다. 어쩌겠습니까? 죗값을 치르게 해야죠.

아르킬로코스는 장인이 될 뻔한 뤼캄베스를 유명한 우화에도 등장시켰다. 바로 독수리와 여우의 우화였다. 여우 아르킬로코스와 독수리 뤼캄베스는 친구가 되기로 했는데, 독수리가 약속을 어겼다. 여우 새끼를 독수리 새끼들의 먹이로 삼고는 날아오른 것이다. 하늘로 쫓아갈 수 없는 여우는 제우스에게 기도를 올렸다.

"제우스 신이시여, 하늘은 당신의 왕국입니다. 저 더러운 짐승 새끼가 한 짓에 당신도 참지 못하실 거고요. 저기 바위 위 흰 날개 속에 숨은 자입니다. 앉은 꼴이 역겹지 않습니까?"

여우의 간절한 기도는 제우스의 마음을 움직였다. 어느 날 독수리가 제단에 놓인 제물을 넘보자, 제우스의 화는 극에 달했다. 그래서 불검으로 독수리의 둥지를 태워버렸다. 새끼들도 모두 타 죽고 여우는 복수에 성공했다.

아르킬로코스의 잔인한 서정시의 다음 타깃은 네오불레였다. 도무지 그런 식의 험한 말이 쏟아질 거라고는 상상도 못한 일이었다. 하지만 이제 아르킬로코스의 시에서 네오불레는 한물간 창녀, 타락한 매춘부로 나온다. 아르킬로코스를 포함한 모든 남자들이 보자마자 눈을 돌리는 더러운 여인이 되었다. 우화에서는 네오불레가 젊은 애인을 찾아다니는 발정 난 암사자로 묘사된다.

이처럼 아르킬로코스의 시는 두 가지 상반된 모습을 고스란히 드러내고 있다. 불과 얼마 전까지만 해도 네오불레는 순결한 사랑의 상징이었고, 아르킬로코스는 예술가다운 균형 감각을 동원해서 자기 사랑을 표현했다. "은매화 가지와 장미 한 송이를 손에 쥐고 티 없이 즐거워하는데, 아름다운 머릿결이 내려와 어깨와 목덜미를 슬그머니 감추고 있다"든지, "향기로운 머릿결과 가슴은 늙은이의 심장도 깨울 듯하다"든지 하는 고상한 언어가 나왔다. 아르킬로코스는 "기쁨에 넋을 잃은 까마귀"였고, 네오불레는 "할퀴온(동지 무렵 바다 위에 보금자리를 만들어 풍파를 가라앉히고 알을 까는 전설 속의 새―옮긴이)처럼 날개를 퍼득거"렸다. 그리하여 아르킬로코스 자신은 "그녀를 향한 욕망으로 난파되었"으며, "누운 채, 신이 허락한 사랑의 아픔으로 뼈마디가 뚫리는" 듯 쓰러졌다. 그 스스로 고백하듯이, "욕망이 사지를 분해하고 장악하는데, 흥겨운 시도, 축제도, 아무런 기쁨을 주지 못했다"고 한다.

이즈음의 아르킬로코스는 한마디로 상사병을 앓는 청년이었다. 욕망의 포로였고, 기쁨에 넋을 잃었으며, 그러고도 즐거웠다. 하지만 사태가 돌변하여 사랑에 배신당하자 아르킬로코스의 사랑은 미움과 증오로 옮겨갔다. 그만큼 아르킬로코스는 이중적인 사람이었다. 사랑에 잘 빠지면서도 쉽게 화를 내는 사람이었고, 상처 받기 쉬운 성격이면서 상처도 잘 주는 사람이었다. 그의 재주는 사랑과 증오에 걸쳐 있으며, 받아들이기도 잘하지만 내치는 데도 주저 없었다. 게다가 한 번 증오로 방향을 틀자, 그의 에너지는 더욱 강하게 폭발했다. 사랑하는 네오불레가 떠난 자리에서 그는 한때 사랑하던 여인을 욕하는 데 몰두했다. "사랑의 욕망이 심장을 비틀고, 눈앞에 그득한 안개를 뿌려 머릿속에서 온전한 생각을 할 수 없다"던 그가 같은 시에서 사랑하던 여인을 조롱하기 시작한 것이다. "당신의 부드러운 피부는 더 이상 향기롭지 않고, 이제 비로소 시들어가고 있소"라고 말이다.

가끔 사랑과 증오의 감정이 한데 섞인 시도 보인다. 방향이 다른 두 개의 행위가 하나의 시 속에 공존하고 있는 것이다.

> 그럴 수 있다면 네오불레의 손을 만지고 싶다……. 그리고 달아오른 그녀
> 몸에 내 몸을 밀어넣고, 허벅지끼리 마구 문지르고 싶다.

시인은 네오불레를 사랑한 만큼 미워하고 있다. 하지만 아무리 그래도 위 시구에 나타난 표현은 좀 심했다. 풍자시의 아버지답지 않게

선을 살짝 넘은 것 같다.

사랑하며 꼬집는 독설가

사랑도 할 만큼 해보고 미움도 할 만큼 해본 시인은 파로스를 떠나기로 결심한다. 타소스에 정주한 시민들을 위해 봉사하고 싶었다. 새로운 땅에 가서 군인 노릇을 하다 보면 사랑의 상처도 치유될 것 같았다. 그는 머뭇거리는 친구들에게 다음과 같이 독려하는 시를 쓰기도했다. "여기 나무 몇 송이 꽂아놓은 당나귀 등뼈 말고 뭐가 더 남았는가?"라고.

이렇게 번역해놓으니 그저 평범한 시로 들릴지 모르지만, 아르킬로코스의 시구에는 고유한 리듬이 있다. 당대의 그리스인들이 삼단운율이라고 부르던 것을 아르킬로코스는 이단으로 바꾸어서 훨씬 더생동감 있게 만들었다.

어쨌거나 우리의 시인 아르킬로코스는 타소스로 떠나는 사람들 틈에 끼어 장도에 오른다. 기원전 664년의 일이고, 아버지가 떠난 지20년 만의 일이다. 이후 아르킬로코스는 줄곧 타소스를 위해 살았다. 시인으로서, 또 한편으로는 군인으로서 말이다. "내 삶에는 두개의 군주가 있다. 하나는 에뉘알리오스이고, 다른 하나는 여신 뮤즈다." 즉 한편으로는 이름난 장군의 오른팔로서, 다른 한편으로는 여신 뮤즈의 대변인으로서의 삶을 시작했다. 군인으로서 그의 삶은 힘들고 괴로웠다. 그 스스로 고백한 것처럼, "빵도 창을 꽂아 먹고, 이스마르 포도주도 창으로 휘젓고, 취하면 창끝 위에 벌렁 드러눕는"그런 삶이었다.

하지만 그렇다고 해서 그의 풍자 기질이 사라진 것은 아니었다. 그는 군인으로서의 삶을 사랑했다. 그래서 동료나 상관들 가운데 같잖아 보이는 자들을 향해서는 독설을 퍼부었다. 물론 군인을 욕한 것은 군인을 사랑하기 때문이었다. 군인을 업신여기거나 착취하는 자들을 보면 어김없었다. 옷치장에만 신경 쓰는 장군이나 허풍쟁이들도 진짜 군인 아르킬로코스의 독설을 피할 수 없었다. 아르킬로코스는 대충 넘어가는 법이 없었다.

> 죽이고 보니 겨우 일곱 명 잡자고 우리 천 명짜리 군대가 생난리를 피운 거로군.

아르킬로코스의 이런 시구를 보면, 호메로스로부터 얼마나 멀리 떠나왔는지 확실하게 알 수 있다. 영웅의 업적을 칭송하기는커녕, 영웅의 굴욕을 폭로하고 있다. 그게 아르킬로코스의 시다. 제아무리 권력자라고 해도 봐주는 법이 없다. 그래서 다음과 같이 조롱하기도 한다. "레오필로스가 군주로서 지휘하고, 그의 발 앞에 모두들 엎드리는구나. 오로지 레오필로스만 떠드는 세상이다." 파로스의 권력자인지 타소스의 권력자인지 알 수 없지만, 모두들 우러러보는 힘센 자가 틀림없었을 터인데, 결국 아르킬로코스의 시를 피하지 못했다.

친구도 예외가 아니었다. 오랜 친구로 장군 반열에 오른 글라우코스도 도마 위에 올랐다. 아르킬로코스와는 수많은 전장을 같이 누볐고, 죽음의 위험에서 함께 살아 돌아온 사이였다.

> 보시오, 글라우코스! 파도는 높게 일고 바위 위에 구름이 짙게 드리우는 것

을 보니, 폭풍이 몰려오려나 보오. 공포가 우리를 덮치고 있소.

그렇게 함께 고생한 사이임에도 글라우코스는 장군이 되자마자 사람이 바뀐 듯했다. 머리 모양에 더 신경을 쓰는 것이다.

글라우코스의 우아한 뽈머리를 노래하세……. 나는 우아한 장군도 싫고, 키 큰 장군도 싫다. 장군이란 모름지기 땅딸막한 안짱다리가 최고지. 그래야 단단하게 자리를 잡고 서서 심장처럼 싸울 테니까.

군인이란 생김새가 중요한 게 아니라는 점을 시를 통해 역설하고 있다.

글라우코스는 아르킬로코스의 다른 우화에도 얼굴을 비친다. 거기서 네오불레라는 바람난 여자가 왕위를 물려받게 해주겠다고 꼬여서 잘생긴 글라우코스를 소굴로 끌어들인다. 그러더니 갑자기 글라우코스를 산 채로 잡아먹고, 가장 맛있는 부위인 심장을 찾았다. 그런데, 아뿔싸! 글라우코스에게는 심장이 없었다. 아르킬로코스는 그런 식으로 글라우코스를 물어뜯었다.

아르킬로코스의 독설에 걸린 또 한 명의 친구는 페리클레스였다. 아르킬로코스는 초대받지 않은 자리에 나타나 음식을 게걸스럽게 먹어치우는 페리클레스를 보고 화가 머리끝까지 치밀었다.

뭘 그렇게 먹고, 마시고, 돈도 안 치르는가? 친구 찾아 우연히 들어온 놈이 염치도 없이 싹싹 비우는 꼴 좀 보라.

이렇게 독설을 퍼부었는데, 나중에 알게 된 바에 따르면 페리클레스의 친가 쪽이 순 욕심쟁이 혈통을 타고났다고 한다.

페리클레스를 풍자해서 만든 우화가 바로 〈아르킬로코스의 원숭이〉였다. 내용은 이렇다. 왕위를 노리다가 실패한 원숭이(페리클레스)는 낙향하기로 하고 길을 나선다. 이때 여우(아르킬로코스) 한 마리가 동행을 하게 되었다. 그런데 어느 낯선 동네를 지나다가 이름 모를 무덤을 발견한 원숭이는 그 무덤이 자기 집 일을 봐주던 하인의 무덤이라고 허풍을 떨어댔다. 카르파토스에 산토끼가 없다는 것은 세상이 다 아는 일인데 산토끼를 봤다고 우기는 꼴이었다. 여우는 이놈 한번 골려주어야겠다고 생각한다. 그래서 "여기 굉장한 보물이 있네!"라고 거짓말을 치고는 벼랑 앞에서 뭔가를 집어들었다. 잽싸게 달려온 원숭이는 손을 뻗었으나, 그만 벼랑 아래로 떨어뜨리고 말았다. 원숭이는 너무 아까워서 엉덩이를 쳐들고 벼랑 아래를 내려다보았다. 이 꼴을 본 여우가 비아냥거린다. "왕께서는 엉덩이가 참 특이하십니다. 털이 별로 없으시네요. 아, 아! 왕이 아니라 원숭이신가?"

아르킬로코스의 독설은 적과 동지를 가리지 않는다.

"저것들 모두 천랑성이 날카로운 빛으로 말려 죽여주기를 바라노라"라고 말할 때, '저것들'이 적인지 친구인지는 얼른 봐서 분간하기 어렵다. 게다가 아르킬로코스의 독설은 잔인하다. 그래서 "적에게 주는 최선의 선물, 그것은 죽음이다"라는 선언은 오히려 평범한 저주로 들릴 지경이다.

아르킬로코스는 자기가 만났던 사람들, 그래서 알게 된 사람들, 또 자기에게 상처 준 사람들을 하나하나 말로 응징한다. 호메로스 때에만 해도 겁쟁이를 저주하는 사람이 없었다. 하지만 아르킬로코스는 점쟁이라고 봐주지 않는다. 그리스 문학에서 처음으로 등장하는 동성애자들은 아르킬로코스의 가장 잔인한 독설받이가 된다. 아첨꾼, 창녀, 뚜쟁이들도 마찬가지다. 아르킬로코스의 독설과 풍자는 훗날 많은 희곡작가들의 훌륭한 모범이 된다. 그 가운데도 아르킬로코스의 독설이 특별한 이유는 애증을 담고 있기 때문이다. 사랑하며 꼬집는다. 그래서 더욱 아프다.

아르킬로코스에게는 그런 재주가 있다. 독설은 독설이되, 수가 높은 독설이 있다. 그는 스스로를 고슴도치에 비유했다.

> 여우는 할 줄 아는 게 많다. 하지만 고슴도치는 하나밖에 모른다. 그래도
> 그 하나 덕에 명성을 잃지 않는 것이다.

아르킬로코스가 할 줄 아는 게 바로 "상처 준 자에게 더 큰 상처를 주는 일이다."

아르킬로코스는 그런 싸움을 하고 있다. 싸움의 와중에서 여린 아르킬로코스도 당연히 상처를 입겠지만 말이다.

시대에 대한 독설

자, 이제 아르킬로코스의 독설 가운데 차원이 다른 독설을 다룰 차례다. 바로 시대에 대한 독설이다.

소위 부르주아들은 물질만 요구한 게 아니다. 귀족들의 전유물이라고 여겨져왔던 문화에 대해서도 지분을 주장했다. 《일리아스》와 《오뒷세이아》가 그 결과물이다. 부르주아들이 새로 창조해낸 문학

말을 탄 젊은 기사. 에우프로니오스가 제작한 잔의 내부. 기원전 510년경.

작품이다. 하지만 《일리아스》와 《오뒷세이아》가 나온 후로 100년 세월이 흘렀고, 새로운 계급이 태어났다. 바로 가난한 부르주아다. 이들은 부르주아들보다 수도 많고, 세력도 크다. 아르킬로코스는 이 가난한 부르주아에 속하는 사람이다. 가난한 부르주아의 시대정신은 자유다. 그들은 아직까지 잔존해 있던 귀족 계급을 거부하고 귀족 정치를 거부하는 것은 물론이고, 부르주아도 거부한다. 전통을 통째로 거부한다. 이데올로기를 거부한다. 귀족의 이데올로기든, 부르주아의 이데올로기든 상관없다. 그로부터 자유로워지고 싶은 것이다. 그렇다고 속세를 떠나겠다는 얘기는 아니다. 현실정치에서 계급 투쟁을 하지만, 자세가 달라졌다. 전통에 얽매이지 않은 개인, 그것이 바로 아르킬로코스다.

아르킬로코스 속에는 자유가 산다. 아르킬로코스 시대에도 물론 서사시가 있었다. 거기에는 이상적인 영웅이 나온다. 하지만 아르킬로코스는 생각이 다르다. 필요한 것은 그런 이상적인 영웅상이 아니라고 말한다.

아르킬로코스는 호메로스의 시구들을 가득 채운 그 '명예'를 참을 수가 없다. 명예는 봉건사회의 덕목이고, 우매한 대중들의 환상에 지나지 않는다. 인간은 명예롭기보다는 행복해야 한다. 즐거워야 한다. 그게 바로 아르킬로코스의 철학이다.

남의 눈치를 보느라 즐거움을 잃어버리는구나.

이 한 줄의 시구와 《일리아스》를 비교해보라. 가령 《일리아스》에서는 "나서라, 겁쟁이여! 굴복은 가장 처절한 패배다. 부끄러운 줄 알아라. 우리는 명예롭게 죽을 것이다"라고 수도 없이 외쳐댄다. 하지만 아르킬로코스는 《일리아스》와 달라도 너무 다르다. 아르킬로코스는 인생이란 모름지기 즐거워야 하며, 그를 위한 투쟁만이 가치 있다고 말한다.

서사시에서 영웅은 죽음으로써 명예를 지킨다. 아킬레우스도 그렇고, 헥토르도 그렇고, 심지어 여자인 헬레네도 그렇다. 죽음으로써 다음 세대의 가슴속에서 영원히 사는 길을 택한다. 하지만 아르킬로코스는 다르다. 죽음은 그저 사라지는 거라고 본다. 죽음보다는 삶이 낫다.

> 죽고 나면 명예는 잊히고, 아무도 기억하지 않는다. 살아 있으라. 살아 있음의 멋을 즐겨라. 죽음은 상실에 불과하다.

아르킬로코스의 눈에도 죽음이 다 쓸모없지는 않을 것이다. 하지만 분명한 것은, 살아 있는 자가 살아 있음에 애착을 보이는 것은 당연하다는 점이다. 최소한 명예를 위해서 삶이 죽음을 택하지는 않는다. 호메로스의 시대가 아니다. 아르킬로코스는 전통에서 아주 멀리 떨어져 있다.

위에서 본 시구처럼, 아르킬로코스는 리얼리즘이라는 새로운 길을 잡았다. 그럼으로써 동시대인과 자기 자신의 감정, 사상을 충실히 담을 수 있게 된 것이다. 호메로스 시대의 가치, 즉 영웅주의에 대해서 독설을 퍼붓는 이유도 바로 동시대인들을 더 자유롭게 하기 위함이다.

특히 눈여겨볼 대목은, 아르킬로코스가 시대를 자유롭게 하기 이전에 먼저 자기 자신을 자유롭게 했다는 점이다. 〈난파선에서〉라는 시를 한번 생각해보자. 친구들과 누이에게 닥친 불행을 생각하면서, 아르킬로코스는 모든 사람들과 함께 비탄에 젖고, 위로의 시를 쓴다. 하지만 곧 자기의 감정에서 자유로워진다. 아무리 사랑이 위중한 것이었어도 그 때문에 포로가 되지는 않는다. 감정의 노예가 된 사람들은 인생의 기쁨을 누릴 수 없다. 그것을 아르킬로코스는 공공연히 고백하고 있다. 엄숙한 사람들의 심기를 건드리기에 충분하다.

사회적인 관습을 뛰어넘는 또 다른 예가 있다. 아르킬로코스는 당시로서는 적잖이 놀라운 시를 쓰고 있다.

버려야 한다면 버려야겠지. 불쌍한 방패. 적들은 이 방패를 얻어서 좋고, 나는 목숨을 건졌으니 다행이지. 오냐, 잘 가라, 방패야. 나는 새것을 구하면 그뿐이지.

아르킬로코스는 싸울 줄 모르는 사람이 아니다. 그건 확실하다. 하지만 목숨을 구하기 위해서 방패를 내려놓아야 한다면, 그럴 줄도 안다. 방패를 내려놓은 것을 자랑스러워하는 것은 아니지만, 그렇다고 부끄러워하지도 않는다. 살아남기 위해서였으니까 말이다. 아르킬로코스는 방패야 "새것을 구하면 그뿐"이라고 했다. 왜 새것을 구하겠는가? 다시 싸우기 위해서다. 그런 면에서 아르킬로코스라는 전사는 겁쟁이가 아니다. 그는 틀림없이 다시 싸울 것이다. 다만 지금은 살아남는 게 우선이다. 아르킬로코스는 영웅이 아니다. 지고서도 살아남았다면 좋다고 웃을 수 있다. 그는 호메로스가 아니다. 아르킬로코스의 경박하기까지 한 입놀림을 보면, 아르킬로코스의 시대를 거쳐 면면이 이어질 서사시 전통에서 그는 확실히 비껴나 있다. 아르킬로코스는 서사시도, 영웅주의도, 모두 거부한다. 진부하기 때문이다.

만약 아르킬로코스가 기존 서사시와 비슷한 맥에 뿌리를 대고 영양분을 빨아 올렸다면, 그는 새로운 시의 세계를 열지 못했을 것이다. 영웅 중심의 서사시가 사실은 기존 카스트 제도를 유지하기 위한 방편이라는 것을 그는 정확하게 짚었다. 그래서 그것과는 다른 인간형을 창조하고자 했다. 아르킬로코스는 전사지만 솔직한 전사다. 용감할 때도 있고, 그렇지 않을 때도 있다. 그건 중요한 게 아니다. 있는 그대로의 자기가 중요할 뿐이다.

비로소 해방된 한 인간으로서 아르킬로코스는 자유주의자에 가깝다. 마치 개의 목에 끔찍한 상처를 남기는 끈을 한사코 거부하는 여우(라퐁텐의 우화에 나오는 길들여지지 않은 여우)를 닮았다. 목에 난 상처를 치유하는 방법은 한 가지다. 바로 자유다.

아르킬로코스의 핏속에는 자유가 흐른다. 그것이 당대의 자유정신과 만나고, 독설가 아르킬로코스는 자유의 전사가 된다.

하지만 불행하게도 독설가인 자유주의자는 고독하다. 아르킬로코스는 겨우 몇 글자 안 남은 시 속에 독설가로서 그가 숙명적으로 품고 살아야 했던 외로움을 토로하고 있다.

가슴이여, 내 가슴이여, 고칠 길 없는 내 가슴이여.
힘을 내라. 적들에 맞서 반격을 준비하라.
사악한 자들의 늪에서 실족치 마라.
이겼다고 교만에 들뜰 일도 아니고
졌다고 빈집에 웅크려 있을 일도 아니다.

승리를 즐기고, 패배를 쓰려려 하되, 지나치지 마라.

삶에 언제나 있을 높낮이를 배우라……

모르는 곳에서 고통이 문득 닥쳐오리니.

내 가슴이란.

진짜로 고독하다. 하지만 과감하게 다른 사람들의 핍박에 맞서며, 운명의 풍파에 대항한다. 아르킬로코스는 낭만주의자처럼 고독을 즐기지 않는다. 오히려 고독과 싸우고, 고독을 쳐부수며, 그래서 해방의 동력으로 삼는다.

지금까지 아르킬로코스를 대책없는 무정부주의자로 읽은 사람도 있을 것이다. 하지만 그것은 겉모습에 불과하다. 아르킬로코스는 현실 도피형 인간이 아니다. 나름대로 치열한 삶을 통해서 '독특한 삶의 가치'를 체득했으며, 체득한 이상 그것을 숨김 없이 동시대에 전파하려고 한다.

시인 아르킬로코스는 자기가 살고 있는 사회를 위해서 시를 쓴다는 점을 잊어본 적이 없다. 무정부주의자라기보다는 오히려 참여주의자다. 그는 사랑하는 도시 타소스에 모든 것을 주었다. 다른 시민들처럼 타소스를 위해 싸웠다. 그러면서도 동시에 타고난 재능을 쏟아서 전우들에게 힘을 주고, 고통스럽지만 위대한 전쟁에 대해 보고하는 시를 썼다.

전사의 고통과 뱃사람의 목마름을 누구보다 잘 아는 시인이 바로 아르킬로코스다.

오라. 술통에서 포도주 한 잔 가득 꺼내어 들고 갑판 난간에 늘어서서, 바

람에 섞어 마시자. 우리도 사람인데 어떻게 맨 정신으로 이 꼴을 볼 수 있
겠는가.

살과 살을 맞대는 싸움, 칼끝에 닿는 남의 살의 감촉을 그는 잘 알
고 있다. 적들이 다가오는 순간에 그 아슬아슬한 공포도 이미 체득한
바다.

아르킬로코스의 시가 어찌나 생생한지, 타소스와 트라케의 전투
장면을 재현해낼 때 역사가들은 아르킬로코스의 시를 들여다보았다.
많이 부서지기는 했지만 돌에 새긴 전쟁화가 지금도 남아 있다. 사람
들은 신전에 모이듯이 그 그림 앞에 모여 아르킬로코스를 묵상한다.
그 그림을 본 사람들은 분명히 알 수 있다. 시인 아르킬로코스는 시
정잡배가 아니다. 전사로서 또 시인으로서 국가와 민족 앞에 당당했
던 시민인 것이다.

아르킬로코스의 전쟁시는 전쟁을 찬양하지 않는다. 시마저도 전략
적인 사고를 한다. 용기를 북돋아 전쟁에서 이기는 데 몰두한다. 오
래 전장을 누빈 이 노련한 전사는 전쟁에서 기댈 수 있는 것은 결국
용기라고 믿는다. 나라를 사랑하는 자의 용기, 그리고 별로 좋아하지
는 않지만 신들을 사랑하는 자의 용기, 그게 결국 목숨을 구한다.

아르킬로코스는 영웅을 믿지 않는다. 대신 비겁하게 도망가지 않
고 맞서는 시민들을 믿는다. 누구에게나 똑같이 임박한 죽음에 맞선
전우들, 그들을 믿는다. 겁쟁이들은 다 도망쳤고, 이제 시민들이 남
았으며, 아르킬로코스는 그 중심에 서 있다.

이보다 더 그리스적인 것은 없다. 고대 사회를 지탱해온 힘은 용기
다. 나라마다, 시대마다 모습은 조금씩 다르지만 결국 용기가 인류를

구했다. 헥토르가 그렇고, 소크라테스가 그렇고, 아르킬로코스가 그렇다. 결과는 중요하지 않다. 특별히 미화할 필요도 없다. 그저 용기 있게 자기 자리를 지킨 자들이 중요한 것이다.

또 한 가지 기억해야 할 게 있다. 아르킬로코스의 용기와 시가 빛난 것은 단지 전쟁터에서뿐만이 아니었다. 그는 정치 현장에서도 열심히 싸웠다. 그래서 그의 시는 부서지고 찢긴다. 그는 "깡패들만 배를 불리는 이 혼돈스러운 땅을 떠나, 불쌍한 타소스의 시민들이" 새로운 나라를 건설하기를 바랐다. 시민들에게 간곡하게 청원했다. 더이상 불의가 지배하지 않는 나라를 저 바다 건너에 만들자고 말이다. 아르킬로코스의 마지막 투쟁은 그것이었다.

아르킬로코스의 정치 투쟁에 대한 기록은 없다. 하지만 몇 편 남은 시구를 보면 아르킬로코스가 민중 편이었다는 점은 분명하다. 그 자신도 천출을 숨긴 적이 없다. 때로는 마치 솔론 같은 어조로 다음과 같이 절규하기도 했다.

굶어 죽는 자들이여, 내 말을 들으라…….

아르킬로코스는 결국 '굶어 죽는 자들'의 전사였다.

전해지는 바에 따르면, 아르킬로코스는 기원전 640년 타소스와 낙소스 간의 전쟁에서 전사했다고 한다. 그리고 세월이 흘러 솔론이 태어났다. 아르킬로코스의 목소리를 약 반세기 이후에 솔론이 이어받게 될 것이었다.

봉건제도는 낡은 이데올로기에 의지해서 겨우 연명하고 있었다.

이때 아르킬로코스가 나타나 새로운 가치를 전파하기 시작했다. 아르킬로코스는 봉건정치를 끝내고 새로운 민주정치를 열고자 하는 사람들의 대변인이었다. 싸움을 시작한 자가 바로 아르킬로코스였고, 그 싸움은 역사상 가장 위대한 철학자들이 이어받아 결실을 맺을 터였다.

아르킬로코스를 기점으로 서사시가 막을 내리고, 참여시가 등장하게 된다.

chapter 5

열 번째 뮤즈, 삽포

삽포는 이상한 나라다. 경이로운 세계다. 옛사람들의 말을 빌리면, '수수께끼' 다. 뭘하던 여인인지, 어떻게 생겼는지 알려진 바가 거의 없고, 설만 분분하다. 그래서 수수께끼다. 게다가 몇 줄 안 남은 시는 더욱 수수께끼 같다.

최초의 여성 시인

기원전 600년경, 레스보스 섬의 뮈틸레네. 삽포는 아프로디테와 미의 세 여신, 뮤즈(시, 음악, 학예를 관장하는 여신)를 숭상하는 여성 종교 단체의 장이었다. 그녀 말로는 "뮤즈를 섬기는 집"이 그 단체의 정체라고 한다. 원래 뮤즈라는 단어에서 뮤지엄이라는 단어가 나왔고, 훗날 퓌타고라스의 추종자들이 알렉산드리아에서 뮤지엄을 열게 된다.

하지만 삽포가 이끌던 단체는 그런 거창한 것은 아니었고, 사랑과 미와 예술을 좋아하는 여성들의 모임이었다고 보면 된다. 다만 특이한 점은 이 모임이 종교적 결사였다는 것이다. 따라서 신도들 사이에 유대가 깊었다. 같은 신을 섬기는 신도들 간의 열렬한 사랑, 삽포의 시는 그걸 주로 표현하고 있다. 하지만 그렇다고 해서 삽포가 종교단체의 장으로, 무슨 사제 같은 역할을 했던 것은 아니다. 아프로디테의 사제도 아니다. 당시는 모든 교육기관이 종교단체였을 뿐이다. 철학도, 의학도 종교단체에서 가르쳤다. 아스클레피오스(의약과 의술의 신—옮긴이)의 사제를 키운 것이 아니라, 의사들이 아스클레피오스 신전에 모인 신도들에게 의술을 가르친 것뿐이었다. 삽포도 마찬가지였다. 종교단체의 이름으로 뮈틸레네의 여성들에게 여성으로서의 삶을 가르친 것이다.

주 전공은 음악과 춤과 시였다. 삽포가 운영한 뮤즈의 신전은 음악학교나 예술원도 아니었고, 전문학교도 아니었다. 예술이 좋아서 예술을 배운 게 아니었고, 예술을 직업으로 삼으려고 배운 게 아니었다. 그저 세상을 아름답게 하는 게 목적이었다. 아프로디테를 경외하고, 음악과 춤 등을 배우면서 자세를 가다듬고, 앞으로 살아갈 세상에서 제자들이 여성의 아름다움을 구현하면 되는 것이었다.

삽포는 결혼을 했고, '금꽃'이라고 스스럼없이 부르는 한 아이의 어머니였으며, 삽포의 제자들도 모두 결혼을 할 것이다. 결혼은 여성의 아름다움과 행복의 완성이라고 믿었기 때문이다.

나중에 다시 이 주제를 다룰 기회가 있겠지만, 레스보스에서 여성의 지위는 여타 그리스 도시와는 달랐다. 삽포와 그녀의 제자들을 보면 알 수 있다. 뮈틸레네에서는 삽포와 같은 여성들의 매력과 재능이 도시에 생기를 불어넣는다. 아이올리스 땅 어디에도 여자가 노예였다는 흔적은 없다. 결혼은 동등한 시민의 결합이고, 결혼을 통해서 여성은 남성들의 사회에 진입한다. 안드로마케도 그렇다. 그녀는 당대의 음악과 시를 향유한 시민이었다. 최소한 예술 분야에서 남성들과 경쟁했다. 사회 전체가 이런 분위기였기 때문에 여성들을 학교에 보낼 필요가 있었다. 학교에 보내서 여성의 덕목을 배우도록 하는 것이다.

뮤즈를 추앙하는 여인들은 스승의 도움을 받아 스스로를 준비한다. 뮈틸레네에 완벽한 아프로디테의 아름다움을 선물하는 것이다. 삽포의 시도 그런 여성의 아름다움을 찬양하고 있다. 삽포의 말에 따르면 모름지기 여성은 얼굴에 빛이 나야 한다. 눈에는 은총이 가득하고, 걸음마다 사랑이 넘쳐야 한다. 교육의 목적은 아름다움을 전수하는 데 있다. 자연의 아름다움과 특히 여성의 몸에서 발산되는 아름다움을 드러냈던 아프로디테, 꽃과 바다를 사랑하라고 가르쳤던 아프로디테, 삽포의 제자들은 아프로디테의 재능과 가르침을 흉내 내면서 여성으로 자란다. 아름다움이 온몸에 발산되고, 행복이 넘친다. 이를 보면서 삽포는 기쁨에 젖는다.

이런 축제 분위기 속에서 평생 동안 그들을 인도할 여신의 보살핌을 받으면서, 삽포의 제자들은 수도사와 비슷한 생활을 한다. 엄격하고 진지하다. 그렇다고 해서 세속을 등지고 혼자 살 여인들은 아니다. 오히려 반대로 행복한 결혼을 준비하는 여인들이다. 삽포가 아프로디테의 전지전능한 아름다움을 찬양하기 위한 가사를 쓰고, 젊은 제자들이 합창하는 노래는 소위 '사랑의 노래' 다. 아프로디테의 가르침 속에서 여인들이 자라나고, 서서히 기쁨과 슬픔 가운데 성숙한

젊은 여인의 두상. 파로스의 대리석으로 제작된 이 조각은
기원전 6세기 말경 아크로폴리스의 언덕에 세워졌다.
기원전 480년, 페르시아인들이 쓰러뜨린 것을 아테나이인들이 땅속에 묻어두었다.
1885년에서 1889년에 걸친 아크로폴리스 발굴 작업 때 출토되었다.
이 조각상은 지금도 채색의 흔적을 간직하고 있다.

여인이 된다. 가슴이 차오르고, 감각이 무르익으며, 운명이 그들을 호명하는 순간에 기꺼이 몸을 맡길 준비를 한다.

퀴프로스의 빛나는 태양 아래서 이런 교육을 받다 보면 삽포와 제자들 사이에 얼마나 돈독한 사랑이 싹트는지, 삽포의 시를 보면 알 수 있다. 삽포의 시는 그런 시다.

솔직하고, 진실하고, 직선적인

그를 보노니, 보는 것만으로도 붉어지는가.
영혼이 길을 잃고, 몸이 말을 듣지 않는다.
눈은 볼 수 없고, 입은 말할 수 없으며,
몸 전체가 불타고 바뀌는구나.

라신은 이렇게 노래했다. 라신의 이 사랑 노래에도 삽포 시의 흔적이 있으며, 삽포의 흔적이 남은 예는 한둘이 아니다. 삽포의 시를 언어가 허락하는 한도에서 번역해보자.

그대 앞에 얼굴을 맞대고
부드러운 목소리로 속삭이는
저 사람은 아무래도
신인가 보다.

웃음이 내 가슴을 파고들어

심장을 요동치게 하고,

그대를

본 순간

입술에서 소리가 나지 않는다.

혀에 물기가 없으며

작은 불꽃이 일제히 피부 아래로 흐른다.

눈은 볼 수 없고

귀는 우-우-거릴 뿐.

흐르는 땀은 무엇이며

몸은 어째서 떨리지 않는 곳이 없는가.

풀포기보다 더 파래진 나는

아마 이대로 죽는가 보다.

지금 우리는 열정의 소용돌이 안에 있다. 여기서 군주는 에로스다. 욕망이 삽포를 때리고, 삽포는 그 때리는 숫자를 세고 있다. 그래서 이건 전투시다. 에로스가 삽포를 공격하는데, 삽포는 한 대 한 대 맞을 때마다 점점 더 자신이 없어진다. 형상이 보이고, 소리가 들리고, 심장이 뛰고, 피가 온몸으로 잘 돌아야 하는데, 그럴 자신이 없다. 사지가 하나둘 말을 듣지 않는다. 의식도 말을 듣지 않는다. 사지가 죽으면서 삽포 자신이 죽어가고 있다. 심장에서 피가 없어지고, 목청에서 소리가 없어지고, 혀에서 물기가 없어지고, 핏줄에서 피 대신 불꽃이 흐른다. 눈은 제 기능을 잃었고, 귀는 맥박만 세고 있다. 급기야 온몸이 떨리더니 시체처럼 파래진다. 이제 사지가 모두 죽는 것을 보았으니, 의식이 죽을 차례다. 저벅저벅, 기고만장한 괴물이 들이닥치는데, 붙잡을 지푸라기 하나 없다. 의식이 죽음을 보는 순간 몸이 가라앉는다. 그렇다. 이제 죽는 것이다. 그럼에도 마지막 어구에서 엉뚱한 말을 내뱉는다.

죽음이 멀지 않았다.

삽포의 시는 솔직하고 과학적이다. 삽포는 사실만 적는다. 감정이 주가 아니다. 감정이 남긴 결과를 보고하는 게 주다. 무슨 연애시처럼 형용사가 난무하지 않는다. 명사와 동사만 쓴다. 그걸로 모든 상처를 표현하고, 모든 사건을 보고한다.

삽포의 시에는 슬픔, 괴로움, 그리움 같은 고상한 단어가 나오지 않는다. 질투나 증오, 번민 같은 것은 삽포에게 전혀 힘든 게 아니다. 문제는 육체적 고통이다. 초기 시에 보면, 삽포라는 이 자연주의자가 사랑하는 소녀를 떠나보내는 장면이 나온다. 소녀 옆에는 약혼자로 보이는 남자가 앉아 있다. 삽포는 사랑하는 그 소녀를 떠나보내는 육체적 고통을 보고한다. 슬픔 따위는 표현하고 싶지도 않다. 문제는 몸이 죽도록 아프다는 데 있다. 귀가 안 들리고, 눈이 멀게 하는 지독한 고통이 몸 구석구석에 엄습한다.

삽포는 숨기는 법이 없다. 솔직하고 진실하고 직선적이다. 몸 어디를 지적하지 못할 이유가 전혀 없다. 혀는 혀고, 귀는 귀고, 땀은 땀이고, 부르르 떨리는 건 떨리는 것이다. 좋게 보일 것도 없다. 땀이 줄줄 흐르는 걸, 어떤 말로 좋게 표현할 수 있겠는가. 삽포는 그냥 땀을 흘릴 뿐이다. 부끄럽지도 않고, 그렇다고 해서 티나게 자랑스럽지도 않다. 그저 땀 흘릴 뿐이고, 그걸 그대로 적을 뿐이다.

삽포는 사랑하는 대상을 그리지 않는다. 우리는 삽포가 누구를 사랑하는지 모른다. 삽포가 너무도 솔직하고 정확한 언어로 묘사하는 것은 사랑 때문에 벌어지는 일이다. 그 가운데 절정은 당연히 내 몸이 송두리째 무너지는 장면이다.

어둠 가운데 불이 타오르고 있다. 시인은 어둠을 그리고 어둠 속에 불꽃을 지른다. 그 불꽃이 중요하다. 감정도, 그 감정이 향하는 대상도 중요한 것이 아니다. 독자들은 그냥 불꽃만 보면 된다. 이제 그 불꽃은 끝까지 장렬하게 타오를 것이고, 완전히 타서 사라질 것이다. 어둠 속에 빛나는 불꽃, 그것이 삽포의 사랑이다.

삽포 이전의 사랑은 불탄 적이 없다

문학사가들이 하나같이 놀라는 부분이 있다. 삽포의 시가 아주 다르다는 점이다. 에우리피데스도, 카툴루스도, 라신도, 삽포의 말투를 본떠서 사랑을 노래했다. 하지만 삽포는 누구를 흉내 낸 적이 없다. 그녀가 최초다.

삽포의 시가 무엇이 다른지 알아보기 위해서, 삽포 이전의 사랑 노래들을 들어보기로 하자.

가령, 안드로마케는 헥토르에게 이렇게 말했다.

"헥토르, 당신은 나의 아버지이며, 어머니이고, 형제입니다. 젊음으로 가득 찬 나의 사랑스러운 남편입니다."

파리스는 헬레네에게 "여인이여, 대지에 누워 사랑을 나눕시다. 당신과 함께 작은 섬, 바위 위에 누운 지금도 나는 욕망에 불탑니다. 점점 더 당신을 사랑하고, 점점 더 당신을 원합니다"라고 했고, 아르킬로코스는 네오불레에게 "그대의 머리카락이 어깨와 등에 그늘을 드리웁니다. 향기 가득한 그대의 머리카락과 가슴은 다 늙은 사내의 심장도 사랑으로 요동치게 만들 것이오"라고 했다.

　밈네르모스(기원전 7세기 후반의 그리스 시인—옮긴이)는 나노를 기억하면서, "나의 아프로디테 없이 무슨 삶이 있을 것이며, 무슨 기쁨이 있겠습니까? 젊음이 꽃을 피우는 당신과의 꿀맛 같은 밤이 없다면, 당신의 부드러운 손길이 없다면, 나는 그저 죽기만을 기다릴 뿐입니다"라고 한탄했다.

　이처럼 많은 이들이 사랑을 노래했다. 각각의 독특한 목소리가 있었다. 하지만 그것들과 삽포를 비교할 수는 없다. 안드로마케의 부드러운 말투나, 마음이 떠난 헬레네를 부르는 파리스의 관능적인 말투나, 네오불레를 바라보는 아르킬로코스의 직접적이고 단호한 말투나, 나노를 기억하는 밈네르모스의 슬픈 목소리도 삽포와 견줄 수 없다. 삽포는 치열했고, 엄숙했고, 무엇보다 달랐다.

　삽포 이전의 사랑은 불탄 적이 없다. 물론 사랑이 사람의 가슴을 데워 무딘 감각을 일깨운 적은 있다. 희생과 욕망과 부드러움을 자극하고, 심지어 잠자리로 연인을 이끈 적은 있다. 사랑에 빠진 사람들은 용기를 얻었고, 기쁨을 얻었고, 후회와 슬픔을 얻었다. 하지만 삽포의 사랑은 아무것도 남기지 않는다. 다 불태워버리기 때문이다.

　삽포의 시에서 에로스는 아무런 형체가 없다. "어떻게 할 수 없고", "어떻게 해볼 수 없다"는 말로밖에 표현할 길이 없다. 덫을 놓아 잡을 수도 없다. 잡으려 하면 바로 부서지고 말기 때문이다. 지나고 나서 보니 사랑은 아름다웠고 쓰라렸을 뿐이다. 아무리 되돌아보며 생각해내려 해도 사랑은 형체가 없다. 아프로디테는 인간의 형상으로 나타나지만, 에로스는 그렇지 않다. 건장한 청년의 모습도 아니고 화살을 쏘는 사람의 모습도 아니다. 삽포의 에로스는 몸에 남은 상처로 표현될 뿐이다. 사랑은 그런 것이다. 보이지 않는다. 그러나 지나고 나면 아프다. 상처가 남는다. 사지가 다 부서져 나가는 것 같다. 생각만 해도 쓰라리다. 그게 사랑이다. 따라서 삽포에게 사랑은 끔찍한 짐승을 닮았다. 알 수 없는 세상의 힘이고, 쿵쿵거리며 엄습해오는 짐승의 발자국이다.

　　다시 에로스가 온다. 사지를 부수며 고문하는,

　　부드럽고 고통스러운 그는 내가 이길 수 없는·괴물이다.

"이길 수 없는 괴물"이라는 투박한 번역으로는, 삽포가 말하고자 하는 바를 온전하게 표현하지 못한다. '괴물'이라고 말한 이유는, 사랑의 신 에로스가 한편으로는 부드럽고 한편으로는 고통스러운 속성을 가진 이해할 수 없는 어떤 것이기 때문이다. 사랑이 무슨 팔다리가 달린 것은 아니다. 그냥 괴상한 어떤 것이다. "이길 수 없다"는 말은 아무리 재주가 좋은 인간이라도 이 사랑이라는 것을 길들일 수 없다는 의미다. 그러므로 "이길 수 없는 괴물" 대신 "맞서 싸울 수 없는 야수"라고 하는 편이 좀 더 나을 듯하다. 어쨌거나 사랑에 대한 삽포의 수사는 이처럼 은유적이다. 기어 다니는 짐승이며, 괴물 같고, 엄청나게 힘이 센, 생각만 해도 끔찍한 그 사랑이 지금 삽포의 몸 구석구석을 돌아다니고 있다.

"산에서 불어오는 세찬 바람이 떡갈나무를 꺾어 넘어뜨리듯이, 사랑이 내 영혼을 흔들고 있다."

삽포는 인간이 거역할 수 없는 자연의 힘에 빗대어 사랑을 표현하기도 한다. 삽포가 경험한 사랑은 태풍처럼 모든 것을 쓰러뜨리는 도무지 이해할 수 없는 힘이다. 그리고 지금 삽포의 영혼은 사랑으로 인해 뿌리째 뽑혀 나갈 지경에 이르렀다. 짐승이나 바람처럼 무서운 사랑은, 억지로 버티고 선 인간의 눈으로 보기에는 사납기 그지없는 신을 닮았다.

하지만 그럼에도 불구하고, 이 어두운 날씨 가운데도 삽포는 사랑과 맞선다. 사나운 바람이 몰아치는 곳 너머 청명하고 고요한 하늘을 꿈꾸고 있다. 몸은 죽을 듯이 아프지만, 아름다운 기억을 남겨놓는 어떤 것, 그것이 바로 삽포 속에 살고 있는 사랑이다.

서정시의 꽃이 활짝 피다

모든 감정에는 대상이 있다. 누구를 만나서 기쁘고, 누구로부터 멀어져서 슬프다. 그렇게 우리는 기뻤다, 슬펐다를 반복한다. 그렇다면 삽포는 누구 때문에 기쁘고, 누구 때문에 슬픈 것일까? 삽포의 시에서 가장 궁금한 주제는 이것이다. 그러나 추측만 난무할 뿐, 속 시원한 대답을 들은 적이 없다.

이름도 성별도 확인할 길이 없다. 물론 장르의 특성상 시인은 의도하지 않았지만 우연히 내비치는 것(너무 열심히 묘사를 하다 보면 시인이 흘릴 수도 있을 테니까)도 있다. 하지만 그걸 근거로 텍스트 바깥을 뒤지거나, 텍스트를 잘게 부숴서 뭔가를 더 알아낼 수도 없다. 게다가 이

텍스트라는 게 너무도 시적이라서 역사가들이 사료를 뒤지고, 몸매나 특징 따위를 따질 수 있는 계제가 아니다.

텍스트가 알려주는 거라곤, 고작 이런 정도다.

> 웃음이 내 가슴을 파고들어
>
> 심장을 요동치게 하고

이걸 가지고 무얼 알아낸단 말인가. 삽포의 몸과 영혼에 불을 붙이는 것은 고작 획! 소리밖에 없다. 아니면, 그저 '순간'적으로 힐끗 본 것밖에 없다. 그러면 갑자기 감정이 폭발하고 만다.

진짜로 놀라운 것은 이 인과관계의 비대칭성이다. 원인은 털끝만한데 결과는 엄청나다. 그 차이가 너무 커서 어지럽다. 우리는 삽포가 얼마나 지독한 아픔을 겪고 있는지 속속들이 잘 알고 있다. 하지만 반대편으로 눈을 돌리면 소리 하나, 웃음 하나만 보인다. 당연히 경악할 수밖에 없다. "저런 조그만 소리가 이렇게 끔찍한 결과를 낳다니!"라고 말이다. 그러고 보면, 그 대상이란 거꾸로 얼마나 아름다운 것이었을까.

삽포의 시를 몇 구절만 떼어놓고 보아도, 우리는 시가 가지는 엄청난 에너지를 금세 알아차릴 수 있다. 저쪽 대상은 그저 스윽 보여주기만 해도 된다. 그런 다음에 이쪽을 묘사한다. 이쪽은 사지가 부서지고 온몸이 전복된다. 대상을 한 번 살짝 보여주는 것만으로 이렇게 커다란 에너지가 용솟음친다.

눈을 씻고 봐도 저쪽은 보잘것없다. 떠나간 여인의 발소리, 누군가의 얼굴빛, 부드러운 목젓, 화환을 얹은 머리, 가볍게 들어올린 팔,

주로 그런 것이다. 심지어 "보잘것없는 것"도 대상이 된다.

앗티스, 너를 얼마나 사랑했는지.
너는 내게 늘 작고 보잘것없는 아이였지.

보잘것없는 작은 아이가 있었고, 그 아이가 안드로메다의 다른 학교로 떠나자, 예의 그 감정이 폭발했다. 그리고 그 폭발력은 감당할 수 없는 지경에 이른다.

다시 에로스가 온다. 사지를 부수며 고문하는,
부드럽고 고통스러운 그는, 내가 이길 수 없는 괴물이다.
오, 앗티스. 내 무엇이 너를 아프게 하여
나를 떠나 멀리 갔는가.

역사상 최초의 상징주의 시라고 할 수 있는 샵포의 시는 기호 같지도 않은 기호에 반응한다. 묘사를 위주로 하는 시에서는 상상하기 어려운 재주다. 묘사에서는 일단 대상을 나열해야 한다. 얼굴도 요모조모 뜯어보고, 대상도 면밀히 묘사한 다음에 사랑을 한다. 그런 시에서는 이 경지를 알 수 없다. 사람이란 때로 세세히 알고 있는 것보다도 잘 모르는 것, 잘 보이지 않는 것에 더 민감하게 반응한다. 목소리만 비슷해도 걸음걸이만 비슷해도, 샵포는 고통과 기쁨에 젖는다. 목소리나 걸음걸이만 봐도 사랑인 줄 안다. 그것이면 족하다. 기호 하나가 샵포에게는 전부이며, 기호 하나로 대상과 나는 합체하여 이윽고 폭발한다.

심지어 사랑하는 사람의 '부재'도 삽포에게는 기호가 된다.

> 이제는 누구도 아낙토리아의
> 부재를 기억하지 않는구나.
> 그 우아한 걸음 걸음과
> 빛나는 얼굴을 나는 이렇게 보고 있는데.

아낙토리아는 어디 가고 없다. 그럼에도 없는 아낙토리아가 시인을 울린다. 그중에서도 두 가지가 생생하다. 물론 그것 말고도 여러 가지가 있을 것이다. 하지만 두 가지면 충분하다. 두 가지로 아낙토리아는 부활하는 것이다. 자분자분한 발소리와 환하게 빛나는 얼굴이 바로 그것이다.

아낙토리아는 없지만, 있다. 때로는 이 세상에 없는 것이 더 생생할 수도 있다. 주로 깜깜한 밤에 그런 일이 일어난다. 외로이 침대에 누워 지금은 없는 누군가를 애타게 그리워할 때, 그의 목소리가 어둠 속에서 들려오는 듯한데, 그게 너무도 생생하다. 그래서 눈을 감고 온 감각을 모아 들어보면, 그는 정말 어둠 저편에서 두터운 어둠을 뚫고 거짓말같이 살아온다.

아리그노타라는 여자아이는 원래 뮈틸레네에서 삽포 밑에 있었는데, 삽포의 또 다른 제자인 앗티스와 서로 좋아하는 사이였다. 그런데 바다 건너편에 가서 살게 되었고, 삽포는 아리그노타를 여읜 슬픔을 앗티스와 나누기 위해 다음과 같은 시를 지었다. 먼저 삽포는 아리그노타와 함께 살던 날의 행복을 읊조린다. 그러고는 앗티스와 함께 멀리 사르데이스에서 들려오는 아리그노타의 목소리를 듣는다.

삽포가 느낀 감정만큼이나 미묘하고 복잡한 이 시를 한번 들어보자.

앗티스, 가끔 멀리 사르데이스에서

우리를 찾는 아리그노타의 목소리가

들려와. 우리 함께 지내던

그날에 너는 늘 아리그노타 곁에 있었고,

아리그노타는 네 노래에 젖었지.

이제 해가 지고 나면 뤼디아에서

아리그노타는 가장 아름다운 달빛이 되어

장밋빛으로 빛나고, 수많은 별들도

다 지우고 말겠지. 어선들 위에 빛을

뿌리면서 꽃밭 가득 적시겠지.

이제 장미 방울이 떨어지고,

천사의 자태와 싸리 향을 뽐내는

장미꽃송이가 태어날 시간이야.

오랜 여행길에서도 아리그노타는

슬픔에 잠긴, 사랑하는 너를 기억할 거야.

들어봐. 수많은 귀를 쫑긋 세운 밤에

우리를 갈라놓은 저 돛배들을 총총 넘어

아리그노타의 소리가 들려.

알아들을 수 없는 소리가.

이 작품에 대해서는 사람들이 말하기를 꺼린다. 그물망처럼 연결된 능란한 언어들을 제대로 풀 자신이 없는 것 같다. 그럼에도 거듭

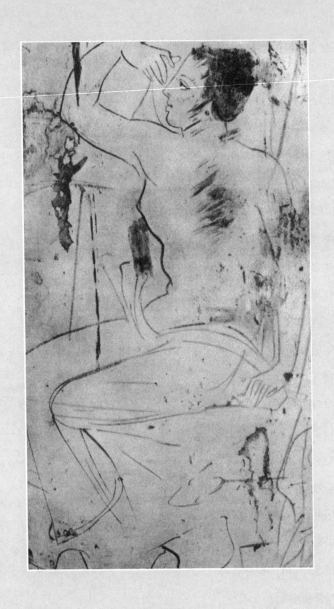

화장한 여인. 긴 원통형 흰색 단지 일부. 기원전 5세기 말.

읽어보면, 진한 맛이 풍기는 작품임에 틀림없다.

삽포의 다른 작품과 마찬가지로 여기서도 어둠과 별빛이 나온다. 어둠 속에서는 희미한 별빛도 더 밝게 빛나고, 청각도 더 오롯한 법이다. 동시에 마음속에 품은 감정들, 즉 그리움도 추억도 덩달아 작은 것에 민감해진다. 그런데 그 순간 멀리 동쪽에서 장미꽃송이를 닮은 달이 떠오른다. 혹시 그게 아리그노타가 아니었을까?

달빛은 잔물결과 들판을 덮고 다가온다. 가만히 쳐다보는 삽포의 마음속에서 달빛은 자꾸만 아리그노타의 형상을 닮아간다. 마치 신기루처럼 밤하늘을 휘저어 정원의 꽃들에도 내려앉고, 삽포의 발끝에도 내려앉는다. 차가운 잔디도 순간 환한 생기를 되찾는다.

그러고는 갑자기 달빛이 지워지면서, 훨씬 더 또렷하고 쉽게 잡힐 것 같은 게 다가온다. 달빛이 목소리로 바뀌는 것이다. 그것은 마치 꿈속에서 듣던 가냘픈 소리를 닮았다. 그 소리가 너른 공간을 넘어서 아무 소리도 없는 이곳까지 침투해온다. 앗티스에 대한 그리움과 지나간 날들에 대한 추억에 젖어, 아리그노타는 무슨 말을 하고 있다. 당연히 삽포와 앗티스를 부르는 소리일 거다. 무슨 말인지 알 수는 없다. 그래서 더욱 안타깝고 신비롭다. 삽포는 귀를 더 쫑긋 세워 소리를 붙잡으려 한다. 아니 밤 전체가 여러 개의 청각을 들어올려 의미를 전달해주려 애쓴다. 하지만 그럼에도 알아들을 길이 없다.

이 대목에서 삽포의 시는 현실세계와 분리된다. 육체적 고통을 얘기할 때는 그렇게 현실적이었던 삽포는 갑자기 꿈속으로 무대를 바꾼다. 사랑하는 사람이 현실에는 없기 때문이다. 사랑은 나를 꿈으로 인도하고, 꿈속에서 사랑을 만난다. 그때 사랑은 너무나 또렷하다. 현실보다도 또렷하다. 사랑과 우리를 이어주는 방식은 현실세계의 소통과는 차원이 다르다. 말로 아는 것이 아니다. 보고 아는 것이 아니다. 형상을 보고 아는 게 아니다. 소리로 아는 게 아니다. 그냥 아는 것이다. 이렇게 삽포의 시는 현실에서 벗어나 순수한 존재의 세계로 들어간다.

틀림없는 사실은, 삽포는 새로운 세계를 창조하고 있다는 것이다. 달빛은 아리그노타가 아니다. 그럼에도 비밀스러운 고리로 연결되어 있다. 고요한 밤에 들리는 소리도 아리그노타의 것이 아니다. 그럼에도 비밀스러운 고리로 연결되어 있다. 삽포의 시는 그곳을 보고 있다. 아리그노타, 그리고 달빛과 소리 사이의 고리, 삽포의 시는 그것을 표현하고 있다.

호메로스의 적대적 자연, 인간과 교감하는 삽포의 자연

삽포의 시를 몇 조각 더 읽어보자.

"달도 지고, 플레이아데스도 지고,
자정이다. 나는 혼자 잠에 든다."

"달빛에 눌렸던 별이 깨어나
뽐내는 빛으로
지상을 적시고 있다."

"달빛 밝게 빛나고,
제단에 서 있는 처녀들도 밝게 빛났다."

"꽃 같은 아이들이 그대 문 앞에서
가슴에 제비꽃 냄새를 품은 사랑과
그대가 보내는 밤을 지켜,
이제 새벽이 밝아오니, 깨어나라."

"매미가 날개로 노래를 부르고,
그녀의 플루트는 기우는 해를 쓰다듬는다."

"그때 크레테 사람들이 작고 여린 풀잎을 밟으면서
음악 소리에 맞춰, 아름다운 제단 주위에서
춤을 추었다."

"비둘기들의 심장이 식으면서
날개가 힘을 잃는다."

"부드러운 목덜미 가득
취할 듯 아름다운 꽃줄……."

"디케, 아름다운 곱슬머리를 땋아,
가느다란 손으로 네가 꽃줄을 엮을 때
장식 없는 제단에서는 여신들이 고개를 돌리지만,
아름다운 네 제단에는 은총을 뿌리는구나."

"나의 클레이스,

금꽃 바구니처럼 소중한 내 딸,

뤼디아를 통째로 줘도 바꿀 생각이 없고,

그 무슨 값비싼 보물에도……."

삽포가 지은 축가는 마을 결혼식에서 제자들이 불렀다. 이 노래를
들어보면, 삽포가 얼마나 자연의 아름다움에 촉각을 곤두세우고, 신
비로운 나무와 동물들에 깊은 애정을 가졌는지 짐작할 수 있다.

"저녁별이 새벽이 흩어버린 모든 빛들을 다시 모으듯이,

양 떼들과 염소들, 아이들도 엄마 품으로 돌아가는구나."

"하늘 아래 가장 높은 가지에 걸려 있는

사과 한 알, 농부들이 잊어버린 걸까?

아니, 손에 닿지 않았을 뿐이지."

"신부여, 아름답구나.

눈빛은 꿀을 담고 얼굴에는 사랑이 넘친다.

아프로디테가 네게 모든 것을 부은 것 같다."

이처럼 삽포의 시에는 어디에나 자연이 넘친다. 별빛 가득한 밤하
늘이나 바람에 흔들리는 나뭇가지는 삽포의 영혼을 깨운다. 이런 예
는 그리스 문학에서 유례가 없다. 물론 아리스토파네스의 시에도 헤
브로스 강가의 백조나 올림포스 산의 요정들, 물푸레나무 가지에 걸
린 종달새가 나온다. 또 전원생활의 아름다움을 꿈꾸던 도시인 테오

크리토스도 자연을 노래하기는 했다. 하지만 나무와 동물과 자연과 바람을 삽포처럼 절묘하게 사랑하는 사람과 연결하는 재주는 없다. 테오크리토스가 〈마술사〉라는 작품에서 잠깐, 그리고 현대적인 감각을 자랑하던 에우리피데스가 파이드라의 고통을 노래하는 장면에서 잠깐, 비슷하게 흉내 낸 적이 있다. 그건 그야말로 흉내였을 뿐이다.

삽포 이전을 훑어보면, 그리스 시의 원전은 누가 뭐래도 호메로스이며 호메로스도 자연을 노래했다. 아니 정확하게 말하면 자연을 알고 있었고 자연을 두려워했다. 호메로스의 자연에는 깊은 심연이 나오고, 커다란 바위가 앞을 가로막으며, 사나운 폭풍이 불어온다. 인생의 쓰라린 면들을 상징하는 것이 자연이다. 자연은 인간에게 적대적인 무엇이며, 인간이 이길 수 없는 무엇이다. 그런 자연을 인간이 사랑할 여지가 없다. 자연에서 위로를 찾을 수도 없고, 현세에서 겪는 고통을 위무할 작은 메아리조차 들을 수 없다. 그게 호메로스의 자연이다.

반면에 삽포의 자연은 신비로운 옷을 벗고 인간에게 내려온다. 가까이 다가와 친구가 되며, 존재가 되고, 인간과 더불어 교감을 나눈다. 가령 잠에서 깨어났을 때 삽포는 혼자인 것 같았다.

달도 지고, 플레이아데스도 지고,
자정이다. 나는 혼자 잠에 든다.

달도 지고, 별도 가고, 시간이 흐른다. 하지만 삽포는 혼자가 아니다. 밤이 곁에 있기 때문이다. 밤이 있고, 별이 있고, 꽃이 피고, 새들이 울고, 동물들이 뛰어논다. 사랑의 애절함 뒤에 슬그머니 자연이

디오뉘소스 행렬에서 주신의 지팡이를 들고 가는 무녀. 단지에 그려진 그림의 부분. 기원전 500년경.

내려오는 것이다. 자연주의 혹은 상징주의의 냄새가 물씬 풍긴다.

삽포에게 사랑은 잔인한 신이다. 사랑은 쓰라리다. 하지만 삽포는 그 사랑의 쓰라림에서 차츰 자연으로 눈을 돌린다. 장미꽃을 보고, 별빛을 보고, 아름다운 자연을 본다. 그렇다고 해서 쓰라린 사랑이 갑자기 달콤해지는 것은 아니다. 사랑은 여전히 쓰라리다. 다만 쓰라린 사랑이 꽃의 형상을 띨 뿐이다.

신비로운 지점은 바로 여기다. 사지를 부숴버리고 인생을 송두리째 집어삼킬 것 같은 사랑을 견디는 힘이 여기서 생긴다. 그토록 간절히 보고 싶던 사랑하는 사람들을 생각하면서 손짓을 하고, 춤을 추고, 노래를 부른다. 쓰라리고 아팠던 사랑의 시간이 지나 세상은 고요해지고, 고요한 밤하늘을 보면서 생각에 젖는다. 사랑의 불꽃이 하늘로 올라가 별빛이 되는 시간이다. 사랑하는 사람들은 하늘로 올라가고, 사랑은 나와 적절한 거리에 올라붙어 빛난다. 그 틈을 비집고 새소리가 들리고, 꽃이 피고, 나뭇가지가 소리를 낸다. 그러면 세상은 아름다움으로 충만하고, 사랑 노래는 자연에 대한 노래로 바뀐다.

이처럼 삽포의 시에서는 사랑이 불탄 후에 자연이 부활한다. 사랑의 불꽃이 자연의 몸체에 들어가 빛을 발한다.

사랑하는 귀린나, 안녕.
그리움에 불탄 가슴에서 한 방울 물처럼 튀어
되돌아오는구나.
우리 사이를 갈라놓은 거리만큼 간절하게 안녕.

젊음의 꽃망울을 사랑한 시인

삽포는 우리의 가슴속에서 사랑과 자연이 어떻게 만나는지를 잘 알고 있다. 아름다운 자연을 보고 느끼는 감정과 사랑하는 여인에 대한 감정이 삽포의 시 속에 정확하게 배치되어 있다. 종이는 해졌지만 비교적 많은 구절이 보전된 아래 시가 그 좋은 예다. 사랑하는 사람에 대한 그리움이 아름다운 꽃을 보는 즐거움과 전혀 어색하지 않게 공존하고 있다.

이렇게 말하고 그녀는 영원히 떠났다.
"솔직히 죽을 것 같아요."
눈물로 대신하던 마지막 말
"이 잔인한 운명을 어떻게 해요.
저는 떠나고 싶지 않은데."
나는 이렇게 대답해주었지.
"기쁘게 떠나라. 나를 기억하라.
우리가 얼마나 사랑했는지 네가 잊었다면
우리 함께했던 수많은 날들을
상기시키리라.
장미와 제비꽃과 사프란으로
화관을 만들어 쓰고, 땋은 머리를 길게
늘인 채, 늘 내 옆에 앉아 있었지.
그때 목에 두른 취할 듯 진한 꽃목걸이에서,
왕의 몰약 같은 향기가 퍼져 나오던 걸……."

이런 시를 보면, 세계가 우리의 마음으로 들어오는 길과 우리의 마음이 세계로 향하는 길을 삽포는 정확히 알고 있는 것 같다. 외부와 내부 간의 물질적 궁합에 정통한 게 화학자에 견줄 만하다.

삽포는 그런 면에서 모더니즘의 예후라고 할 수 있는 시를 썼다. 삽포의 시세계는 동시에 두 가지를 조종한다. 하나는 바깥세상이고, 다른 하나는 신비로운 마음속 세상이다. 종래 시들은 하나를 먼저 묘사하고, 나머지를 나중에 묘사했다. 마치 두 개가 다른 세상이라고 보는 것 같았다. 하지만 삽포는 바깥세상과 우리 마음이 다르지 않다고 본다. 마음이란 바깥세상에 대한 대응이고 파동이기 때문이다. 특히 마음은 정교하고 날카롭다. 바깥세상의 하찮은 움직임들을 모두 잡아낼 만큼 민감하다. 삽포의 시에서는 이 두 가지가 동시에 삼투하고, 존재한다. 그러면서 한 가지 메시지를 전달하고 있다.

그 메시지란 무엇일까? 삽포가 보여주고자 했던 두 개가 공존하는 한 세계의 정체는 무엇일까? 삽포는 정확하게 무엇을 사랑한 것일까? 이제까지 읽은 구절들에서 분명한 것은 삽포가 만든 세계 한가운데 뭔가 있다는 것이다. 삽포는 늘 그 무언가를 향해서 격렬하게 반응하고 있다. 그것 때문에 상처를 입고, 그것이 신호를 보내며, 그것이 갑자기 가벼운 움직임으로 변하고, 아름다운 꽃 한 송이로 변한다. 그것을 뭐라고 정의해야 할까?

삽포를 끊임없이 들뜨게 한 건 결국 젊음과 꽃망울이었던 것 같다. 밝은 태양 아래 아름답게 빛나는 젊음과 꽃망울이 삽포에게는 무한한 기쁨의 원천이었다. 그러나 그것들은 곧 사라진다. 젊음이 그렇고, 꽃망울이 그렇다. 그래서 아름다움이란 종내는 한순간이었으리라.

여자 두상. 기원전 6세기경의 조각.

젊음의 꽃망울을 사랑했다.

사랑이 왔다.

그것은 반짝임이었고, 순간이었다.

chapter 6

솔론과 민주주의

그리스 문명이 시작된 곳은 소아시아 지방이다. 이미 수백 년 전에 이곳에서 도시가 생겼고, 문명이 시작되었다. 호메로스와 아르킬로코스는 이오니아 사람이고, 삽포는 아이올리스 사람이다. 그리스 최초의 과학자, 철학자도 여기서 나왔고, 최초의 대리석 조각과 신전도 그랬다.

고개를 돌려 소아시아의 반대쪽 끝으로 가보면, 시켈리아를 포함한 마그나 그라이키아(Magna Graecia : 그리스 식민도시—옮긴이)가 있고, 거기서도 과학과 철학이 발달했다. 특히 파이스툼에 지은 포세이돈 신전은 그리스 신전 중 으뜸일 것이며, 그것 하나만 봐도 이 지역의 문명이 어느 정도에 이르렀는지 짐작할 수 있다.

그리스 문명이 이처럼 동쪽 끝 혹은 서쪽 끝에서 주로 시작한 이유는 그곳이 변방이었기 때문이다. 변방이라서 주위의 위대한 문명과 접촉할 기회가 많았다. 반면에 변방의 야만인들로부터 한참 떨어져 있는 그리스 본토에는 '진짜로 별게 없었다.' 아니, 최소한 그렇게 알려져 있다.

물론 혹자는 그리스 본토에도 볼 만한 게 있었다고 주장한다. 농부 출신 시인 헤시오도스는 초창기 스파르타에서도 음악과 무용이 발전했다는 점을 강조하기도 한다. 그 말에는 완전히 동의할 수 없지만, 그리스 본토에 그냥 지나치기 아까운 유산이 하나 있기는 하다. 바로 아테나이다.

작은 시골마을에 불과했던 아테나이는 장장 300년 동안 혹은 그 이상 '그리스 중의 그리스'로 부상할 것이다. 투퀴디데스는 아테나이를 '그리스의 학교'라고 했다. 정치적인 의미에서 아테나이가 민주주의의 산실이기 때문이다. 물론 민주주의가 아테나이에서 시작한 것은 아니다. 이오니아에 이미 민주주의가 있었고, 상당한 수준으로 발전해 있었다. 하지만 시민들이 흥겨운 축제를 열고, 희극·비극 등 각종 드라마를 감상하고, 두고두고 자랑스러워할 신전과 건축물을 세우고, 이름을 일일이 거명하기도 힘들 만큼 많은 역사가와 철학자를 길러내고, 시민의 권리를 확보하기 위해 투쟁했던 민주주의는 아테나이에만 존재했다고 해도 과언이 아니다. 200년 동안 그리스의 심장은 아테나이에서 뛰었다. 희극에 들어 있는 촌철살인의 언어들은 시민들에게 삶의 진실을 알려주었으며, 인간과 운명의 어긋남이 비극을 통해 애절한 반향을 불러일으켰다. 뿐만 아니다. 소크라테스와 플라톤이 있었으며, 거리에서, 가게에서, 광장에서 철학적 언어들이 쏟아져 나왔다. 지상과 천상에 관한 근본적인 물음을 제기한 것이다.

민주주의의 태동: 화폐의 등장과 상인의 부상

《안티고네》와 파르테논 신전이라는 걸작을 누리기 전에, 기원전 8세기 아테나이가 먼저 해결해야 했던 것은 먹고사는 문제였다. 해법을 찾는 데만 200년이 걸렸는데, 그 해법이 바로 민주주의였다. 그렇다면, 민주주의란 무엇일까? 그저 교과서적으로 '시민에 의한 지배'라고 하면 되는 것일까? 우선은 정의부터가 그렇게 간단하지 않다.

문제는 이렇다. 기원전 8세기, 그리스 본토든 어디든 계급이 두 개 있었는데, 하나는 가진 자였고 다른 하나는 가지지 못한 자였다. 가졌다는 말은 땅을 가졌다는 말이고, 가지지 못했다는 말은 땅을 가지지 못했다는 말이다. 가진 거라곤 그야말로 몸뚱이뿐이었다. 다만 한 가지 다행스러운 것은 그런 사람들이 많았다는 점이다. 이런 극도의 불균형 상태를 해결하기 위해 솔론이 제안한 것은, 시민의 권리와 정치적 권리를 법정(法定)하는 일이었다. 시민의 민주주의는 그런 결실을 노리고 있다.

그럼에도 노동자들 혹은 생산계급 전체를 위한 민주주의는 없었다. 고대 사회에서 주 생산자는 노예들인데, 노예를 위한 민주주의는 단 한 번도 없었다. 민주주의는 태생적으로 노예를 품지 않았던 것이다.

그 사실을 전제로 하고, 기원전 8세기 그리스를 한번 들여다보자. 당시 이오니아의 그리스 도시에서 그리고 아테나이에서, 그리스 문명의 몰락의 원인이 되는 심각한 사회문제 하나가 생긴다. 바로 계급 투쟁이다. 못 가진 자들이 가진 자들로부터 정치적 권리를 획득해서 그것을 법제화하는 투쟁, 그리고 조금 더 나아가서 자기들 몫의 권력을 획득하는 투쟁이었다. 만약 그 투쟁이 성공적으로 끝난다면, 노예를 제외한 시민들의 참된 민주주의가 비로소 시작될 터였다.

물론 시민에도 두 가지 종류가 있는데, 하나는 귀족이고, 다른 하나는 평민이다. 귀족은 라틴어로 '겐테스(gentes)', 즉 명문가 출신이고, 태어날 때부터 부자였다. 당연히 땅을 소유하고 있으며, '하인'들을 데리고 땅을 경작했다. 게다가 이때쯤에는 공동 상속의 전통도 사라져, 명문가의 구성원인 각 개인별로 땅이 분할되었고 양도가 금지되었다. 다른 가문에 팔 수도 없었고 줄 수도 없었으며, 지참해서 가져갈 수도 없었다. '재산은 가문에 전속한다'는 원칙에 충실했다.

같은 시민이라도 귀족은 피가 달랐다. 귀족만이 공직에 나가서 왕이 될 수 있었고, 판사가 될 수 있었으며, 장군이 될 수 있었다. 도시를 대표해서 신과 소통하는 것도 귀족이었고, 제물을 바치는 것도 귀족이었다. 종교로 치면 사제 역할도 귀족이 했다. 이런 귀족들이 속한 가문은 그리스 본토를 통틀어 50개에 불과했다.

반면에 또 다른 시민 부류는 귀족보다 그 수가 훨씬 더 많았다. 이들을 소위 자영업자라고 불렀는데, 자영으로 무슨 거창한 일을 한다는 뜻은 아니었던 것 같다. 땅뙈기 몇 마지기를 부쳐 먹던 사람들을 부르기 좋게 자영농이라고 한 것뿐이다. 그들이 가진 땅이나 연장은 형편없었다. 땅은 반쯤 관목 숲이었고, 농기구는 언덕배기를 대강 긁을 수 있는 막대기에 지나지 않았다. 그런 의미에서 자영농은 노예와 크게 다르지 않았다. 자영농도 가진 거라곤 자기 몸뚱이 하나밖에 없었고, 시인들 말로 "초근목피조차 없는 봄"이면 수십 명씩 죽어나갈 처지였다.

장인들도 사정은 비슷했다. 변변한 재료를 가지고 일을 한 게 아니라, 귀족들이 대주는 재료로 지붕을 고치거나, 신발을 만들거나, 방패를 만들거나, 청동 검을 만들거나, 제사에 쓸 동물의 이마에 꽂는 금세공을 하며 연명하는 처지였다. 이들은 돈이 없어서 자기 작업실을 가질 엄두를 내지 못했고, 마을에 공동 소유의 도요가 하나 있는 정도였다.

또 다른 시민 부류 가운데 바다로 나간 사람들은 그나마 약간 더 생기가 넘쳤다. 기원전 8세기 그리스는 바야흐로 식민의 시대였기 때문이다. 배를 만드는 사람도 있었고, 노를 젓는 사람도 있었고, 심지어 선주들도 속속 명부에 등장했다.

귀족들을 제외하고 이 어중이떠중이들을 통틀어 시민이라고 부를 수 있다면, 시민들끼리도 처지와 생각이 같지 않다. 가령, 상인과 뱃사람들의 생각이 다르고, 자영농과 장인들의 처지가 달랐다. 다만 그들이 공통적으로 지닌 속성이 하나 있었는데, 바로 '지배 계급'에 맞서고 있다는 점이다. 즉 기원전 8세기 그리스는 지배자와 피지배자가 뚜렷이 구분되는 사회였으며, 지배자인 귀족들만 무기와 이데올로기를 가진 사회였다. 그래서 계급 투쟁이 하나의 상수였다.

그러다가 기원전 8세기가 끝나갈 때쯤 중요한 변수 하나가 그리스 문명 위로 떠오른다. 바로 동전, 화폐다. 동전은 두 가지 면에서 계급 투쟁에 기름을 붓는 역할을 했다. 한편으로는 가난한 자를 더 가난하게 만들어 계급 간 편차를 더욱 심화시켰고, 다른 한편으로는 가난한 자들 중 일부를 신흥 부자로 만들어 기존의 귀족들과 새로운 차원의 권력 투쟁을 벌이게 했다.

호메로스의 증언에 따르면, 그리스 시장은 물물교환이 주를 이뤘다. 포도주를 곡식과 바꾸고, 기름을 철과 바꾸는 식이었다. 물론 가끔 금덩이나 은덩이, 황소가 화폐 노릇을 하기는 했다. 하지만 정부가 공식적으로 인증한 교환 단위가 아니라서 그때그때 무게를 달아야 했으며, 그것만 따로 해주는 사람도 있었다.

나라에서 정확한 무게를 재서 동전을 만든다는 생각을 처음 한 것은 소아시아의 뤼디아였다. 금가루가 반짝이는 팍톨루스 강이 관통하는 이 도시에서 생겨난 동전 기술을 지중해 연안의 다른 도시들이 베끼기 시작했고, 식민 활동을 틈타 전 세계에 퍼지게 되었다.

동전을 쓰게 되면 여러 가지 이점이 있지만, 누구한테 가장 이로울까? 바로 귀족들이다. 귀족들은 영원히 썩어 없어지지 않는 동전으로 부를 저장했다. 원래 자연경제에서는 부를 축적할 마땅한 방법이 없다. 곡식을 쌓을 수도 없고 와인이나 올리브기름을 무한정 보관할 수도 없다. 등받이를 고급스러운 것으로 장만하거나, 아시아에서 양탄자나 보석이 박힌 무기를 사들일 수는 있다. 하지만 그리스 귀족들은 시혜를 베풀어 자기 사람을 만드는 데 더 골몰했다. 흉년이 들어, 자영농들조차 먹을 게 없을 때 귀족들은 먹을 것을 조금씩 나누어주어 어떤 시인의 표현대로 "가난뱅이들의 성곽"을 쌓았다. 그렇게 서로 돕고 사는 게 자연경제의 법칙이었다.

하지만 화폐가 등장하면서 세상이 달라졌다. 무엇보다 남은 부를 화폐로 바꿀 수 있게 되었다. 게다가 귀족들은 셈이 빨라서, 화폐는 이자를 통해 부풀어오르는 속성이 있다는 사실을 금세 알아차렸다. 귀족들의 고귀한 피에 탐욕이 섞이는 순간이다. 전에는 나눠주던 것을 이제는 빌려준다. 그러면서 고액의 이자를 요구한다. 해상무역처럼 위험성이 높은 사업에 투자하려면 푼돈을 확실하게 모아두어야 하기 때문이다. 이렇게 해서 초기 자본주의의 싹이 트게 되었다.

아리스토텔레스가 비아냥거리는 어투로 꼬집은 '돈놀이'가 시작되었다. 돈으로 알을 낳는 기술이 발견되었으며, 더불어 계급 간의 반목이 어느 때보다도 깊어졌다.

불리한 조건으로 돈을 빌린 자영농들은 서서히 노예로 전락했다. 부자들이 돈을 빌려주면서 담보를 면제해줄 리 없다. 그래서 처음에는 땅을 담보로 잡혔고, 그다음에는 노동력을 담보로 잡혔다. 만약 빌려간 돈을 못 갚게 되면, 자영농들은 땅을 빼앗기고 소작농이나 농노로 전락한다. 이듬해부터는 수확의 일정 부분을 세금으로 바쳐야 하는데, 아테나이에서 그 비율은 6분의 5에 이르렀다. 그렇게 근근이 목숨을 이어가다가 더 내놓을 게 없으면, 노예시장에 몸을 내놓는다. 먼저 아내와 자식을 내놓고, 그다음에 자기 자신을 내놓는다. 몸이란 마지막에 파는 물건에 지나지 않았던 것이다.

민주주의라는 찬란한 기차가 전진하는 길에 '돈놀이'와 '노예제도', '성차별'이 얼마나 답답한 방해물이었는지 이루 표현할 길이 없다. 이제 막 민주주의라는 꽃이 피어야 할 시기에 동전이 만들어지고, 역사의 물길은 이상한 쪽으로 흘러간다.

하지만 한 걸음 뒤로 물러서서 보면, 역사의 어떤 국면이 절망 일색이 되는 경우는 없는 것 같다. 화폐가 생겨서 귀족들의 손에 들어가면 그것은 당연히 억압의 도구가 되지만, 선량한 시민들의 손에 들어가면 첨예한 계급 투쟁을 승리로 이끄는 무기가 될 수도 있는 것이다.

그런 의미에서 우리가 주목해야 할 사람들이 있는데, 바로 상인들이다. 이들 중 몇몇은 금세 부자 반열에 오른다. 처음에는 아시아 쪽 항구인 스뮈르나, 밀레토스, 에페소스에서 그랬고, 나중에는 본토의 코린토스, 메가라, 아테나이에서 그랬다. 귀족들은 당연히 이들을 경멸했다. 하지만 무시할 수는 없었다. 상인들은 먼저 가난한 자들에게서 땅을 사들였다. 농민들은 귀족들에게 고리로 돈을 빌리느니 차라리 비슷한 출신인 상인들에게 땅을 파는 것이 낫다고 생각했다. 그렇게 부를 착실히 쌓고 나서, 상인들은 권력을 요구했다. 행정부와 공무소, 법원, 군대 등 귀족들만 꿰찰 수 있는 자리를 탐내기 시작한 것이다.

상인들이 이런 큰 판을 벌이기 위해서는 반드시 수적으로 우세한 어중이떠중이들의 지원을 얻어야 했다. 그 결과 상인과 가난뱅이들이 세를 이루었고, 계급 투쟁의 양상이 더욱 치열해졌다.

귀족들은 전선에서 자기 쪽 사람들을 '칼로카가토이(kalokagathoi)'라고 불렀다. 예술과 스포츠를 알고 고귀한 품성과 미모를 갖춘 사람이라는 뜻이다. 귀족은 피도 피지만 후천적인 교육을 잘 받아야 한다고 생각했다. 반면에 피도 피지만 하는 짓거리가 천한 것들도 있게 마련인데, 그게 바로 '카코이(kakoi)'였다. 말도 안 되는 구분법이었음은 물론이고, 투쟁의 본질을 호도하는 악의적인 이분법이었다.

귀족이자 시인이자 자수성가한 상인

그리스의 수많은 도시에서 시작되어 최소한 그리스 사람들의 눈에는 민중 해방에까지 이른 역사를 하나하나 되짚어보는 것은 너무 버겁다. 그래서 얘기를 아테나이로 한정해서, 시인이자 입법자였던 솔론의 얘기를 중심으로 풀어보기로 한다.

솔론은 귀족 출신이다. 아테나이의 마지막 왕을 배출한 가문이었지만, 기원전 7세기 중반에 갑자기 몰락하고 만다. 솔론이 성장하던 기원전 7세기 무렵은 산업과 무역이 획기적으로 발전하던 시기였고, 솔론은 앗티케에서 나는 올리브를 해외에 파는 사업에 뛰어들기로 결심한다.

그렇게 해서 귀족이자 시인이었던 한 청년이 상인이 된다. 이오니아 같은 활기찬 도시나, 역사가 4~5천 년이나 되는 이집트를 둘러보고 싶은 욕구도 한몫했을 것이다. 솔론은 할 일을 다 끝내고 법제도를 완성한 다음에도 해외로 나간다. 그런 호기심이 솔론을 키웠으며, 나이가 들어서도 젊음을 잃지 않을 수 있었던 비결이었을 것이다. 솔론 스스로도 "하루라도 뭔가 배우지 않은 날이 없다"고 고백한 바 있다.

솔론은 가문의 부를 복원하고, 창창한 나이에 계획대로 아테나이에 돌아왔다. 당시 사람들이 기억하기에 솔론은 합리적이고 인간적이었다. 귀족들도 그를 좋아했고 평민들도 그를 좋아했다. 플루타르코스가 지적한 것처럼, "귀족들은 솔론이 부자라서 좋았고, 평민들은 그가 인간적이라서 좋았다."

솔론에 관한 재미있는 일화가 있다. 약간 지어낸 듯한 느낌이 들긴 하지만, 기본적인 사실관계는 맞는 것 같다. 솔론의 시에도 여러 번 나올 뿐만 아니라 플루타르코스도 같은 얘기를 하기 때문이다.

당시 아테나이와 경쟁하는 도시가 있었는데, 바로 메가라였다. 둘 다 항구 도시라서 살라미스라는 섬을 확보할 필요가 있었다. 그 섬만 확보하면 메가라의 입장에서는 아테나이의 목을 죄는 형국이 된다. 그래서 아테나이의 온갖 방해에도 불구하고 메가라는 살라미스를 차지하게 되는데, 이 충격적인 소식을 접한 아테나이는 앞으로 누구든

솔론. 기원전 300년 이후에 제작된 청동 조각상을 본떠서 서기 1세기경에 만든 복제품.

지 '메가라'에 대해서 말하는 것을 법으로 금지한다.

솔론은 얼른 미친 사람 행세를 하기 시작했다. 사람들이 자기를 모두 미친 사람으로 취급하는 것을 확인한 그는 어느 날 아고라의 연단에 올라가 자신이 직접 지은 시를 읊었다. 아름다운 살라미스 섬과 그 섬을 메가라에 빼앗기고도 부끄러워할 줄 모르는 도시를 질책하는 내용이었다. 이 미친 시인의 시를 들은 청중들은 순간 애국심에 불타올라 살라미스로 진격하고, 솔론은 그 전위에 서서 살라미스 탈환에 성공한다. 지금은 조각조각으로만 남아 있는 솔론의 시를 번역하면 다음과 같다.

> 살라미스를 내준 게 아테나이구나.
> 나는 차라리 폴레간드로스나
> 시킨노스 사람이라 불리겠다.
> 지중해 전체가 떠들 거다.
> 살라미스도 내준 아테나이인이라고.
> ......
> 이제 진격할 때가 아닌가.
> 아름다운 살라미스를 위해 싸우자.
> 우리를 짓누르는 수치를 벗어던지자.

아테나이 사람들은 솔론의 이런 분명한 어투를 좋아했다. 이야기의 전말은 다를지 몰라도 살라미스를 되찾은 공은 분명 솔론의 것이다. 이런 사건들 덕분에 솔론이 조국을 둘로 가른 계급 갈등의 조정자로, 새로운 법을 만드는 입법자로 부상하게 되었다.

귀족과 평민의 중재자

자, 이제 계급 갈등의 양상을 정확하게 이해하기 위해, 몇 가지 세부적인 내용을 정리하기로 한다.

토지 소유자인 귀족들은 자영농의 파산을 통해서 영토를 넓혀 앗티케 평원의 대부분을 독점한 상태였다. 친척이나 예속 평민, 노예 등이 농사에 동원되었다. 밀이나 보리 같은 곡식은 주로 흑해 근처에서 수입해다 먹었고, 재배한 작물은 포도, 무화과, 올리브였다.

땅 주인인 귀족들은 감시나 하면 되었는데, 그러다 보니 시간이 남아 돌았다. 그래서 점점 더 도시에 나가 있는 시간이 많아졌고, 정치 같은 데 전념하게 되었다. 정책을 입안하고, 전쟁을 했으며, 판사 노릇을 했다. 당시만 해도 재판에 쓸 법이라고 해봐야 몇 줄 되지 않았지만, 어쨌든 그런 법을 해석하는 것도 귀족들 차지였다.

귀족의 반대 진영에는 먼저 가난한 농민들이 있었다. 농민들 가운데 자기 땅을 가진 자들도 있었지만 그 수는 점점 줄어가는 형국이었고, 대부분은 빚더미에 올라앉은 소작농과 농노였다. 산출이 좋지 않은 앗티케의 평원에서 수확한 것 가운데 6분의 5는 주인에게 주고, 나머지 6분의 1로 연명했다. 그래서 신음소리가 끊일 날이 없었다. 그런 와중에도 상대적으로 구하기 힘든 것들, 가령 연장은 값이 비싼 축에 속했다. 도시에 가서 사오거나 동네 대장장이에게 부탁해서 만들어야 하는데, 귀족들이 마구잡이로 시장에 내놓는 농산물에 비하면 귀한 취급을 받았다.

가난한 농민들은 곧 노예로 전락할 처지였다. 담보 잡힌 땅을 빼앗기고 나면 품을 팔거나 손을 놓고 있어야 하는 경우도 생겼고, 노예 수는 자꾸 늘어가기만 했다. 6분의 5를 내는 소작농이 먼저 노예가 되고, 견디다 못해 부쳐 먹던 밭을 떠나 도망가면 다시 노예가 되었다. 이처럼 노예로 전락하는 사람들이 많아서 시민들은 정작 할 일이 별로 없었다.

이것이 기원전 7세기 앗티케 평원이 마주하는 현실이었다. 평원 곳곳에 말뚝이 박혀 있어 가보면, 돈 얼마에 저당 잡혔다는 표시였다. 귀족들이 아테나이 사람들을 통째로 노예로 만들어가고 있었던 것이다. 땅도 권력도 몇 사람의 소유였고, 나머지는 도시를 떠나야 할 운명이었다. 그렇다면 귀족들은 아테나이 사람들을 전부 노예로 만들어 스파르타가 되어야 직성이 풀릴 것인가? 이게 무슨 민주주의란 말인가?

아테나이를 죽어가는 민주주의에서 구할 유일한 희망, 그것은 지형이었다.

앗티케 반도를 가만히 들여다보면, 이곳만큼 상인과 뱃사람에게 적합한 땅이 없다. 꼭짓점을 에게해 방향으로 길게 늘인 삼각형 모양의 반도는 길이만 수백 킬로미터이고, 양쪽이 바다로 둘러싸여 있다. 해변에는 크고 작은 바위가 널려 있으며, 구불구불한 해안선이 많아서 작은 배를 댈 수 있는 항구가 지천이고, 큰 배를 맞을 깊은 항구도 많았다. 게다가 앗티케에서 소아시아까지는 징검다리처럼 작은 섬들이 놓여 있어서 뱃사람들의 중간 기착지로는 이만한 지형이 없었다.

앗티케 반도를 해안을 따라서 올라가보면, 아크로폴리스의 발 아래 아테나이가 있고, 아테나이에서 멀지 않은 곳에 페이라이에우스가 있는데, 여기는 어부와 뱃사공, 작은 배의 선주와 목공, 상인들이 뒤엉켜 사는 항구다. 몇몇은 넝마를 걸쳐 입은 채 근근이 연명하고 있지만, 개중에는 엄청난 재산을 모아 땅 가진 귀족에게 아쉬운 소리를 할 필요가 없는 사람들도 있었다. 그들은 대부분 여행을 좋아하며, 머리가 좋은 축에 속했다.

귀족들은 농작물을 외국에 팔기 위해서는 상인들의 도움이 절실히 필요했다. 뿐만 아니라 나날이 커져가는 아테나이 외곽에 진을 친 옹기장이들이 도와주어야 포도주와 값비싼 올리브기름을 담아 수출할 수 있었다. 벌써 솔론의 시대에 그리스에서 만든 그릇이 이집트와 흑해 연안, 시켈리아, 쿠마이, 그리고 이탈리아의 에트루리아에 모습을 드러낼 참이었다.

이런 이유로 해서 농민들을 거의 노예로 만들어버린 귀족들도 상인이나 장인들과는 협력하지 않을 수 없었다.

그러고 보면 평민들 가운데서도 가장 불쌍한 것은 농민들이었다. 그들은 가장 급진적이었고 가장 수가 많았다. 심지어 몇몇은 부족 국가 시대의 전통을 들먹이면서 토지를 균분해줄 것을 주장했다. 훗날 개혁이 폭력적인 양상을 띠게 되면, 이들 농부들이 참주의 군대가 될 터였다. 실제로 페이시스트라토스는 농민들의 참주였고, 좋은 지배자가 절대로 아니었다. 물론 솔론의 개혁을 완성시킨 공로가 있기는 하지만 말이다.

평민들 가운데 그래도 온건한 사람들은 상인이었고, 가장 똑똑한 자도 상인이었다. 그들은 협상을 할 줄 알았고, 협력과 연대의 필요성을 이해하고 있었다. 공사 영역에서 귀족들의 억압을 받아보지 않은 것도 아니었다. 한마디로 시민 세력이었고, 시민으로서의 권리를 행사할 준비가 되어 있었다.

이제 계급 투쟁을 시작하는 가난한 농민들과 농노가 귀족들과 맞서서 싸울 방법은 연대밖에 없었다. 상인 및 장인과 힘을 합쳐야만

올리브 수확. 기원전 6세기경에 제작된 단지.

이길 수 있는 것이다.

사태가 이쯤에 이르자, 피를 보는 싸움 대신 타협안이 제기되었다. 귀족과 평민 사이에 조정자를 한 명 지정해, 그가 정치, 경제, 사회적 개혁을 주도하게 하는 방안이었다. 이런 중차대한 임무를 맡은 사람이 바로 솔론이었다. 평민들은 솔론의 정의감을 믿었고, 귀족들은 솔론이 귀족 출신이라는 점을 믿었다. 하지만 귀족들의 믿음은 배반당하고 말았다. 실제로 그는 귀족이 아니라, 평민이었던 것이다.

기원전 594년 솔론은 개혁에 관한 전권을 행사하는 집정관에 취임했다. 그는 곧바로 당시로서는 충격적인 개혁 조치를 단행하는데, 정치, 경제, 사회 분야에 엄청난 파급 효과를 부른 조치들이었다.

빚을 탕감하고 노예에게 자유를 주다

솔론이 가장 먼저 단행한 조치는 농노를 구하고 땅의 말뚝을 뽑아내는 것이었다. 귀족들이 차지한 땅을 빼앗아 가난한 농민들에게 돌려주었으며, 농민들에게 자유를 주었다. 빚을 못 갚아서 빼앗긴 땅을 다시 주인에게 돌려준 다음에는 남은 빚을 탕감했다. 뿐만 아니라 해외로 팔려간 노예들을 나랏돈으로 다시 사들여 땅을 주고, 자유를 주었다.

솔론의 시를 읽어보면, 그가 얼마나 가난한 농민과 조국을 사랑했는지, 또 그가 처음으로 단행한 이 조치들을 얼마나 자랑스러워했는지 알 수 있다. 그는 신 가운데 가장 오래된 신인 땅의 신에게 자기 편을 들어줄 것을 기도했다.

올림포스 신 가운데 가장 큰 어머니이신 땅의 여신께서는 역사 앞에 내가 한 일을 증명해주실 것이다. 나는 땅에서 말뚝을 뽑았으며, 신이 세운 아테나이를 떠나 노예로 떠돌던 자들을 귀환시켰다. 빚을 못 갚아서 아테나이에서 쫓겨난 자들이고, 험한 세상을 떠돌던 자들이고, 더 이상 아테나이의 말을 쓸 수 없었던 자들이다. 그들이 다시 돌아왔다. 그리고 이 땅에 남아 있었어도 사람 취급을 받지 못했던 자들도 자유를 찾았다.

구절마다 억압받는 사람들에 대한 애정이 돋보인다.

솔론의 개혁 조치, 즉 빚을 탕감하는 조치로 인해 부자들이 엄청난 타격을 입었음은 물론이다. 하지만 부자들은 그동안 너무 많이 해먹었다. 그걸 뱉어내게 한 것뿐이다. 솔론은 빚 때문에 신음하는 농민들을 구했을 뿐만 아니라 새로운 법을 만들어서 더 이상 그런 일이 반복되지 않도록 했다. 채무불이행으로 인한 노예제도를 폐지한 것이다. 당시 그리스 어느 도시에도 이런 획기적인 법은 없었다. 앗티케 반도가 처음이었다.

그 외에도 여러 개혁 조치가 단행되었다. 화폐 개혁도 했고, 경제 사회 분야의 개혁도 이루어졌다. 주로 귀족의 권한을 축소하는 방향으로 계속되었는데, 그 가운데 결정타는 상속법이었다. 귀족이 죽으면, 종래와는 달리 자손들끼리 재산을 균분 상속하도록 한 것이다. 가문의 재산을 잘게 쪼개는 효과를 노린 것이다. 자손이 없는 경우에는 유언에 따라 상속자를 지정할 수 있었다. 같은 가문에 속하지 않은 자도 재산을 상속받을 수 있는 길을 연 것이다. 반대로 평민들은 귀족의 전유물이라고 여겨졌던 토지를 살 수 있었다. 그 결과 부동산에 대한 소유권이 여러 사람에게 귀속되고, 더 많은 소유권자가 등장하게 되었다.

사회적으로 파장이 컸던 조치 가운데 하나는 부권을 제한하는 조치였다. 앞으로는 새로 태어난 아이를 내다버릴 수 없다. 국가에 출생 신고를 한 이상 자식을 아버지 마음대로 처분할 수 없게 된 것이다. 여자아이의 경우에는 심각하게 문란한 행위를 하지 않는 한 내다 팔 수 없으며, 남자아이도 중대한 사유를 입증하지 못하는 한 양도가 금지되었다. 특히 아이가 성년이 되면, 국가는 그 아이와 아버지를 평등한 시민으로 취급했다.

외로운 개혁주의자

과감하고도 단호한 개혁 조치를 단행하면서 솔론이 특히 신경 썼던 점은 균형 감각을 유지하는 것이었다. 솔론은 두 계급 모두에 대해서 전선을 그었다. 그럼으로써 정의를 지키고자 했다. 이 첨예한 계급 갈등의 시기에 정의를 지킨다는 게 얼마나 힘든 일이었을까?

몇 구절 남지 않은 시편에서 솔론은 불편부당한 싸움을 하고 있는 자신을 묘사하고 있다. 그는 농민들의 지나친 요구에 맞서 귀족을 보호하는 역할도 서슴지 않았다. 가령,

나는 방패로 양쪽을 찍어 누르고 있다.
한쪽이 다른 쪽에 대해서 부당한 승리를 하게 할 수는 없다.

라는 구절이나

나는 가난한 자에게나 부자에게

똑같이 공평한 법을 만들었다.

탐욕에 눈이 멀어서 나를 모함하는 자들은

시민들 편이 아니다.

내가 그들의 말을 들었더라면

시민들이 내 편을 들었을 리 없다.

나는 개들에게 둘러싸인 늑대처럼 싸우고 있다.

아래와 같은 구절에서 보면, 극단적인 요구에 맞서 과감하게 저항하는 솔론의 이미지가 고스란히 드러난다.

나는 두 들판 사이의 경계석처럼 서 있다.

이렇게 고백하는 솔론 특유의 어투에서 개혁주의자의 외로움을 읽을 수 있다. 솔론은 그런 외로움 가운데 아테나이의 개혁을 추진해갔다.

최초의 시민 법정

과감함과 신중함으로 대별되는 솔론의 개혁 조치 가운데 정치 분야의 개혁도 빼놓을 수 없다. 그리스 민주주의가 훗날 그 열매를 풍요롭게 맛볼 분야 중 하나가 정치다.

솔론은 종래 귀족들만 담당했던 공직을 모든 시민에게 한꺼번에 개방하지는 않았다. 대신 신중에 신중을 기해 일을 처리했다. 사실 기원전 6세기 초반까지는 솔론 아니라 그 누구도 시민에게 공직을 완전히 열 수 없었다. 그만큼 계급의 이해가 첨예하게 맞서 있었던 것이다.

솔론은 다음과 같은 순서로 개혁을 진행해나갔다. 먼저 출신을 따져 귀족만 독점하던 공직 독점권을 폐지했다. 그런 다음에 시민을 경제력에 따라 네 등급으로 나누고, 가장 부유한 시민들은 가장 높은 공직으로 가는 대신에 부담도 더 지도록 했다. 더 많은 권리를 누릴수록 세금이나 군역 등의 부담을 더 지는 식으로 재편한 것이다. 결국 가장 가난한 시민들은 세금도 전혀 내지 않고, 군역도 노 젓는 일이나 경무장 보병 정도만 복무하면 되도록 했다.

솔론이 새로 만든 헌법의 핵심 원칙은 이것이었다. 선천적으로 정해진 것, 즉 신분에 따라서 참정권이 제한되는 것은 안 된다고 보았다. 대신 후천적으로 얻을 수 있는 것, 즉 경제력에 따라서 참정권을 제한하는 것은 괜찮다고 보았다. 그렇게 되면 최소한 이론적으로는 열심히 돈을 모으면 정치에 참여할 수 있는 가능성이 열리게 된다. 혹자는 이런 제한조차도 말이 안 된다고 생각할지 모른다. 하지만 그것은 현실적이지 못하다. 솔론은 먼저 현실적인 타협안을 제시했고, 그 타협안에 따라 귀족의 권력을 제한하는 데 성공했다. 그다음부터는 계급 갈등의 수위도 크게 낮아졌고, 1세기가 지난 후에는 모든 시민들의 참정권이 보장되었다. 결국 솔론은 과감하고도 신중하게 아테나이 민주주의가 나아갈 방향을 제시한 셈이다.

특히 솔론이 만든 헌법에는 모든 사람들이 신분과 경제력에 관계없이 평등하게 누리는 권리가 있었는데, 바로 민회에서의 투표권이다. 이것은 그야말로 혁명적인 조치였다. 민회에서는 부자도 가난한 자도 평등하고, 누구나 발언할 수 있다. 물론 민회가 정치 권력을 무한정 행사하는 것은 아니다. 그럼에도 평등의 원칙이 도입되었다는 것 자체가 중요하며, 민회는 앞으로 핵심 통치 기구로 부상할 것이다. 가난한 사람들은 수가 많기 때문에 민회에서라면 귀족들과 맞서 싸우는 게 가능하다. 나중에 몇 번의 위기와 개혁을 더 거치면서, 민회에 더 많은 사람들이 들어오게 될 것이다. 그렇게 되면 아테나이는 명실공히 민주주의 도시로 자리매김하게 될 것이고, 그 씨앗을 뿌린 게 바로 솔론이다.

아테나이의 모든 시민이 참여하는 또 다른 공간이 있는데, 바로 법원이다. 솔론은 자그마치 6천 명이나 되는 법관을 소환해 열 개 부문으로 나눠 일종의 시민 법정을 만들었다. 소위 배심제를 완성한 것이다. 배심은 시민들에게 골고루 개방했으며, 직업 법관의 재판에 대해 배심재판에 항소할 수 있도록 함으로써 관할권을 차츰 넓혀갔다. 마침내 민사, 형사상 대부분의 사건들을 배심원들이 재판하게 되었다.

이처럼 시민들이 민회에 참석하고 배심원이 되는 솔론의 아테나이에서 국민 주권주의는 이미 실현된 셈이다. 굳이 민주주의가 아니었다고 우길 이유는 없을 것 같다. 아리스토텔레스의 말대로, "시민들이 투표를 하게 되면 시민들이 정부가 되는 것"일 테니까 말이다.

이제 기원전 6세기, 아테나이는 시민들의 아테나이가 되었다. 아테나이 시민들은 연설가의 주장을 듣고 국가 대소사를 결정했다. 평화 협정을 체결하는 것부터 파르테논 신전을 짓는 것까지, 그리고 아크로폴리스에 출입문을 세우는 일까지, 시민들이 투표로 결정했다. 프랑수아 페넬롱(1651~1715, 프랑스의 신학자이며 시인—옮긴이)의 말처럼 "그리스는 시민이 결정하고, 시민은 연설이 좌우"하게 된 것이다.

최초로 노예제도에 반기를 들다

이제 결론에 대신하여 한 가지 질문을 던지고자 한다. 솔론이라는 사람은 도대체 무슨 힘이 있어서 이 엄청난 일을 기획하고 완성한 것일까? 대답은 의외로 간단하다. 그는 사람들을 사랑했고 정의를 사랑했다는 것이다. 솔론은 신을 믿는 것처럼 정의를 믿었다. 정의가 그에게는 신이었다.

솔론은 무슨 연설을 하다가 외국에서 노예로 살고 있는 아테나이 사람들 얘기를 하면서, 이렇게 말했다. "너무나 오래 밖으로 떠돌아서 제 나라 말을 잃어버린 사람들"이라고 말이다. 그 말을 하는 순간, 솔론은 거의 흐느껴 우는 사람 같았다. 그러더니 다음 구절에서 솔론은 그리스 역사상 처음으로 노예제도에 대한 반기를 드는 사람이 되었다. "우리 집에서 노예질을 하고 있는 사람들, 주인의 채찍질에 벌벌 떠는 사람들을 나는 풀어주었노라."

노예란 주인이 변덕을 부리면 채찍질을 당할 수밖에 없는 비참한 인간이다. 그런 비참한 인간을 사랑한 사람이 솔론이다.

무엇보다 솔론은 정의의 전도사다. 그는 귀족을 국가의 꼭대기에 올려놓으면서 그들에게 많은 의무를 부과했다. 귀족들에게도 정의를 요구한 것이다. 돈도 많고 힘도 세면서 국법이나 신법을 어기는 자들에 대해서는 아주 끔찍한 시를 쓰기도 했다.

그 시의 줄거리를 잠깐 요약하자면 이렇다. 시민들의 우두머리로 선택된 자가 오히려 정의롭지 못한 일을 하고, 권력을 남용해서 도둑질이나 하고 있다. 신전을 지키는 자가 신전을 도둑질하고 있는 꼴이다. 탐욕으로 제 할 일을 정면으로 배반하고 있는 이자를 정의의 신은 조용히 지켜본다. 그러면서 우회적으로 징벌을 준비하는 것이다.

부자의 부정행위로 인한 폐해가 이윽고 온 도시에 암세포처럼 퍼진다. 내전이 일어나고, 젊은이들이 죽어간다. 쇠사슬에 묶여 수만 명의 가난한 농부들이 노예로 전락해 외국으로 팔려 나간다. 솔론은 도시를 어지럽게 만든 부자를 탐욕으로 의인화해서 표현하는데, 탐욕은 이윽고 악마를 낳는다. 악마는 부자들의 성곽에서 뛰쳐나와 도시 전체를 약탈하기 시작한다. 숨어 있는 자들의 방으로 쳐들어가서 학살을 자행한다.

솔론은 이런 식으로 부자의 탐욕이 가져올 수 있는 재앙을 표현했다. 그러면서 조국에 필요한 것은 정의로운 법이라고 선언한다.

"아름다운 법만이 질서와 조화를 가능하게 한다."

"법의 힘으로 사람들 사이에 평화가 있고, 사람들이 지혜로워진다."

이런 구절들을 보면, 솔론은 결국 입법자이고, 합리적인 이성을 대표하는 인물이다. 동시에 가슴속에 따뜻한 피가 흐르는 시인이자 애국자였다. 그리스 사람들은 솔론을 그렇게 정의했다. 정의로운 자라고 말이다. 솔론의 바람대로, 그리스 민주주의는 바야흐로 정의를 구현하게 될 것인가.

그러려면 넘어야 할 산이 하나 있다. 그리스의 민주주의는 모든 사람들의 민주주의가 아니라는 점이다.

그것은 노예의 희생 위에 서 있다.

노예와 여자

그리스 사람들은 민주주의를 발명했다. 하지만 한계가 있었다. 그 얘기를 할 차례다. 그리스 사람들이 오랜 세월에 걸쳐 추구한 '민중의 지배'라는 목표는 시작부터 흠이 있었다. 어긋났다. 그리고 궁극적으로는 민주주의의 발전을 가로막았으며, 문명 자체가 몰락한 원인이 되었다.

　여기서 말하는 한계는 크게 두 가지다. 하나는 노예제도, 다른 하나는 여성의 열악한 지위다. 자세히 보기로 하자.

노예제도 위에 서 있는 민주주의

민주주의는 시민들 사이의 평등을 의미한다. 시민이란 당연히 한두 명이 아니다. 하지만 그렇다고 해서 엄청나게 많은 숫자를 의미하는 것도 아니다. 지금 와서 아테나이 인구가 몇 명이었는지를 세기는 쉽지 않지만, 대략 13만 명의 시민이 있었다고 알려져 있다. 여성과 아이들까지 포함한 숫자이므로 선거권자가 13만 명이었다는 얘기는 아니다. 거기에다 7만 명의 거류민이 있었다. 이들은 다른 나라에서 아테나이로 이주해온 사람들로서 일종의 영주권자이며, 따라서 선거권을 행사할 수 없었다. 그리고 20만 명의 노예가 있었다. 다시 말하면, 40만 명의 인구 가운데 절반이 노예였다. 시민들이 평등하게 정치적인 권리를 행사했다는 의미에서 아테나이는 민주주의 사회였지만, 그 민주주의 사회를 떠받치고 있는 것은 노예였다.

노예제도는 그리스 민주주의의 한계다. 물론 그리스에만 노예가 있었던 것은 아니다. 고대 사회치고 노예 없는 사회는 없었기 때문이다. 노예제도는 '인간에 의한 인간의 착취' 유형 가운데 가장 원초적이고, 가장 지독한 것이다. 그래서 중세에 와서는 노예제 대신 농노제가 생겨났고, 현대에 와서는 식민지와 임금 노동이라는 새로운 착취 구조로 대체되었다. 이처럼 인간은 약육강식의 억압에서 벗어나기 위해 유사 이래로 끊임없이 투쟁해왔다. 그러나 투쟁의 성과가 금세 나타나지는 않았다.

노예는 왜 생겨났을까?

역설적으로 들릴지 모르지만, 노예제도가 생긴 이유는 사회가 발전했기 때문이다. 초기 그리스 사회에는 노예가 없었다. 아주 옛날에는 《일리아스》에서 보는 것처럼) 부족 간 전쟁에서 포로가 생기면 날로 혹은 구워서 먹었다. 그다음에는 그냥 죽이고 말았다. 포로를 노예로 삼기 시작한 것은, 사람의 생명을 존중해서가 아니라 일을 시키기 위해서 였다. 그러다가 결국 노예를 사고파는 지경에 이른 것이다. 역사적으 로 볼 때, 인간이 관여했던 첫 번째 상행위는 노예를 사고파는 일이었 다. 전쟁 포로를 죽이지 않고 살려둔 것을 발전이라고 말할 수 있다 면, 그 발전의 동력은 바로 돈이었다.

그리스 사회에서 노예는 주로 전쟁의 산물이었고, 포로가 노예가 되었다. 전쟁이 끝나면, 몸값을 낼 수 없는 포로들을 시장에 내다 팔 았다. 고대 사회의 원칙은 간단했다. 남자는 죽이고, 여자와 아이들 은 나눠 가져서 노예로 일을 시키거나, 노예시장에 내다 팔았다. 다 만 그리스인들은 노예시장에서 비싼 값을 받지 못했기 때문에 시장 에 내놓기보다는 데려다가 일을 시켰다. 기록에 따르면, 그리스와 페 르시아의 전투가 끝나자 2만 명의 페르시아인들이 새로 노예시장에 나왔다고 한다.

군대가 가는 길에는 항상 노예 상인들이 뒤를 따랐다. 노예시장은 성황을 이루었고, 벌이가 괜찮았다. 외국과 가까운 그리스의 큰 도시 마다 노예시장이 있었는데, 그중에서도 이오니아의 에페소스, 뷔잔 티온, 시켈리아 섬에 있는 도시들이 유명했다. 1년에 한 번 정도는 아테나이에서도 노예시장이 열렸다. 그리고 몇몇 노예상인들은 큰 부자가 되었다.

전쟁 포로만 노예가 되는 것은 아니었다. 태어나면서 노예가 되는 경우도 있었다. 부모가 노예면 자식도 노예가 되었다. 노예의 자식은 부모의 소유가 아니라, 부모 주인의 소유였던 셈이다. 어떤 노예들은 태어나자마자 버려지기도 했다. 그냥 길가에 두어 죽게 내버려두었 다. 주인 입장에서는 자라서 일을 할 수 있을 때까지 먹이는 것조차

여간 부담스러운 일이 아니었다. 이런 식으로 죽는 노예의 자식들이 아주 많았다. 그리스 비극을 읽다 보면, 주인의 집에서 평온하게 노예가 태어나는 장면을 자주 보게 되겠지만, 비극을 곧이곧대로 믿을 일은 아니다.

사람을 사냥해서 노예로 삼는 경우도 있었다. 주로 발칸 반도 북쪽이나 남부 러시아에 원정 간 사람들이 노예시장에 내놓을 싱싱한 사람들을 사냥해왔다. 품질로 치면 최상급의 노예들인데, 텟살리아나 아이톨리아 같은 그리스 도시에서도 이런 노예사냥이 벌어지곤 했다. 그때만 해도 국가권력이나 경찰이 힘이 세지 못했던 것이다.

돈을 못 갚아서 노예가 되는 경우도 있었다. 즉 빚을 몸으로 갚는 것이다. 잘 알려진 바와 같이, 아테나이에서는 솔론의 개혁 덕분에 이 같은 일이 금지되었다. 하지만 그렇다고 해서 아테나이만 따로 떼어 문명 국가 취급하면 큰 오산이다. 아테나이의 아버지들은 새로 태어난 자식을 내다버릴 권리가 있었다. 우리식으로 말하면, 세례를 마치고 국가에 아이를 바치는 풍습도 있었다. 그 아이들을 노예상인들이 주워담아 갔다. 그뿐만이 아니었다. 아테나이를 제외한 그리스의 모든 도시에서 아버지는 한 집안의 왕이나 다름없었기 때문에 마음대로 아이를 버릴 수 있었다. 큰 아이건 작은 아이건 아버지가 버린 자식은 노예가 되었다. 아이들은 영문도 모르고 그런 끔찍한 재앙을 겪어야 했다. 이게 너무 심하다고 해서 아테나이가 나서서 금지했지만, 그래도 예외가 없지는 않았다. 즉 몸가짐이 문란한 여자아이들은 언제고 가장이 내다버릴 수 있었다. 아테나이에서도 말이다.

노예는 이처럼 갖가지 이유로 여러 곳에서 태어났다.

생각하고 말귀를 알아듣는 기계

노예는 시민이 되지 못했을 뿐만 아니라 인간이 될 수도 없었다. 법적으로 보면 노예는 재물이었으므로 팔고, 넘겨주고, 빌려주고, 물려줄 수 있었다. 어떤 철학자가 정확하게 표현한 것처럼 노예는 '생각하는 기계'였다. 기계는 기계인데 생각하고 말귀를 알아듣는다는 것이 노예의 장점이었다.

법적으로 보면, 노예는 등록조차 할 필요 없는 재물이었다. 이름도 없었다. 어디서 태어났다든가, 어디서 데려왔다든가 하는 뜻에서 아무 이름이나 붙여주었다. 법적으로 결혼할 수도 없었다. 두 노예가 같이 산다고 해서 부부라고 말하지 않았다. 그냥 같이 살게 내버려둔 것일 뿐이다. 그러므로 같이 사는 남자 노예와 여자 노예를 따로 내다팔 수도 있었다. 자식을 낳아봐야 주인의 소유였고, 주인 마음대로 처분할 수 있었다.

소유의 대상인 노예에게는 소유권도 없었다. 팁으로 돈 몇 푼을 받아도, 그것은 노예의 것이 아니었다. 주인이 노예 마음대로 쓰게 할 수 있지만, 얼마든지 빼앗을 수도 있었다.

주인은 노예를 처벌할 권리가 있었다. 동굴에 가두거나 때리거나 수레바퀴 위에 놓고 돌리거나, 모두 주인 뜻대로였다. 고문도 했고, 인두로 지지기도 했고, 죽이기도 했다. 죽이면 주인만 손해이므로 다 죽이지 않은 것뿐이다.

주인에게 이익이 되면 노예는 살고, 그렇지 않으면 죽는다. 아리스토텔레스가 말한 대로, "연장도 가끔은 다듬어주어야 하고, 잘 들게 하려면 기름칠도 해주어야 하기" 때문에 노예에게 밥을 주는 것이다. 좋은 집에 살게 해주고, 쉬게 해주고, 가정을 꾸미게 해주는 데도

다 이유가 있다. 혹시 진짜로 괜찮은 노예라는 생각이 들면, 자유를 줄 수도 있다. 노예 해방도 가능하다. 물론 흔한 일은 아니었지만, 전혀 없는 일도 아니었다. 누구는 풀어주고 누구는 가둬둘 수도 있었다. 이 대목에서도 우리의 철학자 플라톤은 확실한 원칙을 제시했다. 즉 재물은 용도가 다르다. 용도가 다르면 대우도 다르다. 대우가 다르다고 해서 불만을 품는 것은 노예가 할 일이 아니다. 노예는 재물이고, 재물의 용도는 주인이 정하는 것이지, 노예가 정하는 것이 아니다. 풀어주고 말고는 주인 마음이다. 우리가 존경해 마지않는 '꿈꾸는' 철학자도 그런 말을 지껄였다.

거듭 말하지만 노예는 인간이 아니었다. 인간들이 갖다 쓰는 '연장'에 불과했다.

인간이 아닌 것으로는 소도 있고 말도 있다. 사람들은 소나 말을 데려다가 길들이고, 적당한 일을 시킨다. 인간의 형상을 하고 있지만, 노예도 소나 말과 다르지 않다. 이것이 원칙이다. 하지만 원칙이 그렇다고 해서, 인간이 인간을 다루는데 늘 원칙만을 주장할 수는 없다. 아테나이 사람들은 가끔 원칙을 잊어버리기도 했다. 아리스토텔레스나 플라톤 같은 유명한 철학자들이 보는 것과 일상생활을 영위하는 사람들이 보는 바가 다를 수도 있는 것이다. 요컨대, 아테나이 사람들은 노예를 인간으로 취급하기도 했다. 좀 더 인간적인 대우를 해주려고 노력하기도 했다. 하지만 그것조차도 순전히 아테나이에 국한된 얘기였다.

멀리 갈 것도 없이 스파르타에만 가도 노예는 인간이 아니었다. 스파르타 사람들은 노예를 노예답게, 잔인하게 다루었다. 스파르타에서 노예는 주인들과 같은 동네에 살았다. 노예의 수는 주인보다 아홉

배나 열 배 정도 많았다. 이런 지경이라면 주인들이 노예를 겁낼 만도 하다. 그리고 겁 많은 주인들은 노예를 엄격하게 다룰 수밖에 없다. 우선 해가 진 뒤에 천막에서 나와 나돌아다니는 노예들을 죽였다. 하지만 그렇게 죽여봐야 노예의 수가 급격하게 줄지는 않았다. 그래서 스파르타에서는 1년에 한 번 노예의 수를 줄이는 게임을 했다. 노예사냥은 그렇게 시작되었다. 젊은 병사들을 매복시키고 들판에다 노예를 푼다. 잡히는 족족 죽이는 게임, 전쟁 연습치고 이보다 더 효과적인 게 없다. 우리는 가끔 예우를 갖춘 언어로 그리스 문명에 대해 말한다. 위대하고, 아름답고, 영원한 창조의 문명으로 그리스를 바라본다. 하지만 그 문명에서조차 노예사냥이라는 비인간적인 일들이 버젓이 행해졌다는 사실을 접하고 나면, 그저 망연자실할 뿐이다. 하지만 사실이다. 문명은 그렇게 단순하지 않다. 문명 국가로 보이는 그리스도 실상은 노예제 사회였다. 도대체 인간을 위해 존재하지 않는 문명을 우리는 문명이라고 불러도 되는가? 불러도 된다면 그리스 문명이 바로 그런 문명이었다. 인간을 위해 존재하지 않는 문명, 언제든 야만 상태로 회귀할 준비가 되어 있는 아슬아슬한 문명이었던 것이다.

　자, 다시 아테나이로 돌아가 보자. 노예들은 시민과 비슷한 옷을 입고 다녔다. 최소한 가난한 시민과 노예를 구별하는 특별한 표지는 없었다. 그리고 집에서는 주인과 자유롭게 대화를 나눴다. 아테나이 희극에 나오는 것처럼 입바른 소리도 자주 했다. 종교행사에도 주인과 나란히 참여해서 같은 열에 앉았다. 심지어 영생을 가르치는 엘레우시스 교단에도 주인과 같이 등록해서 신앙생활을 했다. 게다가 언제부턴가는 주인이 노예의 목숨을 마음대로 처단할 수도 없었다. 주인이 너무 심하게 때린다 싶으면, 노예들은 일종의 도피처로 숨을 수 있었다. 신의 보호를 받으면서 주인더러 자신을 다른 데로 팔아달라고 요구할 수 있었다. 최소한 아테나이에서는 그랬다. 하지만 다른 그리스 도시로 가면 상황이 달랐다. 거리에서 노예를 때리고 조롱하고 발로 찼다. 법 때문에 그렇게 하지 못하는 아테나이 사람들은 불만이 이만저만이 아니었다. 노예한테 채찍질하는 데도 이유가 있어야 한다니! 몇몇 귀족들은 그런 법을 도무지 이해할 수 없었다. 플라톤도 그들 가운데 한 사람이었다.

하여튼 아테나이는 그리스 가운데서 특이한 도시였다. 심지어 노예에게 공권을 주기도 했으니까 말이다. 즉 경찰관이나 공무원이 함부로 폭력을 행사하지 못하도록 했다. 대체로 그리스에서는 잘못을 저지를 경우 일반 시민에게는 벌금을 물린다. 하지만 노예는 소유가 있을 수 없으므로 벌금 대신 채찍질을 한다. 이때 몇 대를 때릴지는 경찰관이나 공무원의 재량이다. 하지만 아테나이로 오면 얘기가 좀 달랐다. 아테나이에서는 시민에게 부과하는 벌금의 상한선이 50드라크메였고, 노예에 대한 채찍질도 최고 50회로 정해두었다. 노예에게 법적인 권리를 주었다는 얘기다. 엄청난 사고의 전환이 아닐 수 없다. 아테나이를 제외한 다른 그리스 도시들은 아테나이를 따라할 엄두조차 내지 못했다. 노예 덕에 먹고사는 사회에서 노예에게 공권을 준다는 것이 얼마나 위험천만한 일인가 말이다.

하지만 그렇다고 해서 아테나이가 노예들이 살기 좋은 사회였다는 얘기는 또 아니다. 노예도 급이 있었다. 밑바닥에 있는 노예는 초근목피로 연명했고, 굶어 죽기 일쑤였다. 탄광 노예는 딱 일할 만큼만 음식을 배급받았고, 심지어는 매를 맞아야만 겨우 움직일 수 있을 정도로 피골이 상접했다. 철학자들은 아테나이가 노예를 다루는 방식에 문제가 많다는 점을 인정했다. 일관성도 없고, 원칙도 없었다. 아리스토텔레스는 이런 상황을 두고, "그리스 사회가 무사한 이유는 노예들이 무정부상태에 있기 때문"이라고 비아냥거릴 정도였다.

노예들의 역할

그리스에서 노예는 무슨 일을 했을까? 이 대목에서 우리는 조심해야 한다. 즉 이폴리트 텐의 말을 곧이곧대로 들어서는 안 된다. 텐의 말처럼 그리스 시민들은 모든 일을 노예에게 맡겨두고, 팔짱을 낀 채 한가로이 정책 토론이나 하고 산 것은 아니었다. 시민은 정치를 하고, 노예는 생산을 하는 사회는 몇몇 철학자들의 꿈속에서나 존재했다. 현실은 그보다 훨씬 더 냉혹했다.

아테나이 시민들 대부분은 장사를 하거나 농사를 짓거나 사업을 하거나 물건을 만들거나 배를 탔다. 그리고 '생각하는 기계'인 노예는 그보다 좀 더 저급한 일에 투입되었다.

우선 집안일은 대부분 노예 몫이었다. 그것도 여자들의 몫이었다. 여자들은 곡식을 빻고 가는 일을 했다. 하지만 기계가 워낙 볼품없다 보니 일 자체가 엄청나게 힘들었다. 호메로스의 말에 따르면, 일에 지친 나머지 늦은 밤 노예들의 "무릎이 툭툭 꺾였다." 빵 굽는 일도, 음식 만드는 일도, 실 잣는 일도, 옷 짜는 일도 전부 노예의 몫이었다. 여주인이 실을 잣고, 옷감을 짜고, 물을 들이는 동안 노예들도 여주인의 감시를 받으며 같은 일을 했다.

물론 노예 가운데는 희극이나 비극에 나오는 것처럼 집안에서 중요한 위치를 차지하는 노예도 있었다. 유모나 '가정교사'가 그랬다. 가정교사란 뭘 가르치는 사람이 아니라 주인 집 아이들을 학교에 데려다주고 데려오는 노예를 지칭하고, 유모란 아이들에게 예절 따위를 가르치는 노예를 가리킨다. 그럼에도 연극 같은 데서 보면 유모와 가정교사들은 좋은 말도 많이 해주고, 아이들에게 애정도 듬뿍 쏟는다. 아이들 역시 애정으로 그들에게 보답한다. 가령, 오레스테스의 유모는 20년 동안이나 오레스테스를 키우면서 엄청난 애정을 쏟아 부었다. 그리고 오레스테스가 죽었다는 잘못된 정보를 듣고는, "심장이 터져 나가는 듯한 슬픔"에 젖었다. 자기 입으로 오레스테스가 죽었다는 말을 전해야 할 때, 그녀의 마음은 어땠을까. 어쨌든 연극에서는 클뤼타임네스트라와 내통해서 오레스테스의 아버지 아가멤논을 죽인 아이기스토스에게 사망 소식을 전한 것이 바로 그 유모였다.

> 단언컨대, 나는 모든 것을 감수할 수 있다.
> 불행이 뭔지 잘 모르는 것도 아니고,
> 모든 고난에 대해서
> 아트레우스의 집안에 불어 닥친 모든 액운에 대해서
> 가슴에 묻어둘 수 있다.
> 그게 내 속성이다.
> 하지만 오레스테스, 그 아이 생각에 터져 나가는 심장은 나도 어쩔 수 없다.
> 엄마 배 속에서 나오는 순간부터 내가 젖을 먹여 키웠고,
> 울음소리만 들어도 뭐가 문제인지 알 수 있었으며,
> 온갖 법석도 다 받아내고 내 손으로 키운 아이다.
> 아이들은 짐승이나 다름없어서 늘 곁에 있어주어야 했다.

젖먹이가 울면 배가 고파서 우는지,

목이 말라서 우는지, 아니면 오줌을 누고 싶어서 우는지,

미리 알아차려서 원하는 대로 해주어야 했다.

그래서 아이들은 군주나 같다.

그 아버지에게서 오레스테스를 받은 이후에

유모로, 식모로 그 아이 곁에서 살아왔으나

이제 그 아이가 이 세상에 없다는 것을 인정해야 한다니!

심장이 터질 것 같다.

그럼에도 죽음을 말해야 하나.

우리를 모두 죽여버린 그는 이 소식을 들으면 만족하겠지.

여기 나오는 유모는 극중 인물일 뿐이며, 유독 애정이 깊은 사람이었다고 말할 수도 있다. 하지만 아이스퀼로스는 기원전 5세기의 평범한 가정에서 볼 수 있는 인물형을 뽑아왔으며, 각색도 별로 하지 않았다고 한다.

아테나이나 다른 그리스 도시에서 시민들은 노예를 하나도 거느리지 못할 만큼 가난하지는 않았다. 보통은 남자 하나에 여자 둘 정도를 두었고, 성별로 여러 명씩 둔 집도 더러 있었다. 아주 드물게는 노예를 스무 명씩이나 둔 집도 있었다. 물론 그리스의 가정은 규모가 크지 않다. 음식도 축제일을 제외하고는 많이 준비할 필요가 없다. 그럼에도 집에는 늘 경작해야 할 땅이 있고, 만들어야 할 옷이 있었다. 그 일을 담당한 것은 대부분 노예였다.

반면 시골에는 노예가 별로 없었다. 심지어 규모가 큰 농장에도 노예가 많지 않았다. 농사는 주로 가족들이 힘을 모아 지었고, 노예는

있어봐야 몇 명 되지 않았으며, 정 인력이 필요하면 가난한 농사꾼을 사서 썼다. 포도나 곡식을 수확할 때는 일꾼이 더 필요했다. 하지만 규모가 작고, 생산성도 높지 않은 작은 땅뙈기를 경작할 때는 노예를 여럿 둘 이유가 전혀 없었다. 한두 명의 도움을 받아서 농사를 지으면 그만이었다. 그 외 전문가의 손길이 필요한 올리브나 포도 농사는 주인들이 직접 지었다. 노예를 사서 쓰면 수지가 맞지 않기 때문이었다.

요컨대 농업은 노예가 그다지 큰 비중을 차지하지 않는 분야이며, 초창기 그리스 사회는 잘 알다시피 농업사회였다. 따라서 노예제도가 뿌리내릴 만한 토양이 아니었다. 반면에 산업이 발달하면 노예 또는 기계, 둘 중 하나가 필요해진다. 그런데 당시는 기계가 별 볼 일 없었다. 그래서 "알아서 움직이는 기계", 노예가 등장하게 되었다. 노예는 한마디로 "움직이는 기계"다. 요즘 같으면 기계가 알아서 할 일을 몇 명의 노예가 나눠서 한다. 노예는 기계의 부속품 같은 존재다.

특히 건물을 짓는 데는 많은 인력이 필요했다. 노예도 필요했고, 일반 시민도 필요했다. 가령, 아테나이와 같은 국가가 아크로폴리스에 신전을 짓는다고 하자. 그러면 여러 종류의 기술자가 필요하다. 도시는 시민과 노예들을 대상으로 인력을 모집한다. 이때 동원되는 인력은 어떤 시민이 소유한 노예일 수도 있고, 시민일 수도 있다. 하지만 보수는 똑같다. 일의 종류에 따라 노예도 시민과 똑같은 보수를 받는다. 그런데 그 보수를 챙기는 것은 노예가 아니라 주인이다. 어떤 경우에는 주인과 노예가 나란히 서서 같은 일을 한다. 그래도 돈은 주인이 가진다. 주인은 노예를 먹여주기만 하면 된다. 다른 산업에서도 양상은 비슷하다. 소규모 공장에서 인력을 동원하는 방법도

신기료 장수. 기원전 6세기에 제작된 단지.

(위) 낚시질. 모래바닥 위에는 통발이, 오른쪽에는 가난한 사람들이 귀중하게 여기던 먹을거리 문어가 보인다.
기원전 5세기에 제작된 잔.
(아래) 진흙 채취 또는 광부 구조. 매달린 단지에는 일꾼들이 마실 물이 들어 있다.
기원전 6세기경에 코린토스에서 제작한 테라코타 판의 부분.

신전을 지을 때와 다름없다. 그러나 규모가 좀 더 커지면 얘기가 달라진다. 가령 외투를 만들거나, 신발을 만들거나, 악기 혹은 침대를 만들거나, 특히 무기를 만드는 공장에서는 시스템이 다르다. 거기서는 노예의 노동력이 큰 비중을 차지한다.

그렇다고 노예 수가 엄청나게 많은 것은 아니다. 오늘날과는 비교가 안 된다. 우선 당시에는 기계가 없었기 때문에 많은 인력이 필요하지 않았다. 게다가 많은 수의 노예를 관리할 줄도 몰랐다. 기껏 큰 공장이라고 해봐야, 케팔로스 사람이 운영하던 무기 공장 정도인데, 직원이 120명이었다. 이것보다 규모가 큰 것은 광산밖에 없었다. 특히 아테나이는 라우리온에 여러 개의 광산을 가지고 있었으며, 이 광산업을 일으킨 장본인이 페이시스트라토스였다. 페이시스트라토스는 알다시피 농지를 잃은 소작인들의 지지를 받고 솔론 다음에 권좌를 차지한 사람이다. 그는 권좌에 오르자마자 일자리 창출에 주력했고, 그래서 개발한 것이 광산이다. 당연히 초창기 광산은 일자리 없는 시민들을 고용했다. 하지만 광산 일이라는 것이 보통 시민이 견딜 수 있는 일이 아니었다. 게다가 토지 개혁으로 일자리가 늘어나자 광산에서 일을 할 사람이 없었다. 결국 아테나이는 광산을 장사꾼들에게 팔아먹고, 장사꾼들은 노예를 동원해서 광산사업을 하게 되었다. 우리가 아는 부자들 가운데는 이때 광산을 인수해서 돈을 번 사람들이 여럿 있다. 그들은 300명, 600명 혹은 천 명 규모의 노예를 거느릴 정도였다.

기원전 5세기 말에 이르면 산업에 종사하는 노예들의 수가 엄청나게 많아진다. 나중에 스파르타가 아테나이를 접수하게 되자, 스파르타 쪽으로 도망 온 노예가 2만 명이나 되었다고 한다. 주로 광산에서

일하던 노예들이었는데, 그들의 노동 조건이 얼마나 열악했는지를
보여주는 대목이다.

노예제도라는 암 덩어리

분명한 사실은, 노예제도는 암 덩어리와 같다는 점이다. 사회의 존속
과 발전을 가로막는 암이다. 기계가 발달하지 않아서 노예를 쓴다.
그렇다면 노예를 쓰는 한 기계를 서둘러 발명할 필요가 없다. 그래서
노예제도는 기계의 발명을 늦추는 요인이 된다. 기계가 없으면 노예
를 쓰면 되고, 노예제도가 존속하는 한 별로 걱정할 게 없다.

이와 같은 기계와 노예 사이의 악순환은 생각보다 훨씬 더 심각한
결과를 낳는다. 즉 과학 발전의 동력을 약화시킬 뿐만 아니라, 과학
발전을 방해하게 된다.

노예제도는 발전의 장애물이다. 과학자들은 잘 인식하지 못하겠지
만, 어쩌면 아니라고 말할지도 모르지만, 과학은 인간에게 쓸모가 있
어야 한다. 자연으로부터 인간을 자유롭게 하고, 사회적 억압으로부
터 인간을 자유롭게 하는 것이 과학이다. 최소한 그것이 과학의 존재
이유 중 하나다. 만약 과학적인 연구와 발견이 인간을 자유롭게 하지
못한다면 그 과학은 의미가 없고, 곧 소멸하고 만다.

바로 그리스의 과학이 그랬다. 노예제도에 물든 나머지 기계를 발
명할 생각을 하지 못했고, 과학은 무력해졌으며, 심지어 죽어갔다.
인간을 발전시키지 못한 그리스의 과학은 스스로의 울타리 안에 갇
혔고, 사변적인 과학으로 전락했다. 발전이 있을 수 없었다.

고대 사회에 노예제도가 미친 영향은 비단 이것만이 아니었다. 한

사회에서 빈둥대는 사람들이 많아지고, 소수가 다수를 억압하게 되면, 그 사회는 내부적으로 분열될 것이며, 외부의 침략에 올곧게 저항하지 못할 것이다. 소위 이민족의 침입 이전에 그리스 사회는 이미 무너지고 있었고, 몰락하고 있었다. 그 원인이 바로 노예제였다.

그런데 왜 당시 사람들은 노예제도를 문제 삼지 않았을까? 놀라운 사실은 그렇게 위대한 철학자들이 많았음에도 노예제도를 비난하기는커녕 오히려 옹호하고 나섰다는 점이다. 플라톤이 그랬고, 아리스토텔레스가 그랬다. 특히 아리스토텔레스는 대놓고 노예의 필요성을 역설했다. 시민들의 사회가 건강하게 존속하기 위해서는 일상생활에 필요한 물건을 생산하는 노예가 필요하다고 했다. 노예는 시민사회의 필수품이며, 심지어 인간들 중 일부를 노예로 만드는 것이 반드시 필요하다고 했다. 천성적으로 노예 기질을 타고난 사람이 있으며, 그들을 골라내는 것이 전쟁이라고 했다. 아리스토텔레스의 말을 빌리면, "전쟁은 복종하기로 되어 있는 자가 복종하지 않을 때 그들을 굴복시키는 수단이다." 이런 얼토당토않은 얘기가 우리가 위대한 철학자라고 추앙해 마지않는 사람의 입에서 나왔다. 결국 사람의 생각이라는 것은 자기가 처한 조건과 환경에서 자유로울 수 없다.

그리스 사회는 노예제도에 깊이 물든 사회였다. 똑똑하다고 소문난 사람들도 노예제를 정당화하기 급급했고, 심지어 이론 같지도 않은 이론을 창안해냈다. 또 그것은 고스란히 일반 시민들에게 먹혀들었다. 그리스 사회뿐만 아니라 그 이후의 멀쩡한 사회에서도 이런 일이 반복되었다. 그리스 사회의 약점은 이것이었다. 그 사회의 일부를 이루는 사람들이 자기들의 사회를 고운 눈으로 보지 않았다는 것. 휴머니즘이 실패한 이유도, 문명 자체가 몰락한 이유도 그것이었다.

물론 발끝부터 머리끝까지 노예제도에 익숙해져 있는 사회에서도 반론이 전혀 없었던 것은 아니다. 폭동을 얘기하는 것이 아니다. 폭동은 그리스보다는 로마에 어울리는 말이다. 그리스의 노예제도는 법 제도와 이론보다는 조금 더 인간적인 노예제였기 때문이다. 앞서 나는 펠로폰네소스 전쟁 당시 대규모 탈출 행렬이 있었다고 했다. 하지만 지금은 그런 식의 봉기를 말할 자리가 아니다. 오히려 노예제도에 관한 평범한 시민들의 반론을 소개해야 할 것 같다. 특히 그리스를 대표하는 예술인 연극무대에서 노예제도가 도마에 올랐다.

위대한 비극작가들 가운데 가장 나이가 어린 에우리피데스는 노예제에 대한 반론을 처음으로 제기했다. 그는 자신의 작품을 통해서 노예로 전락한 여인들을 소개했다. 그런데 그들 중 몇몇은 자살을 선택했다. 노예로 사느니 차라리 죽음이 낫다고 결정한 것이다. 이유는 무엇일까? 노예는 주인의 소유가 된다. 주인만 만족시키면 되는 것이 아니라, 온갖 난교의 대상이 된다. 주인이 아닌 다른 사람들도 만족시켜야 한다. 그러느니 차라리 죽는 것이 낫다. 에우리피데스는 그런 말을 하고 있다. 그는 노예는 천한 사람이고, 시민은 그보다 나은 사람이라는 점을 부인한 최초의 작가였다. "많은 노예들은 노예라는 불명예스러운 이름을 달고 있지만, 영혼만큼은 시민들보다도 더 자유롭다"라고 썼다. 이것이 바로 진정한 휴머니즘이고, 이론다운 이론이다.

희극에서도 마찬가지다. 거기서도 여러 명의 노예가 나오는데, 그들은 주인에게 '시민과 노예는 다르지 않다'는 식의 바른 말을 해댄다. 기원전 4세기 희극에서는 심지어 이런 이야기를 하는 노예도 나온다. "주인님, 주인님이나 저나 똑같은 사람입니다. 똑같은 살과 뼈로 만들어져 있습니다. 태어날 때부터 노예는 없습니다. 운명이 그들을 노예로 만들었을 뿐입니다." 이 말은 기원전 5세기의 소피스트 고르기아스의 제자인 알키다마스가 한 말과 비슷하다. 그는 "신은 우리를 모두 자유롭게 만들었다. 자연은 노예를 만들지 않는다"라고 했다. 기원전 5세기의 사고방식치고는 진짜로 혁명적인 것이었다.

사실 기독교라는 혁명운동은 그리스 사회 내부에서 시작되었다. 기독교는 모든 사람들의 구원을 지향한다. 가난한 자도 없고 부자도 없고, 시민도 없고 노예도 없다. 인간은 모두 신 앞에서 평등하다. 그것이 기독교의 가르침이다. 노예를 기반으로 세워진 고대 사회에는 치명적인 가르침이다. 기독교는 당연히 낮은 계층에서 많은 신도를 모으기 시작했다. 가난한 사람과 노예, 특히 여성들 사이에 퍼졌다. 그리고 결국은 모든 사람들이 기독교도가 되었다. 그럼에도 노예제도는 금세 없어지지 않았다. 이 암 덩어리는 폭력 아니고서는 타도할 방법이 없었던 것이다. 그만큼 뿌리가 깊었다. 나중에 이교도가 무기를 들고 침입했을 때, 고대 사회 전체가 무너짐과 동시에 노예제도가 끝에 다다른다. 하지만 끝나고도 끝난 것이 아니었다. 좀 더 완화된 형태의 노예제도, 즉 농노제도가 다시 시작되었으니까 말이다.

문명이 발달하고, 인간의 자유가 신장된다는 것, 그것은 맞다. 하지만 하루아침에 되는 건 아니다. 사회적 억압 구조는 생각보다 훨씬 교묘하다. 마케도니아의 필립포스가 그리스를 정복하고 나서 그리스 사람들에게 명령했다. 노예제도를 폐지하지 말라고. 노예제도는 그만큼 달콤한 제도라서 포기하기가 쉽지 않았던 것이다.

여성은 집안일 돌보는 부속품

아테나이 민주주의의 구성원이 되지 못한 것은 노예뿐만이 아니었다. 노예 바로 옆에 서서 노예만큼이나 대접받지 못한 존재, 그게 바로 여자였다. 아테나이 사회는 본질적으로 남성 사회였다. 여성에게는 가혹했다. 노예에 관해서 말도 안 되는 이유를 만들어 차별하고 왜곡했듯이, 여성에게도 똑같은 짓을 했다.

물론 그리스가 처음부터 그랬던 것은 아니다. 부족국가 시절 그리스 여성의 지위는 상당히 높았다. 남성들이 사냥에 전념하는 사이에, 여성은 아주 오랜 시간에 걸쳐 어린 남성을 큰 남성으로 양육하는 일을 했다. 뿐만 아니라 맹수를 길들이고, 몸에 좋은 풀을 모으고, 집안의 재물을 관리하는 일을 했다. 그처럼 자연과 긴밀한 접촉을 하는 탓에 자연의 비밀을 많이 알고 있는 존재가 바로 여자였다. 자연에서 성공적으로 살아남기 위해서는 자연의 법도를 지켜야 했고, 마찬가지로 여성들의 말을 잘 들어야 했다. 그리스 민족이 그리스 땅으로 내려오기 전까지 여성의 위치는 그런 것이었다.

남녀관계에서도 여성은 평등을 구가했으며, 심지어 남성보다 우위에 있었다. 물론 이때의 남녀관계는 남성 하나와 여성 하나가 만나는 관계가 아니었다. 오늘날처럼 일부일처제가 아니라, 여성이 씨를 줄 수 있는 남성을 선택하면서, 여러 명의 남성과 한시적이고 연속적인 관계를 가지는 구조였다.

그리스 민족이 발칸 반도를 차지하고 소아시아 부근에 정주했을 때, 그들은 새로운 민족들과 조우하게 되는데, 그 민족들 역시 모계 사회를 유지했다. 집안의 우두머리는 어머니였고, 모계를 중심으로 혈족이 이루어졌다. 그들이 섬기는 신 가운데 가장 위대한 신도 풍요를 관장하는 여신이었다. 그리스 민족은 그 여신들 가운데 최소한 두 명을 차용하는데, 하나가 대모신이고, 다른 하나가 데메테르였다. 데메테르는 땅의 어머니 혹은 곡식의 어머니로 숭배되었다. 고대 사회에서 이와 같은 이름난 신들이 있었다는 사실 자체가 그 사회의 여성성을 증명해준다.

에게해의 여러 민족들, 즉 펠라스고이족과 뤼디아인도 모계사회를 이루고 있었다. 이런 민족들의 특성은 평화를 존중한다는 점이었다. 크놋소스 궁전에는 요새가 없었다. 주업도 농업이었다. 농사는 여성들이 하는 일이며, 농사를 지으면서 사람들은 한곳에 정주하게 되고, 문명화된다. 농업에 주력한다는 얘기는 사회가 조금 더 발전했다는 뜻이다. 그 발전된 사회에서 여성은 존경을 받고 지도적인 지위를 차지했다.

그리스 문학에서도 많은 여성이 매력적인 모습으로 묘사되었다. 특히 고전문학에서 그랬다. 우선 《일리아스》의 안드로마케와 헤카베가 있으며, 《오뒷세이아》의 페넬로페가 있다. 나우시카아가 있고, 아레테가 있다. 아레테는 파이아케스인의 왕비이자 누이로서, 왕의 의사결정을 좌지우지했다. 이런 여성들은 남성과 어깨를 나란히 하면서 훌륭한 동반자의 역할을 수행했고, 남성들의 삶을 추동하고 조종했다. 삽포가 살던 아이올리스 같은 도시에서는 오랫동안 여성 우월주의가 존속했다.

하지만 이오니아로 오면, 특히 아테나이 민주주의 사회로 오면 얘기가 확 달라진다. 문학에서는 그나마 여성이 고급스럽게 표현되고, 《안티고네》와 《이피게네이아》를 보면서 관객들이 아낌없는 박수를 보내기도 했다. 그러나 현실은 엄청나게 달랐다. 여성은 내실에 갇혔고, 파르테논 신전의 뒷방을 차지했다. 가끔 모습을 드러내는 경우도 있었지만 주로 새 면사포를 아테네 여신에게 바치는 행렬 사이에 끼워 넣는 정도였다. 여성들이란 시종과 함께 갇힌 채로 여신에게 바칠 면사포나 짜는 존재였다.

그러다 보니 여성의 이미지도 급격히 왜곡되어갔다. 문학마저도 여성 혐오증에 빠졌다. 특히 《오뒷세이아》의 작가와 같은 시대를 살았던 헤시오도스는 여성 혐오증의 선두주자였다. 헤시오도스의 말에 따르면 이렇다. 프로메테우스가 제우스에게서 불을 훔치고, 그 불을 인간들이 받게 되자, 제우스의 분노는 극에 달했다. 그래서 몇몇 신들에게 특명을 내려 새로운 창조물을 만들었다. 즉 진흙을 구워서 교활하고 뻔뻔스럽고 탐욕스러운 인간을 만들었는데, 그것이 바로 여자였다. 여성은 "괴물"이면서, "가파른 절벽으로 이루어진 도망칠 길 없는 함정"이었다. 남자가 평생을 고통스럽게 살아야 하는 것도 여자 때문이다. 겁을 잔뜩 먹은 동물 남자를 괴롭히는 것이 여자였다. 이처럼 헤시오도스는 여성의 교태와 잔꾀와 음행에 관해서 독설을 퍼부었다.

그 점에서는 아모르고스의 세모니데스도 뒤지지 않았다. 세모니데스는 여성을 열 가지 종류로 나누고, 각 종류별로 적당한 짐승 혹은 사물을 지정했다. 가령, 첫 번째 암돼지로 분류된 여성의 속성은 다음과 같다.

그녀의 집에 들어가 보면 돼지우리가 따로 없다. 방마다 온갖 것들이 나뒹굴고, 피둥피둥한 여자가 제 몸만큼이나 더러운 옷가지들 사이에 앉아 있다.

두 번째 부류는 여우형으로 온갖 사술에 능하다. 세 번째는 이야기 통으로 비방과 잡담이 특기고, 암캐의 후손답게 하루 종일 짖기를 멈추지 않으며, 남편조차 아내의 입을 닫을 방도가 없다. 심지어 돌로 이빨을 다 부러뜨려도 소용이 없다. 네 번째는 게으른 등으로, 땅만큼이나 무거워서 옮길 재간이 없다. 다섯 번째는 물의 딸로, 엄마만큼이나 변덕스럽고 예측 불가다. 어떤 때는 너무 성질을 부려서 제어가 안 되는데 또 어떤 때는 여름날의 바다처럼 잔잔하고 고요하다. 여섯 번째는 당나귀형으로, 고집불통이며 게걸스럽고 방탕하다. 일곱 번째 족제비형은 도둑질과 범죄에 능하고, 여덟 번째 예쁜 암말은 공주병이 심해서 아무 일도 하지 않는다. 심지어 모아놓은 쓰레기를 창밖으로 버릴 줄도 모른다. 하루에 두세 번 목욕을 하며, 온몸에 향수를 범벅으로 묻히고, 늘 머리에 꽃을 꽂는다. "그런 부인은 외간남자들 눈요기로는 좋으나, 남편에게는 오래된 고질병과 같다." 아홉 번째는 원숭이형으로, 싸움질에 능하다. "그런 여자를 아내로 둔 남편이야말로 불쌍하기 짝이 없다." 마지막으로 꿀벌처럼 부지런한 여자가 있기는 하지만, 그래봐야 열 중 아홉은 이상한 여자이므로, 별 위안이 되지 않는다.

이와 같은 글이 나오고 읽힌다는 얘기는 모계사회로부터 사회가 많이 달라졌다는 뜻이다.

일부일처제는 시작부터 여성에게 불리한 제도였다. 거기서는 남자가 주인이었다. 거의 대부분의 경우에 여성은 남성을 선택할 권리가 없다. 아니, 얼굴조차 미리 볼 기회가 없다. 남자는 "자기 씨를 얻기 위한 목적"으로 결혼을 한다. 사랑해서 결혼하는 일은 없다. 보통 신랑은 30대 후반이고, 신부는 15세 정도이며, 신부는 결혼식 전날 아

르테미스 여신에게 인형을 바치고 결혼생활을 시작한다. 결혼은 양
당사자 사이의 권리의무 관계, 그 이상도 이하도 아니다. 남성은 여
성을 내쫓고, 자식만 거둘 권리가 있다. 증인들 앞에서 선서하는 것
말고 특별한 형식도 필요 없다. 지참금을 돌려주고 이자만 제대로 쳐
주면 된다. 반대로 여성이 이혼을 청구할 경우에는 받아들여지는 일
이 거의 없다. 이혼이 성립되려면 남편으로부터 아주 심한 대접을 받
았거나, 남편이 심각한 잘못을 저질러야 한다. 하지만 그 잘못이라는
것도 오늘날의 시각에서 보는 것과는 크게 다르다. 애인을 사귀고,
내연녀를 두는 것은 잘못이 아니다. 데모스테네스는 연설을 하면서
대놓고 다음과 같이 선언했다. "남자들은 애인과 쾌락을 즐기고, 첩
에게서 평안을 찾고, 부인에게서 자식을 얻는다."

　누군가의 아내가 되려면 시민의 딸이어야 했다. 보통 딸들은 하얀
거위처럼 사육된다. 내실은 여성들의 반경이면서 감옥이다. 여성들
의 삶은 태어나서 죽을 때까지 거의 변화가 없다. 다만 중간에 아버
지에서 남편으로 주인이 바뀌는 게 전부다. 남편이 죽으면 장남 밑으
로 들어간다. 여성이 내실에서 나올 수 있는 경우는 친정아버지를 만
나러 갈 때와 목욕하러 갈 때뿐이다. 그때도 늘 노예가 감시를 한다.
물론 남편과 같이 외출을 할 수도 있다. 하지만 시장에는 가지 못한
다. 남편의 친구가 누구인지도 모르고, 남편을 따라 모임에 나가지도
못한다. 친구들과의 모임에 남자가 데려가는 것은 부인이 아니라 애
인이다. 여성들이 할 수 있는 일은 기껏 남편이 원하는 아이를 만들
어주고, 그 아이가 일곱 살이 될 때까지 키우는 일밖에 없다. 일곱 살
이 되면 아들에 대한 양육권도 없다. 남은 딸아이들과 함께 내실에
갇혀, 아이 키우는 몹쓸 운명을 딸아이에게 전수하는 역할에 전념한

다. 이처럼 아테나이 사회에서 여성은 '주목적이 집안일 돌보는' 부속품이다. 아테나이 사람들의 눈에 여성은 제1의 노예나 다름없다.

축첩이 본격적으로 발전한 것은 고전주의 시대였다. 반은 결혼이고 반은 매춘인 이 제도가 합법화된 것은 아니지만, 최소한 금지되지는 않았고, 어떤 의미에서는 권장되기도 했다. 아테나이 여자 가운데 구체적으로 이름이 거론된 여자도 다름 아닌 첩이었다. 가령, 아스파시아는 밀레토스 출신의 여자로, 지적이고 아름다웠다. 그녀는 소위 궤변이라고 하는 새로운 수사법에 능하다고 알려져 있지만, 페리클레스의 첩으로 더 유명했다. 페리클레스는 부인을 쫓아내고 아스파시아를 집안으로 데리고 들어왔다. 단순히 데리고 들어왔을 뿐만 아니라, 온갖 비난을 무릅쓰고, 아테나이 사회의 인정을 받아내려고 했다. 그녀 이름으로 살롱도 차려줬다. 투퀴디데스가 전하는 바에 따르면, 페리클레스는 연설하면서 "최고의 여자는 남자가 그녀에 대해서 좋다 싫다 말하지 않게 하는 여자"라는 얘기를 공공연히 했다고 한다. 그런 페리클레스가 아스파시아를 자기 여자로 떠벌리고 다녔다는 것은 그녀가 얼마나 귀한 존재였는지 보여주는 대목이다. 아스파시아는 명실상부한 페리클레스의 여자 친구였다. 이처럼 아테나이에서 여성이 대접을 받기 위해서는 누군가의 정부가 되는 길밖에 없었다. 여성이 지키는 아테나이의 가정이란 빈껍데기에 지나지 않았다.

플라톤의 이상국가에서도 축첩은 허용되었다. 단, 조건이 있었다. 남자들이 '여자 친구들'을 잘 숨기고, 여자 친구들이 문제를 일으키지 말아야 했다. 그렇게 한다면 축첩도 괜찮다고 하는 것이 플라톤의 이상국가다.

친절하게도 신분이 낮은 사람들을 위해서는 창녀제도가 있었다.

아테나이와 페이라이에우스의 집창촌에는 여자들이 득실거렸다. 대부분 노예 출신이지만 멀쩡한 집안 출신 여자도 없지 않았다. 돈 몇 푼만 주면 이런 여자들을 하룻밤 품을 수 있었다. 이와 같은 공창제도를 고안한 장본인이 솔론이었다. 공공질서를 유지하고 일탈을 방지할 목적으로 만들었다고 한다.

문제는 어떻게 해서 여성의 지위가 이처럼 낮아졌는가 하는 점이다. 어떻게 전설에 나오는 안드로마케와 알케스티스가 아스파시아가 되었는가 말이다. 아무 존재감 없는 아내가 되고, 첩이 되고, 아이낳아주는 노예가 되고, 노리개로 전락하게 된 것일까? 다른 건 몰라도 한 가지는 분명하다. 언젠가 여성들이 한 번 크게 진 적이 있었다는 점이다. 그래서 모계사회의 지도자라는 지위에서 떨어져 그리스 고전주의 시대의 가장 비천한 인간이 된 것이다. 그렇다면 언제 여자는 남자와의 싸움에서 진 것일까? 그 질문에 대해서는 그저 추측으로 대답할 수밖에 없다. 물론 추측치고는 그럴싸하다. 다름 아니라 금속을 발명하고 전쟁을 하게 된 시점부터 여성이 지기 시작했다는 것이다.

사람들은 구리를 발견하고, 그것을 주석과 섞어서 청동으로 된 무기를 만들었다. 철을 발견한 다음에는 당시로서는 엄청난 무기를 만들었다. 곧이어 아주 짭짤한 사업을 시작하게 되는데, 바로 전쟁이었다. 먼저 아카이아인들이 뮈케나이 왕의 무덤을 뒤져 금을 캐냈다. 그리고 도리스인들이 평화로운 에게 문명을 파괴했다. 역사가 시작된 시점에 일어난 일이다.

에게 문명이 무너진 시기에 여성들의 우월한 지위도 끝이 났고, 일부일처제가 시작되었다. 이유는 간단했다. 남자들이 전쟁을 통해서 획득한 재물을 제 자식에게 물려주고 싶었기 때문이다. 여기서 자식

화류계 여인들. 핀티아스가 만든 손잡이 세 개 달린 단지(물 단지). 기원전 510년경.

이란 자기 피를 가진 자식을 말한다. 그래서 자기 씨만 받는 여자가 필요했고, 나머지 다른 여자는 쾌락의 대상으로 전락했다.

물론 오랫동안 여성들이 누려오던 지위가 하루아침에 떨어진 것은 아닐 것이다. 고전주의 시대에 인구에 회자되던 전설에 따르면 여성들은 꽤 오랫동안 여러 가지 권리를 누렸다고 하니까 말이다. 그중 중요한 것이 선거권인데, 영국 출신 그리스 역사가의 보고에 따르면, 기원전 10세기 케크롭스 시대까지는 여성도 선거권을 가졌다고 한다. 그걸 언젠가 빼앗겼고, 그 이후로는 다시 찾지 못한 것이다.

그러면서 세상이 바뀌었다. 에우리피데스 시대에 오면 여성에 대해서는 말조차 꺼내지 않는 게 관습이 되었다. 에우리피데스가 여성을 어떤 식으로 묘사하는지는 아무런 문제가 되지 않는다. 당시 사회 분위기에 편승해서 여성은 모자란 존재라고 표현할 수도 있다. 아니면 전설에 나오는 것처럼 여성을 위대한 존재로 표현할 수도 있다. 그도 저도 아니면 관객으로 앉은 모든 남성들이 익히 잘 알고 있는 현실의 여자, 즉 누이나 아내나 딸들을 있는 그대로 표현할 수도 있다. 하지만 어떻게 표현하든 에우리피데스는 욕을 먹게 되어 있다. 그리스 사회의 법칙은 그게 아니었기 때문이다. 페리클레스의 말마따나 "여성에 대해서는 침묵할 것. 좋은 얘기건 나쁜 얘기건 꺼내지 말 것", 그것이 그리스의 법칙이었다. 에우리피데스는 그 법칙을 어긴 것이다.

여성에 대한 그리스 사회의 이 해괴망측한 태도는 심각한 결과를 낳았다. 남성들이 사랑에 대한 왜곡된 감정을 갖게 되었다는 것이다. 그들은 그들 스스로 깔아뭉갠 여성들에게서 사랑을 느끼지 못했다. 그래서 그리스식 사랑을 하게 되는데, 그것이 바로 신화와 문학과 일상을 가득 채운 동성애였다.

노예가 그렇듯이 여자도 이제 고대 사회의 암 덩어리가 된다. 정상적인 시민사회에서 축출된 여성은 노예들과 목소리를 합쳐서 새로운 사회를 갈구하게 된다는 말이다. 남녀가 평등하고 인간이 인간다운 사회를 갈망한다.

앞서 말한 것처럼 여자들 가운데 기독교도가 많아진 것도 따지고 보면 그런 이유에서다. 물론 기독교의 약속, 다시 말해서 노예와 여자의 해방이라는 약속은 금세 이루어지지 않았다. 지금도 마찬가지다. 그 약속을 이루기 위해서는 또 얼마나 많은 기독교의 혁명이 필요할지 가늠조차 할 수 없다. 언제쯤 '심연으로 떨어진 여성의 해방이 도래' 할 것인가?

죽고 다시 태어나야 할 민주주의

아테나이 민주주의는 허술한 민주주의다. 성인 남성의 민주주의이지, 국민 전체를 대상으로 하는 진정한 민주주의가 아니다. 40만 명 가운데 남자 시민은 고작 3만 명이었다. 바람 한 번 몰아치면 모조리 바다에 빠뜨려버릴 수 있는 숫자다.

혹시라도 그리스가 민주주의를 발명했다고 한다면, 그 발명품이란 어린아이의 입안에 난 이와 같다. 반드시 죽고 다시 태어나야 할 민주주의였다. 곧이어 그리스는 죽고 새로운 민주주의가 다시 태어날 것이다.

chapter 8

신과 인간

그리스의 종교는 언뜻 보기에도 아주 원시적이다. 고전주의 시대에 조차 '교만', 혹은 '인과응보'와 같은 초보적인 개념을 사용한 것을 보면 그렇다. 그런 말은 동남아시아의 모이족도 쓴다. 따라서 그리스 종교를 기독교 같은 고차원적인 종교와 비교하는 것은 말이 안 된다.

수천 년도 넘는 존속 기간 동안 그리스 종교는 다양한 형태로 변형 되어왔다. 하지만 어떤 경우에도 하나의 교조를 갖지는 못했다. 만약 에 그랬다면 조금 이해가 쉬웠겠지만, 그리스 종교에는 교리문답도 없었고, 사도신경도 없었다. 기껏해야 '설교'라는 단어 정도가 연극 같은 데 나올 따름이었다. 성직자도 없었다. 신전을 지키는 몇몇 사 제들 빼고는 무슨 종교인 단체가 있는 것도 아니었다. 제사를 지내고 기도를 올리는 것도 주로 도시의 관리들이었다. 소위 의식이라고 하 는 것도 예전부터 해오는 관례에 지나지 않았다. 그래서 따르는 것이다. 그런 면에서 그리스의 종교는 자유분방하다. 버릴 수도 있고, 변절할 수도 있다. 믿음 자체가 중요한 것이 아니다. 믿음이란 그저 예식을 치를 때 어떤 자세를 취하라는 지침에 지나지 않는다. 아침에 일어나 아침인사를 하는 것과 별반 다르지 않다. 조금 더 발전된 형태라고 해봐야 신에게 키스를 날리는 정도일 뿐이다. 일반대중들도 그렇고, 그들보다 조금 더 나은 식자들도 그렇게 생각했다. 그리스 사람들에게 믿음은 가벼운 몸짓이었다.

내용도 별로 없었다. 대대로 전해오는 이야기가 바로 종교였다. 가령, 기독교에서는 종교와 다른 것이 엄격하게 분리되는지 모르겠지만, 그리스를 비롯한 고대 사회는 그렇지 않았다. 대대로 전해오는 이야기를 읽은 다음에 그 등장인물에 해당하는 사람들을 신으로 만들고, 불러볼 뿐이다. 이 일을 하는 사람들이 바로 예술가 혹은 시인이다. 그들이 그리는 신은 따라서 인간과 흡사하다. 애초부터 신이란 그다지 특별한 존재가 아니기 때문이다. 인간과 신의 경계가 분명치 않다는 것, 그것이 그리스 종교의 커다란 특징이다. 물론 그 외에도 중요한 특징이 여러 가지 있지만, 지금은 일단 그 점을 강조하고자 한다.

신들의 탄생

다른 원시종교와 마찬가지로 그리스에서 종교가 발생한 이유도 인간의 무력함 때문이다. 세상에는 인간이 이해할 수 없는 힘이 있다. 자연에도 있고, 사회 내에도 있고, 심지어는 인간 안에도 있다. 이해할 수 없는 어떤 힘이 인간의 생존을 위협하기도 한다. 문제는 그것이다. 위협이다. 자연에 무슨 힘이 존재한들 아무 상관이 없다. 그게 자꾸 인간의 삶을 위협하기 때문에 문제인 것이다.

오뒷세우스가 보여준 것처럼 고대 사회의 인간도 웬만큼은 똑똑한 사람들이다. 생각할 줄도 알고, 어떤 행동을 하면 어떤 결과가 나올지도 안다. 따라서 위협하는 것들과 끊임없이 싸워 나간다. 그러다가 실수를 하기도 하고, 실패하는 경우도 있다. 생존이라는 목적을 달성하지 못하기도 한다. 그때 인간은 이런 생각을 한다. '그래, 이 세상에는 내가 감당할 수 없는 것이 있구나. 내 뜻대로 안 되는 게 있구나' 하고 말이다.

사람들은 신이 개입한 거라고 믿었다. 좋은 쪽일 수도 있고, 나쁜 쪽일 수도 있다. 중요한 건 인간이 모르는 어떤 것이라는 점이다. 낯설다. 그리고 놀랍다. 신이란 그런 것이다. 두려운 힘이며, 절로 고개가 숙여지는 힘이다. 그 힘 앞에 놓인 인간의 감정을 표현하기 위해 그리스 사람들은 '경외'라는 단어를 썼다. 경외로운 존재, 그것이 반드시 초자연적인 것이라고 말할 수 있을지는 모르겠다. 하지만 분명한 사실은, 그 존재는 인간과는 '다른' 존재라는 것이다.

그리스 종교는 결국 인간이 아닌 다른 존재에 대한 인식이다.

돌에도 이상한 힘이 있고, 물에도, 나무에도, 동물에도 있다. 그렇다고 돌과 물과 나무와 동물 모두를 신이라고 부를 수는 없다. 하지만 그들 중 일부는 신으로 승급된다.

산길을 가로질러가는 농부를 상상해보자. 그가 우연히 길가에 돌무덤을 쌓기 시작했다. 오랜 세월이 지나는 동안 무수히 많은 농부들이 그 일을 반복했다. 그리고 어느 날 그 돌무덤은 '헤르마'라는 이름으로 불리기 시작했다. 낯선 길을 가는 사람들에게 용기를 주는 어떤 상징이 된 것이다. 이제 사람들은 돌무덤을 의인화해서 헤르메스라는 신을 만든다. 여행자의 신이 되고, 잘 알지 못하는 저승으로 떠나는 죽은 자들의 신이 된다. 처음에는 돌무덤에 지나지 않았던 것이 신이 되고, 신비한 '힘'을 행사한다. 한 여행객이 자신을 지켜준 것에 대한 감사의 뜻으로 음식을 놓고 지나간다. 잠시 후 굶주린 다른 여행객이 헤르메스 앞에 놓인 음식을 먹는다. 그게 바로 '헤르메스가 준 선물'이 된다.

앞에서 우리는 그리스 사람들이 처음에는 농부였다가 나중에 뱃사람이 되었다고 했다. 그리스의 신도 마찬가지다. 신들은 들에 있었고, 숲에 있었고, 강에 있었고, 샘에 있었다. 그러다가 바다로 갔다. 그리스에는 비가 충분히 내리지 않았다. 게다가 일정치도 않았다. 그런 환경에서는 늘 물 흐르는 강이 신성시될 수밖에 없다. 그래서 강을 건너려면 먼저 기도를 하고 손을 닦았다. 강어귀나 샘물에 오줌을 누는 것도 금지되었다. 농부의 시인 헤시오도스는 그렇게 가르쳤다. 게다가 강은 들판만 키우는 것이 아니라 사람도 키운다. 그래서 그리스 아이들은 성인이 되고 나서 긴 머리를 처음으로 자른 날, 그 자른 머리를 강에 제물로 바쳤다.

그처럼 그리스에는 강마다 신이 있다. 그 강의 신은 하나같이 황소 몸통에 인간의 얼굴을 가진 모습이다. 유럽 일대가 다 그렇다. 강의 요정은 전통적으로 황소와 연결되어 있다. 반면 그리스에서 물의 요정은 말의 모습을 하고 있다. 바다의 신 포세이돈은 물과 말, 두 개가 결합한 신이다. 말의 형상을 한 그가 삼지창으로 짠 물 웅덩이(바다)를 내려치면 물길이 치솟아서 아테나이의 아크로폴리스만큼 높이 솟아오른다고 했다. 날개 달린 말 페가소스가 헬리콘 산을 발로 차서 뮤즈의 샘을 분출하게 한다는 것과 같은 맥락이다. 이처럼 포세이돈이 한편으로는 말이면서 다른 한편으로는 바닷물을 상징하게 된 내력은 별거 아니다. 이오니아에서는 뱃사람들이 주로 포세이돈을 신으로 섬기고, 펠로폰네소스 같은 마른땅에서는 말 다루는 사람들이 그를 신으로 섬겼기 때문이다. 포세이돈은 또 지진을 관장하는 신이기도 했다. 고대 사람들은 물이 지하로 내려갔다가 작은 틈새를 뚫고 분출할 때 지진이 생긴다고 믿었기 때문이다.

그리스 사람들은 자신들의 국토를 신뿐만 아니라 반인반수의 괴물로도 가득 채웠다. 허리 아래는 말이고 허리 위로는 사람인 켄타우로스는 시와 예술과 관련이 있다. 원래 켄타우로스라는 뜻은 '물을 묶고 있는 자'라는 뜻이다. 즉 펠리온과 아르카디아의 산에서 세차게 내리치는 물살을 쥐고 있는 괴물이 켄타우로스다. 그런데 마침 그 펠리온과 아르카디아가 시인들의 고향이라서 켄타우로스는 덩달아 시와 인연을 맺게 된 것이다. 한편 이오니아의 묘비를 보면 세일레노스(실레노스)라는 괴물을 숭배하는 구절이 나온다. 세일레노스도 다리와 꼬리는 말이고 몸통은 사람인 괴물이다. 이 괴물은 한편으로는 사나운 자연의 상징이면서, 남근의 상징이다. 쾌락을 주는 남근이 아니라, 자연을 비옥하게 하는 남근을 대표한다. 사튀로스도 마찬가지다. 염소의 귀와 꼬리를 가진 이 괴물도 남근의 상징이었다. 나중에 디오뉘소스가 이끄는 반미치광이들의 일원이 되었으며, 풀과 나무와 양떼와 가정이 번성하게 하는 역할을 담당했다. 그리고 사튀로스는 봄을 불러오는 괴물로 나온다. 그리스 사람들은 봄이 반드시 온다는 사실에 대해서조차 확신이 없었던 것이다.

유럽의 모든 민족들이 그렇듯이 그리스 사람들도 풍요를 상징하는 여신을 가지고 있었다. 이 가운데 가장 잘 알려진 것이 인간과 비슷하게 생긴 요정들이다. 요정은 본래 다루기 어렵고 만만한 족속이 아니다. 오히려 아주 위험한 존재다. 그럼에도 그리스 사람들은 요정을 상냥하고 친절하고 예쁜 여자라고 생각했다. 매력적이며 발랄하고 언제든 춤을 출 준비가 되어 있는 게 요정이었다. 그러다가 갑자기 돌변해서 화가 나면 요정은 전혀 다른 존재가 된다. 신이 인간과 다른 존재이듯이 요정도 인간과 다른 힘을 행사한다. 그래서 그리스 사람들은 사람이 미치면, "요정이 깃들었다"고 표현했다. 그리스 사람들에게는 요정도 숭배의 대상이었다. 심지어는 요정을 사랑하는 사람도 있었다. 마치 아내와 자식을 사랑하듯이 요정을 사랑했다. 20년 만에 고향으로 돌아온 오뒷세우스는 아들 텔레마코스와 힘을 합쳐 아내 페넬로페와 자신의 재산을 되찾을 결심을 했다. 그전에 오뒷세우스는 바닷가에 있는 요정의 동굴을 찾아가 제물을 바쳤다. 여행에서 가져온 보물을 아낌없이 요정 앞에 내어놓은 것이다. 이제부터 그가 벌이고자 하는 전투에서 승리하고 싶기 때문이다. 무릎을 꿇고는 '곡식과 풍요를 관장하는 대지의 여신'에게 입을 맞추고, 다시 고개를 들어 보호자인 요정들에게 기도를 올린다. 아테네 여신에게 기도하듯이 앞날을 맡기는 것이다.

초창기에는 이 요정들이 여왕 격인 처녀를 둘러싸고 있다고 보았다. 마치 미녀와 야수의 미녀 같은 존재가 있었는데, 그게 바로 아르테미스 여신이다. 아르테미스는 숲이나 산꼭대기에 산다. 나무와 샘과 냇물에 깃든 신이다. 그래서 동네에 따라서는 버드나무 혹은 호두나무, 삼나무의 신으로 불렸다. 아르테미스는 그리스 신들 가운데 가장 인기 있는 신이었으며, 심지어 오늘날에도 그리스 농부들은 아르테미스를 잊지 않고 있다. 아르테미스는 요정들의 여왕이고, 산신으로 숭배의 대상이 된다. 기독교가 자그마치 2천 년을 휩쓸고 지나갔음에도 아직도 이런 신이 기억 속에 살아 있다는 사실이 놀랍기만 하다. 불과 100년 전만 해도, 아테나이의 돌투성이 언덕에서 아이를 밴 여인들이 요정과 신에게 제물을 바치면서 순산과 가정의 행복을 빌었다.

그다음으로 중요한 신이 '대지의 여신' 이다. 우리 모두의 발아래, 또 농부들의 호미와 쟁기 아래 살아 있는 대지의 여신은 모든 살아 있는 것들, 인간과 동물, 심지어는 신들에게도 어머니다. 곡식으로 그들을 먹이기 때문이다. 그리스 말로 데메테르는 '곡식의 어머니' 라는 뜻이다. 호메로스의 설명에 따르면, 데메테르는 이아시온이라는 인간과 곱게 간 밭을 침대 삼아 정분을 맺었고, 그 사이에 태어난 것이 플루토스다. 플루토스란 부자라는 뜻이다.

고대 사회에서 부(富)는 창고에 쌓아둔 곡식의 양으로 측정된다. 춘궁기에 쌓아둔 곡식이 많으면 부잣집인 것이다. 가령, 지하세계의 신을 우리는 플루톤이라고 부르는데, 그 말은 플루토스에서 나온 말로, '부를 소유하고 있는 자' 라는 뜻이다. 그만큼 플루톤은 창고에 수많은 알곡을 쌓아두고 있다. 물론 바로 옆 창고에는 시체들이 수도 없이 쌓여 있을 것이다.

데메테르는 대지를 관장하는 신이고, 그의 딸 코레(페르세포네)는 '아름다운 씨앗' 이라는 별명을 가지고 있었다. 오래전부터 이 두 신은 앗티케의 농부들에게 유명했고, 나중에는 아테나이 일대에서도 두 신에게 바치는 예배가 거행되었다. 그런데 어느 날 지하세계의 왕 플루톤(하데스)이 코레를 훔쳐가버렸다. 그러자 데메테르는 형언할 수 없는 비통에 휩싸이고, 이를 보다 못한 제우스가 플루톤에게 명령

곡식을 빻는 여인들. 기원전 6세기에 제작된 손잡이 두 개 달린 큰 잔.

해서 코레를 돌려주라고 했다. 엘레우시스 교단은 바로 이 '아름다운 씨앗' 코레의 귀환을 축하하는 축제를 열었다. 이로부터 여덟 달 동안은 씨앗이 대지를 만나 행복한 합일을 이룬다. 그리고 다시 그다음 넉 달은 헤어져 살게 된다.

8개월이라는 시간은 곡식 창고의 문이 열리는 시점부터 기산한다. 가을 씨뿌리기를 위해서 문이 열리고, 곡식들은 금세 자란다. 10월에 뿌려진 씨는 1월을 제외하고 겨울을 나면서 훌쩍 자라고, 4월 말이면 열매가 익기 시작하며, 5월에 추수해서 6월에 탈곡한다. 그러고 나면 거두어들인 알곡은 다시 창고로 돌아가고, '씨앗의 꽃' 코레는 지하세계로 돌아간다. 코레의 귀환에도 심오한 뜻이 있다. 즉 새로운 씨앗 싹을 틔우기 위해서는 코레가 지하로 내려가서 땅을 비옥하게 해야 하는 것이다. "한 알의 밀알이 땅에 떨어져……"로 시작하는 성경 구절도 여기서 나온 말이다.

씨뿌리기를 위해서 창고가 열리기 바로 전에 엘레우시스에서는 데메테르와 코레의 재회를 축하하는 의식이 열린다. 신도들이 운집하여 대지와 씨앗의 만남을 기린다. 의식 자체는 단순하지만, 가장 인상 깊은 장면은 제일 높은 사제가 싹을 들어 보여주는 대목이다. 한 기독교인이 이 의식을 적어서 기록으로 남겼다.

엘레우시스의 이 의식은 농업과 관련된 것이지만, 시간이 지나면서 훨씬 더 깊은 함의를 갖게 된다.

즉 대지는 곡식을 키우고, 우리를 키운다. 그리고 우리가 죽고 나면 대지의 신이 우리를 품어, 대지를 비옥하게 만드는 데 사용한다. 곡식이 우리를 키우지만, 나중에는 우리가 곡식을 키우는 것이다. 따라서 우리는 당연히 지하세계로 되돌아가야 한다. 지하세계는 무섭기만 한 세계가 아니다. 새로운 생명을 준비하는 곳이기 때문이다. 다름 아니라 영생을 준비하는 곳이다.

엘레우시스 교단은 이런 식으로 영원히 죽지 않는 삶에 대한 희망을 이야기한다. 개인의 영생이 아니라 개인의 죽음을 통한 다음 세대의 영생을 설파한다. 그러다가 기원전 5세기에 이르면 사람들의 믿음도 훨씬 더 자유로워지고 과감해진다. 다시 말해서 개인의 영생을 꿈꾸게 되는 것이다. 그러자 엘레우시스 교단은 재빠르게 영생의 메시지를 내놓았다. 요컨대 지하세계에 가면 더 행복한 세상이 기다리고 있다고 약속하는 것이다. 이런 믿음은 확실히 그리스의 전통 종교의 문법이 아니다. 그와는 전혀 다른 새로운 종교가 태어나고 있다는 말이다.

엘레우시스 교단은 원래 한 가족의 종교에 지나지 않았다. 그러다가 점점 새로운 구성원을 받아들이게 되고, 이와 같은 개방성이 엘레우시스 교단의 특징이다. 외국인도 받아들이고, 여자도 받아들이고, 심지어 노예도 받아들인다. 그리고 이들 핍박받는 사람들에게 영생을 약속한다. 이와 같은 내용들을 가만히 들여다보면, 엘레우시스 교단에서 이미 보편적인 종교로서의 기독교의 싹이 트고 있음을 알 수 있다.

자연에 대한 두려움이 낳은 괴물 이야기

기원전 8세기부터 그리스 사람들은 농업뿐만 아니라 뱃일에도 종사했다. 《오뒷세이아》에서 보는 것처럼 서부 지중해에 대한 탐험과 식민화에 나섰다. 그 탐험은 아주 위험한 것이었다. 굳이 비교하자면, 린드버그가 소파를 타고 대서양을 횡단하는 것만큼이나 위험했다.

오뒷세우스가 건넌 이오니아해는 평화로운 황무지가 아니었다. 어

엘레우시스. 왼쪽에 제례에 쓰이는 봉화 형상을 한 기둥이 보인다.

귀마다 괴물이 살고, 해협마다 불가사의가 나타났다. 공포투성이였다. 그럼에도 호기심 많은 인간을 끌어당기는 매력이 있다. 나침반 하나 없는 뱃사람들을 흡인하고 있다. 사람들이 배를 탄 이유는 '배에서 나는 꼬르륵 소리 때문'이었다. 그래서 '배로 바다를 휘젓기' 시작한 것이다. 하지만 그런 바다에서 사람들은 '이상한 것들을 발견'하고, 세계에 대한 인식의 눈을 떴다.

《오뒷세이아》는 《일리아스》보다 더 오래된 얘기를 바탕으로 새로 꾸민 것이다. 거기서 자연은 기괴한 괴물, 거인 혹은 요정으로 표현된다. 자연의 실체에 대한 일종의 비유다. 자연은 파괴적이며, 동시에 매혹적이다. 우리가 퀴클롭스의 일화를 듣고 하하, 웃을 수 있는 것은 오뒷세우스라는 인간이 용케도 퀴클롭스의 손아귀를 벗어날 수 있었기 때문이다. 하지만 시켈리아 섬의 에트나 화산, 나폴리의 베수비오 화산이 포효하는 소리를 실제로 듣고 지나는 뱃사람들은 공포심에 오금이 저릴 수밖에 없다. 자연은 그만큼 무서운 것이다.

게다가 퀴클롭스는 진짜로 이상한 괴물이다. 겉으로는 평화롭게 양이나 치는 괴물로 나오지만, 실제로는 인간의 살을 뜯는 잔인한 놈이다. 그 우두머리인 폴리페모스에게 제물을 바쳐서 끝날 일이 아니다. 퀴클롭스들은 기본적으로 인간에 대해 적대적이며 반사회적이다. 배도, 법도, 의회도 다 싫어한다. 그래서 짐승이고, 비이성적인 존재다. 이해할 수 없는 괴물이다. 그리스 사람들이 보기에 자연이 그렇다.

가령, 여괴 카립디스와 스퀼라를 보자. 카립디스는 지나는 배들을 모조리 삼켜버리는 소용돌이고, 스퀼라는 턱 세 개와 죽음처럼 시커먼 이빨이 달린 여섯 개의 머리를 가진 괴물이다. 뱃사람들이 보기에 자연이란 그런 괴물들처럼 끔찍하고 파괴적인 그 무엇이다.

하지만 키르케나 세이렌에 오면 자연은 조금 더 복잡한 모습을 띤다. 이 두 상징은 자연이 인간 앞에 설치해놓은 덫과 같다. 인간을 유혹하는 요정이다. 그러면서 동시에 그 요정들의 웃음 뒤에는 인간에 대한 무한한 적개심이 도사리고 있다. 겉만 보고 속아서는 안 될 일이다. 키르케는 포획한 인간을 동물로 바꾸어 우리에 넣는다. 세이렌은 해골로 뒤덮인 바위 위에 앉아서 아름다운 목소리로 노래를 부른다. 이처럼 자연이란 한편으로는 매혹적인 아름다움으로, 다른 한편으로는 인간에 대한 치명적인 위협으로 다가온다. 일단 키르케가 지배하는 세상으로 들어가면, 돼지로 변하든 사자로 변하든 인간은 고향을 잊어버린다. 《오뒷세이아》에 나오는 모든 괴물 이야기에 공통적으로 들어 있는 메시지는 이것이다. 인간이 금지된 구역으로 들어가고, 양면성을 띤 자연의 포로가 되어 어두컴컴한 세계로 들어가면, 고향으로 돌아가는 길이 막힌다. 인간성을 상실하게 된다는 뜻이다. 사회적 존재로서 인간의 삶이 끝나면서 인간다움을 잃어버린다는 것이다.

그런 자연에 맞설 수 있는 힘은 역설적으로 인간다움을 잃지 않는 데 있다. 오뒷세우스는 인간이었기 때문에 자연에 이길 수 있었다. 영웅이라는 말은 쓰지 말자. 《일리아스》에 나오는 디오메데스와 다른 전사들이 영웅이다. 그들의 머리에서는 빛이 나온다. 하지만 오뒷세우스는 그렇지 않다. 그는 평범한 인간일 뿐이다. 인간으로서 자연에서 견디는 것이고, 싸우는 것이고, 이기는 것이다. 그는 여러 면에서 사회와 긴밀한 끈을 놓지 않고 있다. 아내와 자식을 붙잡고 있다. 자신의 영토를 사랑하고, 일을 좋아한다. 창조하는 인간이다. 그래서 집으로 돌아올 수 있었다. 생각하는 머리가 있었고, 집으로 돌아와야 할 이유가 있었다. 그 인간다움을 자연도 어쩌지 못했다.

인간의 얼굴을 하게 된 신들

《일리아스》와 《오뒷세이아》를 쓰면서, 그리스 사람들은 바다가 주는 끔찍한 공포로부터 차츰 벗어나기 시작했다. 늘 긍정적인 생각을 하는 오뒷세우스도 약간 여유를 찾았다. 파이아케스의 친절한 친구들 얘기를 하는 것만 봐도 그렇다. 오래전 조상들이 자연의 신비와 공포 앞에 맥없이 무너졌다면, 오뒷세우스는 아주 잠깐씩이지만 웃을 줄도 알 만큼 성장했다. 그때쯤 그리스 사람들은 자연을 새로운 눈으로 바라보기 시작한다. 그냥 이해할 수 없는 어떤 힘으로 치부하는 것은 그리스 사람들의 성질에 맞지 않았다. 그들은 괴물 같은 신과 잔인한 요정에게 인간의 얼굴을 입히게 되었다. 그래야 좀 더 이해 가능한 것이 되기 때문이다. 그 결과 바다에서든 어느 곳에서든 수많은 의인화 작업이 진행되었다. 바다의 왕자 포세이돈은 《일리아스》의 전사처럼 말을 타고 다닌다. 돌고래와 상어와 고래들이 장난스럽게 포세이돈의 주위를 맴돌고, 포세이돈이 끄는 말은 물살을 성큼성큼 넘어 다닌다. 포세이돈은 집도 있고 암피트리테라는 배우자도 있다. 그는 물고기와 바다에 사는 괴물들과 기타 이상한 족속들의 왕이다. 항상 바다 물결처럼 성을 내면서 오뒷세우스의 뒤를 쫓고, 감히 바다로 나선 뱃사람들을 괴롭힌다. 하지만 그도 인간의 형상을 띠고 있고, 감정과 생각이 있다. 그래서 뱃사람들은 그가 화를 내면 그 이유를 찾아낼 수 있으며, 무마할 방도도 모색해볼 수 있다.

바다에서만 신이 인간의 형상을 띠게 된 것은 아니다. 제우스는 하늘과 날씨, 천둥과 폭풍우의 신이었으며, 켜켜이 쌓인 구름을 관장하는 신이었다. 제우스의 힘으로 비바람이 몰아치면 무섭기 짝이 없다. 그리스 사람들은 제우스가 비를 내린다는 표현을 자주 썼다. 그런 제우스를 사람들은 땅으로 끌어내려서 목책의 신으로 바꾸어버렸다. 헤르케이오스라는 제우스의 별명이 바로 목책의 신 혹은 경계를 지키는 신이라는 뜻이다. 심지어 제우스를 집 안으로 들이기도 했다. 즉 험한 날씨에도 집을 지켜주는 난로의 신으로 제우스를 명명하기 시작했다. 이제 집집마다 제우스를 모셔두고 아버지 제우스라고 부른다. 제우스 신이 제 집의 조상이라는 뜻이 아니다. 제우스에게 집과 가정을 지키는 임무를 부여한 것이다. 어떤 그리스 땅에서는 제우스 크테시오스라는 이름도 들린다. 여기서 크테시오스는 '관리자'라는 의미로, 제우스가 집안의 재물을 관리하는 신으로 여겨지고 있다는 뜻이다. 이제 점점 제우스를 보는 시각이 달라진다. 집을 보호해주고, 소금과 빵과 기본적인 식량을 관리해주며, 집을 찾는 여행객들에게 음식을 대접해주는 신으로 인식된 순간부터, 사람들은 제우스를 성격 좋은 집주인으로 혼동한다. 낯선 사람이든 노숙자든 반갑게 맞아주는 인간성 좋은 신이 제우스다. 신 중에도 가장 힘센 신인 제우스가 어느새 지상으로 내려와 인간의 형상을 하고 인간의 감정을 공유하는 존재가 되는 것이다.

올림포스 산에 사는 다른 신들도 예외가 아니다. 가령, 아폴론 신을 예로 들어보자. 그는 해처럼 밝고, 불빛처럼 빛난다. 그의 모든 움직임에서 빛이 솟아난다. 일사병이 그렇듯이, 아폴론의 화살에 맞으면 사람이 죽는다. 반면에 햇볕의 치유 효과로 병을 고치기도 한다.

그는 기본적으로 인간에게 아주 유용한 존재다. 몸과 마음을 깨끗하게 해줄 뿐만 아니라, 더러운 범죄자들을 처리해주는 역할도 한다. 죄를 지은 자가 델포이의 성소 부근 연못에 손을 담그거나, 기도를 하러 제단에 접근하면 바로 그를 알아내고 징계한다. 기본적으로 심성이 고운 신이다. 이런 신을 인간과 비슷한 형상으로 그리지 않을 이유가 없다.

아폴론은 양을 치며 먹고사는 아르카디아 사람들에게도 아주 친근한 신이다. 여기서 아폴론 신은 아폴론이 아닌 아폴론 뤼케이오스로 불리면서 양치기들의 신이 된다. 이름 그대로 해석하면 늑대의 신이지만, 실제 뜻은 정반대다. 즉 늑대로부터 양과 가축을 보호하는 게 아폴론의 임무이고, 품에 늘 어린 양을 품고 다닌다. 선한 목자는 바로 아폴론의 이미지이며, 이 이미지는 여러 다른 종교에서 차용된 바 있다. 로마의 지하 감옥이나 라벤나의 모자이크에 나오는 선한 목자 구세주도 사실은 그리스에서 이미 나온 그림이다. 그때는 예수가 아닌 아폴론이나 헤르메스였다는 점만 다르다.

이런 이미지와는 별개로 아폴론은 미래를 꿰뚫어 알며, 계시를 내려주는 신이다. 파르낫소스 계곡 어귀 델포이의 성소에는 아폴론의 신전이 서 있는데, 그리스 사람들도, 외국인들도 이리로 몰려들곤 했다. 아폴론은 정보를 제공해준다. 그래서 신전은 늘 시끄럽다. 아폴론은 개인의 앞날에 대해서 또는 도시의 미래에 대해서 많은 것을 알고 있다. 그래서 신도들이 몰려든다. 신도들이 궁금해하는 것도 한두 가지가 아니다. 오늘날로 말하면 사업에 관한 자문역, 법에 관한 자문역, 성직자로서의 자문역 등을 모두 아우르는 게 아폴론의 임무다. 보통 아폴론 신이 주는 대답은 값지다. 가령, 바다 너머 어디에다 새로운 도시를 세울까 하는 질문에 구체적인 장소를 지정해주고, 그 나라의 자원이 무엇인지 등을 상세하게 알려준다. 물론 신탁을 전해주는 성직자들이 이런 고급 정보들을 구해오는 루트가 따로 있을 수도 있다. 다시 말하면, 신도들은 잘 모르지만 여행 전문가들로부터 성직자들이 정보를 얻을 수도 있다. 하지만 그런 사실을 성직자들은 숨길 생각도 하지 않고, 신도들도 굳이 캐물어 알려고 하지 않는다. 델포이의 성소 자체가 전 세계의 모든 정보들이 공유되는 장소이기 때문이다.

물론 신의 정보가 모두 정확한 것은 아니다. 믿고 따르는 사람들을 호도하는 경우도 얼마든지 있다. 하지만 중요한 사실은 신이란 궁극적으로 인간보다 전능하고 자유롭다는 점을 모든 사람들이 합의하고 있다는 것이다. 어쨌든 아폴론은 인간보다 위에 있는 아주 가까운 신이다.

빛의 신 아폴론은 조화의 신이기도 하다. 인간의 즐거움을 위해 시와 음악도 만들었다. 그는 직접 시를 읊고 음악을 연주한다. 따라서 하늘에 있는 이 신의 마음에 들려면 소년소녀들로 합창단을 만들어서 춤도 추고 노래도 부르게 해야 한다.

아폴론뿐만이 아니다. 모든 신들은 축제를 좋아한다. 민족도 신을 닮았다. 그리스 사람들은 때만 되면 신들을 기념해서 행사를 열고, 겨루기를 하고, 횃불 행렬을 하고, 공 던지기를 했다. 신을 즐겁게 하기 위해서 제물을 바치기도 했다. 하지만 지나가다 인간들이 자신들을 기념한답시고 여는 축제 구경을 하는 게 신들은 더 즐거운 모양이다. 웃음을 터뜨린다. 살짝 심기를 건드리는 것쯤은 넉넉하게 이해해주는 게 그리스의 신들이다.

올림포스 산 꼭대기에는 제우스의 신전이 있다. 신들은 거기 모인다. 호메로스의 말을 빌리면, 신들 사이에서는 웃음이 끊이지 않는다. 따라서 플루트를 들고 나와 멋들어진 춤 한판을 추든, 음악에 맞춰 몸을 감미롭게 흔들어대든, 신들은 즐거워할 것이다. 그들 자신이 인간의 형상과 다르지 않고, 인간처럼 춤과 음악을 좋아하기 때문이다.

올림포스에서 내려와 신전에 기거하게 된 신들

우리는 인간의 형상으로 재탄생한 몇몇 신들의 모습을 살펴보았다. 신을 인간으로 제일 먼저 조작한 것은 호메로스였다. 그는 《일리아스》에서 살아 움직이는 신을 보여주었다. 그때부터 우리는 신의 존재를 감지하게 되었다. 신은 단순히 살아 있기만 한 것이 아니다. 눈물도 흘리고, 웃음도 터뜨린다. 제우스와 포세이돈의 머리는 검은색보다 더 검다. 푸른빛이 도는 검은색이다. 여신의 드레스에서는 현기증 나게 흰색과 깊은 푸른색, 그리고 샛노란색을 볼 수 있다. 신의 몸을 감싸고 있는 얇은 면사포는 '햇빛처럼' 우리를 눈멀게 한다. 헤라는 뽕나무 열매만큼이나 많은 보석을 달고 있고, 제우스는 의복을 만들 때 금을 아끼지 않는다. 외투도 금이고, 홀도 채찍도 다른 장신구도 모두 금이다. 양쪽으로 땋은 헤라의 머리는 몸 양옆에서 리듬을 타고, 몸에 뿌린 향수는 너무도 강렬해서 하늘과 땅을 채우고도 남는다. 아테네의 눈에서는 섬광이 내비치고, 아프로디테는 대리석처럼 빛난다. 헤라도, 헤파이스토스도 땀을 흘린다. 헤파이스토스는 얼굴에 흐르는 땀을 훔치면서 보무도 당당하게 걸어 나온다. 가슴이 온통

크로이소스 왕이 에페소스에 세운 아르테미스 신전의 여인 또는 여신의 두상. 기원전 550년경.

털로 뒤덮여 있다. 이런 식으로 인간은 무한한 상상의 날개를 편다. 인간의 형상을 한 신들이 지상에 내려와 우리 귀가 멀고 눈이 멀 지경이다. 그들은 아주 가까이 있다.

　모습만 강렬할 뿐 아니라 움직임도 강렬하다. 영웅과는 다르다. 영웅이라고 해봐야 힘만 다를 뿐 우리 생각을 뛰어넘는 존재는 아니다. 하지만 신은 다르다. 인간의 형상을 한 신이라서 가깝게 느껴질 수는 있다. 즉 부엉이나 조약돌보다는 말이 좀 통할 것 같고, 기도도 잘 들어줄 것 같다. 하지만 아무리 그래도 그들은 신이다. 신을 신답게 하는 뭔가가 반드시 있다. 별것 아닌 동작도 신은 우리와 다르다. 가령, 《일리아스》에서 아프로디테가 디오메데스의 창에 부상을 입는 장면에서, 호메로스는 날카로운 창이 우아함의 여신이 만든 부드러운 천을 뚫고, 아프로디테의 팔을 뚫은 다음에 신의 핏방울이 솟구쳤다고 표현하고 있다. 이와 같은 아주 간단한 동작, 즉 디오메데스의 창이 아프로디테의 살을 감싼 신포를 찢고 나가는 장면을 보고도, 사람들은 가슴이 철렁 내려앉는다. 디오메데스가 저런 불경스러운 짓을 하다니! 아무리 《일리아스》에 와서 인간 세상으로 내려온 신이라고 해도 신은 신이다. 신은 힘이 세다. 따라서 그들을 완벽하게 인간과 동급으로 끌어내리는 것은 독자도 원하지 않는다. 우리가 살고 있는 세상은 슬픔이 가득한 곳이며, 신이 사는 세상은 기쁨으로 충일한 세상이라고 생각한다. 그만큼 신은 다른 존재다. 그리고 마지막 날 죽음에 가까이 다가갔을 때 우리는 진짜 신을 만난다. 그제야 신들이 얼마나 다른 존재인지 깊이 깨닫게 된다. 시인들은 신이 기쁨에 가득한 표정을 짓고 있다고 했다. 신이 세상을 제멋대로 날아다니는 것도, 인간과 신에게 부과된 삶의 조건이 다르다는 것도 문제가 아니다. 가장 확실한 차이는 신들은 끝없는 기쁨과 즐거움과 웃음과 생기 속에 살고 있다는 사실이다. 호메로스의 말대로 "눈물은 인간의 것이고, 웃음은 신의 것이다."

그런 신들을 향한 인간의 종교 감정은 복잡하다. 신은 알 수 없는 힘이기에 두렵다. 그러나 그것과는 별개로 신들이 어딘가에 존재한 다는 것을 느끼면서 인간들은 묘한 감정에 휩싸인다. 어딘가에 이곳과 다른 세상이 있다. 가깝지만 확실히 다른 곳이 있다. 거기에는 영원한 존재가 산다. 우리와 닮았지만 우리와는 다르게 현실에 얽매이지 않고, 죽음으로부터 자유로운 존재, 바로 신들이 산다. 올림포스산에 사는 그들은 걱정도, 고통도 없다. 정의도 괘념치 않는다. 도덕은 인간의 창조물이다. 인간은 경험을 통해서 혹시 나쁜 결과가 일어날지도 모르니까 조심해야 한다는 교훈을 얻었고, 그래서 생긴 게 도덕률이다. 하지만 신들에게는 그따위가 필요 없다. 도덕률을 어긴 인간에게는 어떤 재앙이 닥칠지 몰라도 신들은 아니다. 기쁨에 못 이겨 이상한 짓을 한들, 뭐가 그리 대수란 말인가. 아킬레우스의 분노로 인하여 전투에서 졌고, 수많은 그리스 전사들이 트로이아 성 앞에서 목숨을 잃었다. 하지만 같은 《일리아스》에 나오는 일화에서, 헤라에 대한 제우스의 분노는 한바탕 웃음으로 끝나고 만다. 신이란 걱정할 것이 없다. 감정이 추동하는 대로 자유롭게 행동할 뿐이다. 그래도 별일 안 생기니까 말이다.

그런 생각을 하다 보면 인간들은 비참해진다. 그리스의 위대한 시인들이 안타까워하는 것도 그 때문이다. 사람들은 올림포스를 올려다보고 추앙한다. 하지만 정작 그 위에 사는 신들은 인간들의 삶에 무감하다. 그들은 인간을 위해 존재하는 것이 아니라, 스스로의 기쁨

을 위해 존재한다. 신들은 인간의 삶에 간섭하는 경찰이 아니다. 해
나 나무나 강과 매한가지다. 인간을 도와주려고 존재하는 게 아니다.
스스로 아름다움을 뽐내며 '존재'할 뿐이다. 그런 신들을 마주할 때
인간들은 뭘 느낄까? 이런저런 도덕률과 상관없이 스스로 존재하는
신들, 인과법칙으로부터 벗어나 자유롭게 엄청난 힘을 행사하는 존
재들, 그 앞에서 인간은 무슨 생각을 할까?

그리스 사람들은 용감한 사람들이다. 안 되는 싸움도 포기하는 법
이 없다. 그들이 신을 예배하는 이유는 언젠가는 신과 같이 되고 싶
기 때문이다. 한계를 뛰어넘고 싶다. 신처럼 존재의 기쁨에 충만하기
를 바란다. 신이 되고 싶다는 말이다.

올림포스 산에 신을 세워놓은 것은 예술 작품을 전시한 것과는 차
원이 다르다. 어차피 죽어 없어질 인간에게 영원한 아름다움을 보여
주고 위로하고자 함이 아니다. 조각을 자꾸 세우는 이유는 다른 데
있다. 먼저 인간과 비슷한 얼굴을 한 올림포스의 신들을 보여준다.
그리고 그들의 행복한 모습, 겁먹지 않은 모습을 보여준다. 그럼으로
써 종교는 현실에 사는 인간들을 자극한다. 더 행복해 보이는 존재들
과 경쟁하라고 추동한다. '천사와 싸우라'는 말이다. 그게 얼마나 위
험한 생각인지 원시종교가 수없이 강조해왔다. '오만'한 인간에 대
해 신들은 분노한다. 신들은 '질투'가 많은 존재라서 인간이 자기들
과 비슷해지는 것을 원치 않는다. 요컨대 '오만'과 '질투'는 고대 종
교의 영원한 가르침이다. 그럼에도 그리스 사람들은 두 개념을 던져
버린다. 즉 신에 맞서면서 위험을 감수하기로 결정한다. 그리스 비극
에는 수도 없이 그런 장면이 나온다. 비극이 비극인 이유는 인간이
신에 대항하여 무모한 싸움을 벌이기 때문이다. 비극에 나오는 쓰러

지는 인간은 용감하다. 그리고 그것은 반대로 신의 위대함을 보여준다. 비극에서는 인간도 제 역할을 제대로 하고 있고, 신도 제 역할을 제대로 하고 있다.

그렇다면 신은 인간의 편인가? 신은 옳은가? 우리는 아직 이 본질적인 질문에 대답할 준비가 되어 있지 않다. 다만, 한 가지 확실한 점은 《일리아스》에 나오는 신은 정의 따위는 괘념치 않았다는 것이다. 그걸 따지는 것 자체가 신의 주권과 자유에 대한 모독이기 때문이다.

이제 그리스 종교의 본질에 대해서 생각해볼 때가 되었다. 신을 끊임없이 의인화해서 그리스 종교가 노리는 바는 무엇일까? 그것은 다름 아니라 인간이 도달해야 할 목표를 설정해서 보여주는 일이다. 인간이 다다라야 할 최후 지점이 올림포스의 신이다. 그 간격을 그리스 사람들은 끊임없이 좁혀가고 있다. 그리고 어느 시점에 이르면, 다시 말해 고전주의 시대에 이르면, 신은 인간의 세계로 내려와 도시와 공동체의 우두머리가 될 것이다. 정확히 말하면, 우두머리로 전락할 것이다. 이제 신은 인간의 깃발, 인간의 모범에 지나지 않는다. 인간의 생각과 핏속에 흐르는 것들의 대표물에 지나지 않는다. 그리스의 신들은 따라서 인간으로 하여금 끊임없이 전진하게 하는 지표다. 그렇게 됨으로써 신으로서의 품위를 잃는다. 단지 아름다운 이미지가 된다. 범접할 만한 아름다움 말이다.

그리스 종교는 인간을 닮으면서 힘을 잃었다. 신들은 그리스 국가와 합쳐지고 말았다. 페이시스트라토스와 페리클레스가 아테나이에 세운 신전은 신의 집이면서 도시의 집이다. 신의 위엄을 웅변하면서, 그 신전들을 세운 도시와 제국의 위엄을 웅변한다. 신에 대한 사람들의 믿음은 공동체에 대한 믿음으로 바뀐다. 신에게 제사를 지내고 축제를 벌이면서 신을 경배하는 것이 아니라, 신을 세운 도시에 대한 애국심을 되새긴다. 이처럼 신에 대한 경배가 인간 자신에 대한 경배로 바뀌는 순간에 종교는 진부한 것으로 전락한다. 그리고 사람들은 전진을 위한 새로운 무기를 집어들 수밖에 없다. 그게 바로 과학이다.

인간의 필요에 따라 신들의 역할도 바뀐다

고대 사람들이 과학을 이용해서 만들어낸 것은 많지 않았다. 그래서 모든 발명은 신의 작품으로 치부되었다. 하지만 세상이 점점 바뀌어서 그리스 사람들이 단순히 농사를 짓고, 배를 타는 것에서 벗어나 물건을 만드는 시대가 되었다. 솔론의 치세에 이르면, 그렇게 해서 먹고사는 생산자 계층이 비약적으로 증가했다. 기술자나 무역상, 상인, 자영업자들이 그들이다. 그들도 역시 그리스 시민이었기 때문에 자기들만의 신을 가지고 있었다. 그 신들이 바로 창조자로서의 신이다.

인간에게 불을 건네준 프로메테우스 이후에 헤파이스토스가 불의 신의 자리를 차지했다. 그가 지키는 불은 번갯불이 아니었다. 부엌이나 대장간에서 쓰는 생산도구로서의 불이었다. 사람들은 헤파이스토스의 작업장이 화산 안에 있다고 믿었다. 거기서 그는 수많은 인부들의 도움을 받아 물건을 만들었다. 그래서 화산이 늘 시끄럽다. 헤파이스토스의 작업장에는 망치와 부집게가 그득하다. 커다란 모루가 있으며 좌우 40개의 풀무가 움직여 화덕을 달군다. 그는 인부의 모자를 쓰고, 상반신을 드러낸 채 하루 종일 모루에 대고 쇠를 내리친다. 기원전 5세기 아테나이 사람들은 이 헤파이스토스를 그냥 일꾼이라고 불렀다. 그의 신전은 하층 계급이 사는 동네에 세워져 있었고, 오늘날에도 거의 원형 그대로 보존되어 있다. 사람들은 그 신전 앞 공터에 모여 흥겨운 춤을 추면서 헤파이스토스에게 바치는 축제를 벌였다. 이 축제는 인기가 좋았고, 지금도 명맥을 유지할 정도다. 일하는 사람들의 축제, 그리스 말로는 '칼케이아(Chalcheia)', 즉 '대장장이들의 축제'다. 하지만 단순히 대장장이들만 모인 것은 아니었다. 도공들도 참여했으며, 축제 전체를 지휘한 것은 다름 아닌 아테네였다. 아테네가 바로 일하는 여신이었기 때문이다.

아테나이라는 도시 이름의 기원이 된 아테네 여신은 고전주의 시대의 산업사회를 대표한다. 그녀 자신이 일을 하고 있으며 모든 일꾼들의 보호자다. T자를 만들어 일꾼들에게 나누어준 것도 아테네였다. 아테네는 제철소도 지켜주고, 도공들이 사는 교외 마을 케라메이코스도 지켜준다. 녹로를 발명한 것도 아테네였고, 질그릇으로 최초의 도기를 만든 것도 아테네였다. 안료를 바르고 굽는 공정을 보호하는 여신이다. 그릇을 깨거나 유약에 흠집을 내는 악귀 쉰트립스, 사박테스, 스마라고스를 쫓는 역할도 담당한다. 아테네가 지켜주는 도공들은 역할에 따라 다섯 그룹으로 나뉜다. 감독, 설계자, 제작자, 작업부, 화가 등이 그들이다. 특히 화가는 붉은 흙빛은 그대로 남겨서 인물을 표현하고, 나머지 배경에는 검은색을 칠하거나 아니면 와인색 혹은 흰색 줄무늬를 넣는다. 심지어 뻣뻣한 털 하나로 만든 미세한 붓을 쓰기도 한다. 불길을 가늠하는 사람이나 진흙을 개는 사람들 모두 아테네 여신의 이름을 호명한다. 도공들이 만들어 불렀다는 노래는 아테네 여신에게 바치는 기도로 시작한다. 화덕을 보호해주시고, 그릇이 제대로 구워지게 해주시고, 유약이 빛을 잃지 않게 해주시고, 팔아서 돈을 듬뿍 벌게 해달라는 내용이었다. 그릇 가운데 하나에는 아테네 여신이 등장하기도 한다. 아테네 여신이 요정들과 함께 공장에 나타나 도공의 머리 위에 관을 씌워주는 모습이다.

아테네 여신은 여성들의 일도 관장한다. 아테네 여신은 방추와 물레를 창검보다 위대하다고 생각했다. 그래서 아테네 여신은 직물을 짜고 자수를 놓는 여자들의 손을 도와준다고 알려져 있다. 그렇게 만들어진 옷은 여인의 허리를 물방울을 뿌린 것처럼 가늘고 부드럽게 감싸기도 하고, 귀족의 고급스러운 외투에 달려서 두꺼운 천이 되기도 한다. 일곱 살에서 열한 살 정도 되는 여자아이 네 명이 아홉 달 동안 아크로폴리스 성소 뒷방에 갇혀 옷을 만들고, 신화에 나오는 이야기를 자수로 넣는다. 그 드레스를 아테네 여신이 생일에 처음으로 입는다. 이처럼 아테네 여신은 보통 사람들의 일에 깊숙이 개입하고 있으며, 특히 일하는 사람들을 대표하는 신으로 내려온다. 아크로폴리스에 우뚝 서서 투구를 쓰고 창을 들고 서 있는 그 여신이 우리를 보호해주는 것이다. 종교도 이쯤 되면 합리적이고, 생산적이며, 구체적이다.

다음 구절은 소포클레스의 희곡에서 합창단이 부르는 노래다.

거리로 내려오라. 그대 노동자들이여.
빛나는 눈동자를 가진 제우스 신의 딸을 경배하는 자들이여.
소쿠리마다 제물을 채우고 내려와 모루 옆에 서라.

이 대목은 연극 대사 중 한 부분에 불과하므로 해석하는 데 조심할 필요가 있다. 하지만 '거리로 내려오라' 라는 말이 군중더러 혁명을 일으키자는 뜻은 아닐 것이다. 오히려 일꾼들을 보호해주는 두 신에게 바치는 축제에 참가하라는 말로 들린다. 그런 축제가 당시에는 아주 인기가 좋았다.

헤파이스토스나 아테네와 비슷하게 인기가 있었던 신이 바로 돌무더기에서 진화한 헤르메스다. 헤르메스는 장난기 많고 명민한 신이며, 여행자와 상인, 자영업자, 무역상의 신이다. 석상이 서 있는 곳도 주로 시장 혹은 대상이나 여행객들이 지나다니는 도로변이었다. 이정표 역할도 하고, 강도로부터 상인들을 보호하는 역할도 했다. 헤르메스를 도둑의 신으로 아는 경우가 있는데, 그건 사실이 아니다. 오히려 도둑으로부터 상인을 보호해주는 신이다. 또 한편으로는 상인들로부터 소비자를 보호하는 역할도 했다. 자와 저울, 도량형을 발명한 것도 헤르메스이며, 양 당사자의 이익을 조정하는 자도 헤르메스다. 흥정을 붙이는 것이 특기이고, 사는 사람이든 파는 사람이든 서로 원하는 것을 정확하게 얘기해서 거래의 이익을 극대화하도록 하는 것이 그의 목표다.

헤르메스는 어떤 상황에서든 협상을 중시한다. 도시 간의 분쟁이 발생하면, 헤르메스가 외교관의 마음속으로 들어가 전략을 짜준다. 그가 제일 싫어하는 것이 전쟁과 폭력이다. 전쟁은 상업을 망칠 뿐만 아니라, 인간성까지 말살하기 때문이다. 이익을 수호하는 신인 헤르메스도 전쟁을 통한 이익은 단호히 반대한다. 창과 방패를 만들어 전쟁을 일으키려 했던 사람들을 산적들에게 넘겨버린 것도 헤르메스였다. 그 자신도 꾀가 많기는 하지만, 사람들을 현혹해서 전쟁과 파괴로 몰고 가는 꾀 많은 선동가들을 헤르메스는 경멸한다. 그래서 아리스토파네스가 고함을 질러서 평화의 기운을 몰아낸 정치가를 욕할 때, 헤르메스의 입을 빌렸던 것이다. 아리스토파네스가 전한 바에 따르면, 헤르메스는 살육의 냄새보다는 축제의 여신의 숨결을 더 좋아한다.

이처럼 그리스인들은 자기들의 일과 관련된 신들을 가지고 있고, 그들을 인간의 모습으로 바꾸어놓았다. 그 예는 수도 없이 많아서 다 열거할 수 없을 정도다. 하층 계급도 몇몇 신들을 자기들의 깃발로 올려 세웠다. 소상공인과 서민들이 합세해서 사회적 억압에 대항했고, 자기들의 신을 새로 만들었다. 신이 이 천한 지상에 내려와 바로 옆에서 자기들을 도와주기를 바란 것이다.

이제 신은 공포의 대상이 아니라 친구가 된다. 친구도 그냥 친구가 아니라 각별한 도움을 주는 친구다. 인간의 입맛에 맞게 변형된 든든한 친구, 그게 바로 그리스의 신이다.

그럼에도 모든 신이 다 의인화된 것은 아니다. 인간들은 영악한 존재라서 신들을 제멋대로 의인화해서는, 자기의 이익을 위해 이용한다. 제우스 혹은 아폴론을 그런 목적으로 쓰는 경우도 허다하다. 하지만 그럼에도 아직까지 의인화되지 않고, 높은 곳에 이해할 수 없는 존재로 남은 신이 있다. 지배 계급이 숨겨놓은 건지, 인간의 이성이 미처 발견하지 못한 건지는 알 수 없다.

바로 운명의 신, '모이라' 여신이다. 이 신은 인간사회의 존속과 발전을 반대한다. 모이라는 단 한 번도 인간이 되어본 적이 없다. 우주의 법이고, 보이지 않는 질서인 그 신은 요지부동이다. 따라서 인간이나 신들이 흩뜨려놓은 것들을 제자리로 돌려놓는 역할을 한다.

그리스 사람들은 자유를 좋아하지만, 무한정한 자유란 없다는 것을 잘 알고 있다. 모이라가 바로 인간과 신의 자유를 제한하는, 자유보다 위에 있는 원칙이다. 거기서 모이라가 세상에 질서를 부여한다. 비유하자면 중력의 법칙, 별들의 운행 법칙과 같은 것이다. 사람들은 아직 인과법칙 같은 세상의 법칙을 꿰뚫어 알지 못한다. 그럼에도 그런 법칙 혹은 질서가 존재한다는 사실에는 동의한다. 인간의 목적이란 궁극적으로 그 법칙 혹은 질서를 언젠가 알아내는 데 있다고 믿는다.

모이라가 무엇인지 정확하게 설명할 수는 없지만, 이성에 기대어 생각해보면 전혀 추측하기 어려운 것도 아니다. 모이라는 세상의 질서이고, 지금은 어렴풋하지만 언젠가는 인간의 힘으로 알 수 있는 어떤 것이다. 즉 인간 위에 군림하는 모이라도 인간의 생각 혹은 인간의 과학, 인간의 이성 바깥에 있는 것은 아니라는 의미다. 결국 우리가 사는 우주는 하나의 질서라는 것을 그리스 사람들은 알아차리고 있다. 우주라는 단어는 '질서'라는 뜻으로 쓰이기도 하니까 말이다.

종교가 아닌 인간 중심의 철학

그리스 종교는 종교라기보다는 그리스 사람들이 만들어낸 인간 중심의 철학이라고 보아야 한다. 호메로스의 시대를 지나 고전주의 시대를 거치면서 신의 세계와 인간의 세계는 훨씬 더 가까워졌다. 원래 신이란 전혀 정의로운 존재가 아니었음을 우리는 잘 알고 있다. 그야말로 제멋대로 행동하는 족속이었다. 이제 신과 가까워진 그리스 사람들은 본질적인 질문을 던진다. 신은 정의로운가, 하는 질문이다. 인간보다 힘이 센 신이 정의롭지 못할 수도 있다는 점을 그리스 사람들은 도무지 견딜 수 없기 때문이다.

《오뒷세이아》의 작가와 거의 동시대 사람으로, 시인이자 소규모 자영 농부인 헤시오도스 역시 비슷한 질문을 던지고 있다.

> 땅 위에 3만 명의 불사의 파수꾼이 살고 있고, 하늘에서 제우스가 이들을 지휘한다. 그리고 올륌포스 산의 신들이 모두 좋아하는 제우스의 딸, 정의의 여신이 있다. 누가 감히 정의의 여신을 능멸할 수 있을 것인가? 그녀는 아버지 발아래 앉아서 정의롭지 못한 인간들을 골라 아버지에게 아뢴다. 모든 것을 감지하고 모든 것을 꿰뚫어보고 있는 제우스는 인간들의 법을 모른 체할 수는 없을 것이다. 만약 불의가 정의보다 존중받는 세상이라면 나는 오늘부터라도 당장 정의롭기를 포기할 것이며, 내 자식에게도 그렇게 말할 것이다. 하지만 이제 바라건대 정의롭지 못한 법은 제우스가 알아서 고쳐주실 것이다.

헤시오도스의 시대를 지나 성문법의 제정과 정치적 평등을 위한 투쟁의 불길이 지펴진 기원전 7세기와 6세기에, 그리스 서정시들에는 이런 구절이 여러 번 나왔다. 신이 정의롭기를 바랐고, 그로 인해 인간사회도 정의로워지기를 바란 것이다. 시인들은 공공연히 선언하고 나섰다. 제우스는 정의롭다고. 또 정의로워야 한다고. 그리고 혹시라도 제우스가 정의의 편에서 조금이라도 벗어난 것처럼 보이는 순간에는 대놓고 욕을 해댔다. 솔론도 그랬다. 메가라로 유배된 시인 테오그니스도 마찬가지였다.

> 제우스 신이여, 당신 나를 실망시키고 있구려.
> 당신은 세상의 왕이고, 존경받는 신이고, 힘 있는 신이오.

모든 인간들의 심장을 꿰뚫어보는 우리들의 왕이

어째서 좋은 놈, 나쁜 놈 구별을 못한단 말이오?

영혼이 깨끗한 자와 폭력과 이기심에 물든 자를 구별하지 못한다니!

이렇게 격한 목소리로 질타할 정도로, 그리스 사람들은 간곡하게 신의 정의를 갈구하고 있다. 《일리아스》에 나오는 제멋대로이고 힘만 센 신은 이제 그리스의 신이 아니다.

기원전 5세기, 아이스퀼로스의 비극이 힘을 얻던 시대에는 정의로운 신이 인간의 영혼과 세상을 지배하기 시작한다. 아이스퀼로스의 영원한 주제도 바로 이것이었다. 《사슬에 묶인 프로메테우스》와 《오레스테이아》의 작가의 눈으로 보면 수천 년 역사를 거쳐오면서 야만스러운 힘이 세상을 지배해왔고, 이제 세상의 질서가 바로잡히면서는, 정의로운 신들의 치세가 왔으며 정의가 역사를 지배하게 된 것이다.

이것이 그리스 종교가 걸어온 길이다. 종교가 인간이 되었고, 인간의 친구가 되었고, 인간의 정의를 구현하게 된 것이다.

chapter 9

비극
: 아이스퀼로스, 운명 그리고 정의

그리스인의 업적 가운데 가장 고결하고 위대한 것은 비극이다. 비극은 간단하게 말해서, 우리 속에 존재하는 공포와 희망의 버무림이다. 그것들을 잘 결합해서 완벽한 작품으로 빚어낸 것이 바로 비극이다.

비극은 기원전 6세기에 태어났다. 이 비극의 지향성과 의미를 제대로 알려면 당시 역사 상황을 먼저 이해해야 한다. 그리스 비극의 가장 기본적인 공식은 신과 인간의 정의 실현에 있었다. 현실적인 의미에서 보면 신은 인간과 다른 존재다. 하지만 정의로운 신이 지상에 내려와서 인간의 세계를 바로잡아주기를 그리스 사람들은 바라고 있었다. 당시 그리스 사회는 정의롭지 못한 사회였다. 부와 권력을 소유하고 억압을 행하는 계층에 맞서 시민의 정당한 권리를 쟁취하기 위한 힘겨운 싸움을 벌이는 중이었다. 민주주의 투쟁의 시대였으며,

바로 그 막바지에 나온 것이 비극이다. 가난한 농부들의 지원을 업고 권좌에 오르는 페이시스트라토스가 디오뉘소스 제전에서 비극 경연 대회를 연 것도 결코 우연이 아니다. 비극은 가난한 시민들을 즐겁게 해주는 동시에 그들에게 민주주의와 정의를 교육하는 매체였다.

사실 아이스퀼로스 이전의 비극은 극이라고 불릴 수도 없었다. 음탕한 풍자와 신파극을 버무린 데 지나지 않았다. 하지만 아이스퀼로스 때에 이르러 인간들이 다루지 않을 수 없는 무거운 주제가 갑자기 떠올랐고, 그 무거운 주제를 비극이 과감하게 끌어안았다. 그 주제란 다름 아닌 전쟁이었다. 바로 전 목가적인 세대는 이해할 수 없겠지만 인간들 사이에서는 끔찍한 전쟁이 벌어지고 있었다. 2차에 걸친 페르시아 전쟁을 치르면서 아테나이 사람들은 독립을 목표로 싸웠다. 비극 작가인 아이스퀼로스도 그 싸움에 참여했다. 그는 위대한 마라톤 전투와 살라미스 해전에서 싸운 참전용사였다.

그런 그가 비극을 그릴 때는 톤이 다를 수밖에 없다. 주제는 묵직하고 진지하다. 게다가 완벽한 솜씨로 앞뒤를 다듬고 있다.

모든 비극이 그렇듯이, 아이스퀼로스 비극의 소재도 '싸움'이다. 요즘 말로 하면 비극 안에 액션이 있고 드라마가 있다. 번민과 희망, 지혜와 승리의 노래가 군데군데 들어간다. 하지만 역시 본질은 액션이다. 액션 때문에 사람들은 숨을 죽이고 침을 삼키지 않을 수 없다. 죽고 사는 문제이고, 관객들 자신이 익히 아는 문제이기 때문이다. 액션의 주인공은 아리스토파네스의 표현대로 불과 몇 척밖에 안 되는 인간, 즉 영웅이다. 그는 결코 이길 수 없을 것 같은 운명과 대적한다. 그리고 실제로도 이길 수 없다. 비극의 구도는 그렇다. 한편으로는 우리의 전사이고 우리의 대표자인 영웅이 있고, 반대편에는 그 영웅을 부수고 마는 신비로운 힘이 있다.

우리 편인 영웅은 '성자'나 '성인'이 아니다. 옳은 일을 위해 싸우지만 그 영웅은 결코 완벽하지 않다. 실수도 하고, 감정에 흔들리고, 경솔하며 폭력적이다. 바로 인간이기 때문이다. 인간의 속성을 고스란히 간직하고 있다. 용기도 있고, 애국심도 있고, 동료인 인간에 대한 애정도 있다. 정의를 존중하며, 정의가 승리하기를 기원한다. 그래서 인간이다.

우리의 영웅은 최전선에 서서 인간의 몸짓으로 싸움을 한다. 역경에도 물러서지 않고 불행을 극복해간다. 그러고는 기뻐한다.

이런 대표주자들을 보는 관객들도 덩달아 기쁨에 넘친다. 그 주인공들과 같은 인간이라는 사실에 무한한 자부심을 느낀다. 인류를 꽁꽁 얽어맨 족쇄 사이에 희미하게 난 틈을 영웅들이 먼저 비집고 나갈 때, 관객들도 영웅의 뒤에 서서 그 틈을 넓혀가고 싶은 마음에 몸을 움찔거린다.

한 비평가가 정확하게 지적하듯이, 비극의 힘은 여기에서 나온다. 즉 "주인공과 나를 일치시키는 것, 주인공의 액션을 내 액션으로 혼동하는 것"이 비극이다. 나 자신이 눈앞에 펼쳐진 싸움을 수행하는 것 같다. 그래서 극중에서 주인공이 '나'라고 호명하는 순간, 관객인 내가 칼끝에 선 듯 잔뜩 긴장하지 않을 수 없고, 그것이 비극의 매력이다.

그렇다면 비극의 주인공은 누구를 적으로 삼아 싸우는가? 무엇보다 인간들이 삶에서 늘 부딪히는 것들과 싸운다. 인간의 자유로운 발전을 억압하는 것들과 싸운다. 주인공이 싸우는 이유는 불의가 승리하면 안 되기 때문이고, 죽음이 덮치면 안 되기 때문이고, 범죄를 그냥 두어서는 안 되기 때문이고, 나라의 법도가 폭력의 법도에 물러서는 안 되기 때문이고, 적들을 정복해서 문명인으로 탈바꿈시켜야 하기 때문이고, 신이 인간의 정의를 훼손하게 내버려둘 수 없기 때문이고, 제아무리 힘이 센 신도 인간의 자유를 훼방 놓게 허락해서는 안 되기 때문이다. 요컨대, 우리의 주인공은 인간이 좀 더 살기 좋은 세상을 만들기 위해서 싸운다. 힘들어도 용기 있게 그 목표를 향해 달려간다.

싸움에 나선 주인공들은 여전히 혼란스럽다. 적들을 이겨야겠는데, 그것이 불가능한 싸움이라는 것을 알고 있다. 그래도 가장 인간다운 모습을 보이려면 이겨야 한다. 그것도 '교만'을 부리지 않고, 신의 '질투'를 유발하지 않고, 인간으로서 이겨야 한다. 이게 주인공들에게 주어진 조건이다.

달리 말하면, 비극의 주인공들이 벌이는 싸움은 운명에 대적하는 싸움이다. 싸우는 이유는 운명에 순응할 수 없기 때문이다. 인간의 앞길을 가로막은 것이 운명이다. 그 운명을 넘지 않고는 인간의 전진이 불가능하다. 따라서 그 지독하고 끔찍한 운명과 싸워야 한다.

싸움은 당연히 어렵다. 하지만 어려워도 불가능해도 싸울 것이며, 아테나이 시민들도, 우리도 주인공 편에 서 있을 것이다. 신은 주인공을 저주해도 관객들은 그러지 않는다. 주인공이 싸우다 죽어도 관객들은 절망하기보다는 오히려 희열을 느낀다. 죽음을 두려워하지 않는 사람이 어디 있을까. 그럼에도 관객들은 주인공의 죽음 앞에서 기쁨을 느낀다. 안티고네의 죽음이 그렇고, 알케스티스의 죽음이 그렇고, 힙폴뤼토스의 죽음이 그렇다. 그 주인공들의 싸움을 보면서 깊이 공감하기 때문이다. 동류의식을 느끼기 때문이다. 주인공도 관객도 모두 인간이다. 그래서 같이 싸웠고, 주인공의 죽음을 기쁘게 받아들일 수 있다. 운명과 대적하다 맞은 죽음에서 관객들은 오히려 희망을 본다. 언젠가 운명을 넘어서리라는 희망을 본다. 그게 아니라면 죽음과 비극을 보고 기쁨을 느끼는 이 이상한 족속을 설명할 방법이 없다.

비극은 비유법을 쓰지 않는다. 신화를 있는 그대로 가져온다. 비극의 세대를 대표하는 두 사람, 즉 아이스퀼로스와 소포클레스는 아주 종교적인 인물들이다. 그들은 신화를 진실로 믿는다. 천상에 사는 신의 세계에는 인간을 온통 파멸로 몰고 갈 힘이 존재한다고 믿는다. 운명의 신이 바로 그 힘의 일종이다. 전설에 따르면 제우스도 잔인한 군주의 하나였고, 인간의 전멸을 가슴 깊이 바랐다고 한다.

이와 같이 신화는 비극 자체보다 훨씬 더 오래됐다. 그것들을 작가가 마음대로 바꿀 수는 없다. 다만 작가가 할 수 있는 일이란 신화를 재해석하는 것이다. 인간의 문법으로 신화를 다시 읽어본다. 디오뉘소스 제전에서 작가들이 하는 일이 바로 그것이다. 아리스토파네스는 에우리피데스와 아이스퀼로스라는 두 작가를 자주 등장시킨다. 두 작가의 성향은 아주 다르게 표현되지만 하는 일은 똑같다. 비극 작가는 "시민을 더 나은 사람으로 교육하는 일을 한다." 그래서 존경을 받는다. 여기서 더 낫다는 말은 더 강하다는 말이다. 비극은 인간을 강하게 만든다.

아이스퀼로스 시대에 작가는 신화의 내용을 바꿀 권리가 없다. 따라서 다시 만드는 것은 상상도 하지 못한다. 하지만 신화에 대한 해석 방법은 여러 가지다. 그 가운데서 대중들의 입맛에 맞는 것을 고를 수는 있다. 그렇게 함으로써 대중들에게 정의감을 심어주고, 시민 교육을 도모한다. 작품을 고를 때도 논란거리가 되는 작품을 고른다.

거기서 신과 인간은 첨예하게 맞서고 있다. 지든가 이기든가, 둘 중 하나다. 그래서 비극이라는 이름이 붙는다.

신과 인간의 싸움에서 인간이 결국 이길 것인가? 그리스 사람들은 승리를 낙관하지 않는다. 왜냐하면 현실에서도 정의가 승리하는 법은 별로 없기 때문이다. 살아보면 안다. 정의란 그렇게 쉽게 달성되는 것이 아니다.

만약 요즘의 이론대로 문학 작품이 현실의 반영이라면, 그리스 비극도, 다시 말해서 운명에 맞서는 영웅들의 이야기도 그리스 현실의 반영이다. 어투만 다를 뿐 본질은 다르지 않다. 그리스 사람들은 비극이 탄생하는 순간부터 비극의 인기가 최고조에 달한 아이스퀼로스의 시대까지 사회적 억압과 싸워왔다.

정치적 평등을 위하여, 사회정의를 위하여 오랜 세월 싸워온 경험이 있기 때문에 그리스 비극은 관객들과 코드가 맞는다. 영웅이 운명과 대적하는 얘기가 대중들의 입맛에 정확히 맞아떨어진다.

투쟁의 장에서 부유한 자와 가난한 자가 맞서고 있다. 토지와 돈을 소유한 사람들은 힘없는 사람들을 빈곤으로 내몰고, 공동체 전체를 와해할 기세다. 하지만 그 반대편에는 사람들 간의 평등을 추구하고, 사람들 간의 연대를 중시하며, 공동체의 번영을 꿈꾸는 가난하지만 용감한 사람들이 있다.

이 투쟁이 다른 면으로 그대로 투영된다. 부자들의 자리에 잔인하고 자의적이며 무서운 운명의 신이 있고, 가난한 자들의 자리에 인간보다는 조금 더 강하고 용감하며 위대한 영웅들이 있다. 그들은 정의를 위해 싸우고, 인간의 행복을 위해 싸우고, 인류를 위해 싸운다.

시간과 장소라는 측면에서도 두 싸움은 관계가 깊다. 때는 봄 디오뉘소스 축제 기간이고, 장소는 아크로폴리스 바로 옆 극장이다. 여기에 사람들이 운집해서 시인의 목소리를 듣는다. 과거의 싸움을 보여준다. 그러면서 중요한 메시지를 전달한다. 과거에 있었던 그 싸움을 오늘날 계승하라는 것이다. 그게 교육의 내용이며, 두 개의 싸움이 만나는 지점이다.

기원전 5세기 초, 고전기에 비극이라는 예술은 보수적이면서도 진보적인 예술이었다. 보수적이라고 말하는 것은 사람들 사이의 화합을 추구했다는 점에서다. 일상생활에서 서로 갈등하고 투쟁하는 사람들이 계급 구분 없이 모여서, 드라마를 보고 공감한다는 면에서 보면 비극은 보수적인 예술이다.

하지만 비극이 보여주는 드라마는 그냥 드라마가 아니라 현실의 투영이다. 그래서 진보적이다. 아픈 부분을 자극하고 혁명을 독려한다. 얼핏 보기에는 화해를 말하는 것 같다. 하지만 현실에서 화해하기 위해서는 투쟁해야 한다는 점을 강조한다. 불의에 맞서 싸우라고 부추긴다. 그래야 공동체에 화해가 있고 발전이 있다고 한다. 그런 의미에서 보면 비극은 진보를 넘어 혁명적 자세에 가깝다.

자연에 대적하는 인간, 프로메테우스

이제 구체적인 예를 들어보자. 《사슬에 묶인 프로메테우스》라는 작품은 대략 기원전 460년에서 450년 사이에 쓰인 작품으로, 잔인한 운명의 문제를 다루고 있다. 작가인 아이스퀼로스는 신의 정의를 믿으며, 제우스도 기본적으로는 정의로운 신이라고 믿고 있다. 《사슬에 묶인 프로메테우스》 이전 작품에서 그런 태도를 엿보인 적이 있다.

제우스 신의 섭리를 알아차리기는 쉽지 않다.

하지만 그는 단단한 어둠 가운데서

홀로 빛을 발하느니……

아무리 두꺼운 숲과 같은

어둠 속이라서 앞을 가늠조차 못하지만

신의 섭리는 밝은 빛으로 그 모든 걸 꿰뚫는다.

하지만 《사슬에 묶인 프로메테우스》에서는 제우스 신의 정의에 대해서 다시 한 번 생각해볼 기회를 갖게 되었다.

프로메테우스는 인류에 대한 애정을 가지고 있는 신이다. 앗티케에서는 헤파이스토스와 더불어 직공들의 보호자, 특히 케라메이코스 도공들의 보호자로 유명하며, 아테나이 시의 생산력을 책임지는 신이다. 사람들에게 불을 선사했을 뿐만 아니라 예술과 기술을 창조했다. 그 프로메테우스 신을 기리는 축제에서 벌어지던 운동 경기가 바로 릴레이였다. 릴레이에서 달리기 주자들은 다음 주자에게 불을 넘겨준다.

그런데 이 '인간의 친구'이며 '인류의 수호자'인 프로메테우스에게 제우스가 벌을 내린다. 인간에게 불을 주었기 때문이다. 헤파이스토스가 프로메테우스를 결박했고, 제우스의 종복인 '힘'과 '폭력'이 보초를 섰다. 이들은 이름만큼이나 끔찍하게 생겼고, 프로메테우스는 아무도 살지 않는 스퀴티아 사막 커다란 바위에 묶였다. '군주' 제우스 앞에 목숨을 맡긴 셈이다. 프로메테우스는 제우스 앞에서 한마디도 하지 못하고 있었다. 이것이 《사슬에 묶인 프로메테우스》의 첫 장면이다.

　도대체 프로메테우스는 왜 이런 험한 꼴을 당하게 된 것일까? 가장 큰 이유는 물론 '불을 훔친 죄'다. 불이란 신들의 전유물이므로, 프로메테우스가 지은 죄는 결코 가볍지 않다. 하지만 그 불로 인해서 인간은 고통에서 벗어날 수 있었다. 비극이 아닐 수 없다. 아이스퀼로스는 제우스 신을 믿고 숭배하는 사람이다. 제우스는 이 세상의 질서를 관장하는 신이다. 그럼에도 아이스퀼로스는 반기를 들지 않을 수 없다. 프로메테우스 사건을 자세하게 들여다보기로 한 것이다.

　'인간의 친구(아이스퀼로스는 인간에 대한 프로메테우스의 애정을 강조하기 위해 '친인류적인[philanthrope]' 이라는 단어를 만들어냈다)' 아이스퀼로스는 지금 혼자 사막에 남아 있다. '인간의 목소리'도 들을 수 없고, '인간의 얼굴'도 볼 수 없다.

　그는 정녕 혼자인가? 모든 신들에게 파문당하고, 인간들조차 접근할 수 없는 상태에서 그는 지금 자연의 품안에 있다. 알다시피 프로메테우스가 바로 자연의 아들이다. 대지의 여신의 아들이 바로 프로메테우스다. 그리스 사람들은 자연에 생명이 깃들어 있다고 믿었다. 프로메테우스도 다음과 같은 아름다운 시구로 자연에 호소하고 있다.

하늘이여, 가볍게 불어오는 바람이여,

강의 원천과 바다의 배들 위로 불어가는 바람이여,

모두의 어머니인 대지여,

애원하오니, 하늘을 지나는 해여,

세상의 모든 눈으로 내려다보소서.

신들이 내게 내린 형벌을.

그러면서 자기가 벌을 받게 된 사연을 설명하고 있다.

> 내 이런 비참한 처지에 놓인 이유는
> 죽어 없어질 인간에게 선물을 하사한 탓이오.
> 훔쳐온 불꽃을
> 가늘고 깊은 회향풀 줄기 속에 넣어두었다가
> 인간들에게 주었으며,
> 그로써 인간은 모든 기술을 습득하여
> 나날이 발전하게 되었으니.

그 순간 음악 소리가 들려온다. 프로메테우스에게 자연이 응답한 것이다. 마치 하늘에서 들려오는 듯한 그 음악의 주인공은 바다의 딸들 열두 명으로 구성된 합창단이었다. 바다 깊은 곳에 사는 그들에게까지 프로메테우스의 기도가 미쳐 그들이 위로하러 나타났다. 대화가 시작되었다. 바다의 요정들은 눈물을 흘리면서 프로메테우스에게 제우스의 법을 따르라고 충고한다. 하지만 프로메테우스는 불의에 굴복할 수 없었다. 게다가 요정들이 모르는 제우스의 비리를 그는 알고 있었다. 프로메테우스는 제우스가 하늘의 권좌를 차지하려고 했을 때 그를 도운 공신이다. 제우스는 지금 공신을 내치고 있는 것이다. 게다가 제우스의 음모는 인간이라는 족속을 몰살하는 데까지 미쳤다.

프로메테우스가 아니었으면 제우스는 성공했을 것이다. 하지만 프로메테우스는 인간에 대한 애정을 숨길 수 없었고, 그래서 지금 벌을 받고 있다. 모르고 한 짓이 아니다. 이런 결과를 뻔히 알면서 감행한 일이다.

작가 아이스퀼로스는 프로메테우스와 제우스의 대립각 위에 극적인 요소를 하나 집어넣는다. 바위에 못질을 당한 채로 고통을 받는 프로메테우스의 모습을 보는 관객들은 프로메테우스를 응원하고 싶다. 아이스퀼로스는 그것을 간파하고 프로메테우스에게 무기를 얹어준다. 다름 아니라 제우스라는 독재자의 안전을 위협할 만한 중요한 정보를 주는 것이다. 프로메테우스는 어머니 대지의 여신에게서 그 정보를 입수했으며, 그 고급 정보를 미끼로 석방이라는 대가를 얻어낼 수도 있게 되었다. 자, 어떻게 될 것인가? 폭로할 것인가, 말 것인가? 여기서 극은 절정에 다다른다. 물론 제우스가 극에 등장하지는 않는다. 그것은 신이 할 일이 아니다. 제우스는 하늘에 있고, 프로메테우스는 그를 향하여 협박하기 시작한다. 몇 마디를 슬쩍 흘려서 제우스를 격노하게 한다. 제우스는 과연 천둥을 내려칠 것인가? 제우스가 얼마나 잔인하고 무서운지는 관객들 모두 짐작하고 있다. 극은 처음부터 공포 분위기였다. '힘'과 '폭력'을 포함해서 여러 등장인물들이 바위 앞을 지나면서 제우스의 잔인함에 대해서 충분히 설명하고 간 참이었다.

앞에서 본 것처럼 프로메테우스는 인간을 위해서 많은 일을 했다. 인간에게 해준 일이 한두 가지가 아니다. 아이스퀼로스가 읽은 신화에 따르면, 프로메테우스는 불을 훔쳐서 인간에게 건네준 신, 그 이상이다. 그는 인간의 창의적인 정신을 대표한다. 기술과 과학과 발명을 통해 자연에 대적하는 인간이 바로 프로메테우스다. 즉 지금 프로메테우스가 벌이는 싸움은 프로메테우스의 싸움이기보다는 인간의 싸움이다. 인간이 제우스와 싸우고 있는 것이다. 인간을 몰살시키고자 하는 자연력과 싸우고 있는 것이다. 그 싸움의 와중에서 인간은

제우스 신의 두상. 고대 청동 조각. 기원전 500년경.

집을 지었고, 동물을 길들였고, 쇠를 만들었고, 천문학과 수학, 의학, 문자 등을 발명했다.

프로메테우스는 그런 의미에서 인간의 전형이다.

인간이 제우스와 싸우고 있는데, 같은 인간인 관객들이 프로메테우스를 버리고 제우스의 편을 들 리 없다. 시인은 노골적으로 프로메테우스를 편들기 시작한다. 자연의 노예에 불과한 인간에게 이성과 지혜를 준 프로메테우스를 찬양한다. 그러면서 인간이라는 사실에 대해 무한한 자부심을 느끼고, 관객들에게 그 자부심을 전한다.

프로메테우스가 묶인 바위 옆을 지나는 것들 가운데 이오에 대해서는 몇 마디 하고 넘어가야 하리라. 변덕스러운 제우스의 꼬임에 넘어갔다가 끔찍한 고문을 당해야 했던 이오를 제우스는 무참하게 버렸다. 프로메테우스가 제우스의 증오의 제물이라면, 이오는 제우스의 사랑의 제물이다. 그런 이오를 보면서 프로메테우스는 제우스에 대한 두려움보다는 분노에 몸을 떤다.

그래서 자기가 알고 있는 비밀을 공공연히 누설하면서 하늘을 향해 다음과 같이 소리를 지른다.

이제 제우스 차례다.

그토록 오만한 그도

곧 바닥에 떨어지리라.

가슴 졸이던 그 만남으로 인하여

왕좌에서 내려오고

이 세상에서 사라지는 신세가 되리라.

제 아버지 크로노스의 저주가 내리고

하늘의 권좌도 내놓아야 할 죄

내가 그것을 알고 있고, 내가 그것을 말할 수 있나니

저 위에서 뻔뻔스럽게 왕좌 안에 숨어

요란한 천둥소리와

손에 든 번갯불만 믿고 있으면

끔찍한 추락을 피할 수 없다.

가장 무서운 적은 스스로 만든 적

아무도 이길 수 없는 제우스 속의

다른 제우스가 더 큰 천둥질로

하늘을 뒤덮으리니

불행이 닥칠 날이 되었다.

왕에서 노예로 떨어지는 거리가 얼마나 먼지

스스로 알게 될 날이.

그럼에도 프로메테우스는 전부 발설하지는 않는다. 제우스가 유혹해서는 안 되었던 그녀(그렇다고 제우스가 그런 짓을 그만둘 리는 없지만)의 이름을 대지는 않은 것이다.

이제 제우스도 가만히 있을 수 없다. 역습을 한다. 헤르메스를 보내 이름을 대도록 유도한 것이다. 만약 말하지 않으면 처벌을 받게 될 참이었다. 하지만 프로메테우스는 끝내 말하지 않았다. 그러면서 제우스의 전령인 헤르메스를 능멸하기 시작한다. 원숭이 같은 놈이라고 욕을 해댄다. 참다못한 헤르메스는 제우스 신의 벌을 언도하고, 프로메테우스는 감히 제우스의 벌에 맞선다. 땅이 흔들리자 프로메테우스는 다음과 같은 독백을 내지른다.

그래 이제 말이 아니라 행동으로 보이는구나.

발 밑 땅이 흔들린다.

불이 아득히 깊은 곳에서부터 으르렁 소리를 내고

날카로운 번갯불이 사선으로 내리꽂힌다.

소용돌이 속에 가득 먼지가 날리며.

바람은 다른 방향에서 불어와 서로 부딪치는구나.

하늘과 바다가 섞이며.

이것이 제우스가 나를 겁주기 위해

만들어낸 난리통일 것이다.

어머니 자연이여

모든 생명을 관장하는 하늘이여

아들에게 닥친 이 재앙을 그냥 두고 보지 마소서.

맞다. 프로메테우스가 지기는 했지만 정복당한 것은 아니다. 우리가 프로메테우스를 응원하는 이유는 그가 인간을 좋아하기 때문이 아니라, 제우스에게 맞서기 때문이다.

아이스퀼로스가 숭상하는 종교는 신의 섭리를 잠자코 따르는 종교가 아니다. 복종하는 종교가 아니다. 인간의 고통을 목도한 시인은 신의 불의에 맞서 일어선다. 그동안 수많은 인간들이 겪어온 고난을 생각해보면, 제우스가 인간을 몰살하려고 했다는 게 틀린 말이 아니다. 그때마다 영웅들은 반항했고, 저항했다. 아이스퀼로스는 프로메테우스에게도 같은 저항정신을 불어넣고 있는 것이다.

하지만 아이스퀼로스는 무정부주의자는 아니다. 무작정 저항하는 것을 능사로 삼는 인간은 아니다. 그는 다른 한편으로는 질서를 중시한다. 결국은 세상이 질서 있는 무엇으로 귀착할 것이라는 믿음을 품고 있다.

바로 그런 이유로 아이스퀼로스는 저항의 시편 다음에 화해의 시편을 쓰게 된다. 바로 《풀려나는 프로메테우스》다. 《풀려나는 프로메테우스》는 그리스 사람들에게는 잘 알려진 바와 같이 3부작 중 두 번째 작품이다. 하지만 불행하게도 《사슬에 묶인 프로메테우스》를 빼고 나머지 두 작품은 소실되었다. 심지어 세 번째 작품은 제목조차 전해지지 않는다. 다만 《사슬에 묶인 프로메테우스》 다음에 《풀려나는 프로메테우스》로 이어진다고 추측할 뿐이다. 그리고 《사슬에 묶인 프로메테우스》에 대해서는 간접적인 정보들을 찾아볼 수 있다.

결국 제우스는 프로메테우스가 끝내 발설하지 않은 그 여인에 대한 마음을 거두기로 한다. 그럼으로써 이 세상이 혼돈에 빠지는 것을 막고, 세상의 군주 또는 우주의 수호자로서의 지위를 유지하게 되는 것이다.

제우스는 자신과의 싸움에서 승리했다고 할 수 있다. 프로메테우스에 대한 분노를 거둠과 동시에 정의를 구현한 것이다. 반면에 프로메테우스는 프로메테우스대로 제우스 신에 대한 지나친 불손을 거두고, 신다운 신으로 복귀한 제우스 밑으로 들어감으로써 제우스를 만족시킨다. 두 주인공 모두 자칫 세상의 파멸로 몰고 갈 수 있는 '무정부주의적인 충동'을 거둠으로써, 세상의 질서를 회복하게 되는 것이다. 3천 년 동안 신은 이렇게 변했다.

즉 초창기 자의적이고 파괴적인 힘으로 세상과 운명을 지배하던 신들이 차츰 정신을 차리기 시작한 것이다. 하늘의 신으로 남아 있던 제우스가 오랜 시간을 거쳐 인간의 신으로 내려온 것과 다름없다. 이와 같은 신의 진화와 맞물려 인간들의 사회도 같은 방향으로 움직였다. 그 결과 인간사회에 정의가 구현되기에 이른다.

신의 정의와 운명 사이의 화해

지금까지 잘 보존되고 있는 또 다른 3부작 《오레스테이아》는 기원전 458년 디오뉘소스 제전에서 상연되었다. 신의 정의와 운명 사이의 화해를 꾀한 아이스퀼로스의 마지막 작품이다. 여기에서 그는 정의라는 화두를 스스로에게 또 관객들에게 던지고 있다.

3부작의 첫 작품은 그 유명한 《아가멤논》으로, 트로이아 전쟁에서 개선한 아가멤논 장군이 아내 클뤼타임네스트라에게 살해되는 이야기다. 두 번째는 《코에포로이》, 즉 '제주를 붓는 여인들'이라는 작품이다. 여기서는 아가멤논의 아들 오레스테스가 친어머니이면서 아버지를 살해한 원수이기도 한 클뤼타임네스트라를 죽이고 신의 심판을 받게 된다. 마지막 세 번째는 《에우메니데스》로, 오레스테스가 에리뉘에스(복수의 여신들)에게 잡혀 결국 아테네 여신이 주재하는 아테나이 법정에 서며, 아테네의 도움으로 풀려난다는 이야기다. 이로써 신과 인간의 화해가 완성되고, '에리뉘에스'는 복수라는 뜻을 버리고 '에우메니데스(자비로운 여신들)'로 개명되기에 이른다.

《오레스테이아》 3부작을 가만히 들여다보면, 첫 번째는 살인, 두 번째는 복수, 세 번째는 심판과 화해라는 주제가 들어 있다. 아트레우스의 가계는 아가멤논에서 오레스테스로 이어지고, 죄도 또한 그 순서로 전해져 내려온다. 여기에 대해서 신이 어떤 입장을 취하는가를 보여주는 것이 바로 3부작이다. 신은 기본적으로 운명이라는 대

원칙을 주장하고 있고, 궁극적으로 아트레우스 가문의 몰락을 예정해놓고 있다. 하지만 운명이라는 것도 인간이 초래한 것이다. 인간 스스로 잘못을 저지르거나 죄악에 빠지지 않았다면, 그런 식으로 꼬리에 꼬리를 무는 잔인한 운명이 닥쳤을 리 없다. 결국 운명은 잔인하게도 오레스테스에게까지 왔고, 최후의 재판을 받은 그는 정의의 신과 화해하기에 이른다.

이것이 3부작의 요지이고 의미다. 신의 심판이라고 하는 것이 무섭기는 하지만, 인간에게 전혀 빠져나갈 구멍조차 주지 않는 것은 아니다. 아폴론과 아테네 같은 신들의 도움을 받아 화를 면하기도 한다. 바로 오레스테스가 그런 경우다. 친어머니를 죽이고 미쳐버린 그는 잔인한 운명의 노예가 되지만, 결국 구원을 받는다. 그런 의미에서 보면 《오레스테이아》 3부작은 신도 결국은 정의의 편이라는 메시지를 담고 있다. 어렵지만 그래도 반드시 정의가 승리한다는 뜻이다.

그러면 지금부터 작품 속으로 들어가서 좀 더 자세하게 들여다보기로 하자. 그러다 보면 운명의 신이 어떻게 비인간적인 얼굴로 다가와서 결국 정의의 손을 들어주었는지 알게 될 것이고, 작품 자체의 매력에 푹 빠지게 될 것이다.

《오레스테이아》는 감정에 휘둘리는 인간과 그에 대한 신의 대응이라는 두 가지 평면을 가지고 있다. 언뜻 보기에는 아가멤논과 클뤼타임네스트라라는 부부 사이의 사소한 갈등 얘기이고, 그 갈등이 클뤼타임네스트라의 경우에는 지나치게 첨예해서 결국은 살인에 이르는 얘기로 다가온다. 하지만 이 작품이 다루는 깊이는 그런 단순한 줄거리로는 다 파악하지 못할 만큼 깊다.

3부작 전편에 얼굴을 비치는 인물은 클뤼타임네스트라가 유일하다. 아가멤논의 아내인 그녀는 남편이 트로이아 전쟁에 나가 있는 동안 내내 남편에 대한 분노에 치를 떨었다. 그 이유는 딸 이피게네이아를 남편이 제물로 바쳤기 때문이다. 메넬라오스의 바람 난 아내를 데려오는 것이 유일한 목적이었던 트로이아 전쟁에 나가면서 승리를 기원하기 위해 제사를 지냈는데, 거기에 딸의 목숨을 내놓은 것이다. 클뤼타임네스트라는 그런 남편을 도저히 용서할 수 없었고, 그래서 10년간 복수의 칼을 갈았다.

> 언젠가 복수할 날을 기다리며, 바람 난 여인이 집을 지키고 있다. 자식의 원수를 갚기 위해 그녀는 지금 증오를 벼리는 중이다.

《아가멤논》의 첫머리에 나오는 합창단의 노래는 바로 클뤼타임네스트라의 심정을 대변한다. 하지만 그녀가 아가멤논을 죽여야 하는 이유는 하나 더 있는데, 그건 운명 탓이 아니라 그녀 스스로 저지른 잘못 때문이다. 남편이 없는 사이에 바람을 피운 것이다. 상대는 '사자답지 못한 사자' 아이기스토스로, 다른 사내들은 나라를 위해 싸우고 있을 시점에 클뤼타임네스트라와 간통이나 저지르고 있었다. "침대를 차지하고는 침대 주인을 죽일 궁리를 하는 자"가 바로 아이기스토스였다.

그는 아가멤논이 돌아오면 언제든 살인을 저지를 태세다. 클뤼타임네스트라는 그 거들먹거리는 겁쟁이 아이기스토스를 진짜로 사랑하고 있었고, 사랑의 힘으로 그를 장악한 상태였다. 아이기스토스는 복수의 도구인 셈인데, 클뤼타임네스트라 자신도 이 점을 숨기지 않았다.

게다가 아가멤논이 혼자 집으로 돌아오지 않았다는 사실이 더욱 복수심을 자극했다. 그는 프리아모스의 딸이자 무녀인 캇산드라를 데리고 와서는 클뤼타임네스트라에게 잘 돌봐주라고 말했다. 자신보다 더 예쁜 첩을 데리고 들어온 남편에 대한 분노는 순식간에 극에 달했고, 클뤼타임네스트라는 주저 없이 아가멤논을 살해하게 된다. 캇산드라가 등장하여 같이 죽음으로써 "복수극의 묘미가 더해졌다."

　클뤼타임네스트라는 시인의 말을 빌리면, '남자 같은 여자'였다. 그녀는 교활하고도 대담하게 살해의 순간을 준비했다. 치밀하게 덫을 놓기 위해서 트로이아와 뮈케나이 사이에, 즉 에게해의 섬들을 지나 그리스 본토 해안까지 봉화를 설치했다. 왕이 돌아오는 길을 제 손금을 보듯이 훤히 알았던 것이다. 그래서 나라의 대신들을 전부 불러놓고 충실한 아내로서 남편의 귀환을 진심으로 기뻐하는 장면을 연출한다. 마침내 배에서 내린 아가멤논과 그를 맞이하는 백성들 앞에서도 완벽한 연기를 하고, 아가멤논과 함께 궁으로 향하는데, 바로 죽음이 기다리고 있는 궁궐이었다. 욕조에서 나온 아가멤논은 아무런 무기도 들고 있지 않았고, 클뤼타임네스트라는 그런 남편을 도끼로 살해했다. 아가멤논은 욕조에 쓰러졌다. 욕조가 "피로 가득 물들었다."

　이것이 아가멤논의 집안에서 벌어진 잔인한 사건의 전모다. 이를 통해서 클뤼타임네스트라라는 한 사악한 영혼이 도드라지게 드러난다. 그녀는 증오로 인해 타락해 있었다. 남편을 죽이고도 부끄러워하기는커녕, 자기의 행위를 정당화하고 미화했다.

　하지만 이야기의 축에 오로지 클뤼타임네스트라만 있었던 건 아니다. 인간의 저급한 감정의 문제를 다루는 이 이야기의 다른 축에는

아이기스토스의 살인. 죽은 자에게 제물을 바치는 자들을 고대 스타일로 표현한 저부조.

아가멤논이 있다. 사실 클뤼타임네스트라와 아가멤논을 대치시킨 것은 신의 작품이다. 신들의 세계에서는 이미 수십 년 전에 아가멤논에 대한 반감이 자라왔다. 신들의 눈에 아가멤논은 죽어 없어져야 할 인간이었고, 클뤼타임네스트라는 그 역사(役事)에 동원된 수단에 불과하다. 쉽게 말하면 아가멤논의 운명은 정해져 있었다. 그 운명이란 도대체 무엇인가? 무엇이기에 백성들로부터 그토록 추앙을 받아온 장군이 하루아침에 난도질을 당하게 되는가? 이해하기 쉽지는 않겠지만, 그 운명이란 조상 대대로 쌓아온 잘못에 대해 아가멤논이 대가를 치러야 한다는 것이었다. 아가멤논이 속한 아트레우스 집안의 죄를 아가멤논이 감당해야 했고, 게다가 그 스스로도 사람을 죽이는 우를 범했으므로, 운명을 피할 길이 없었다. 누군가는 책임을 져야 했다.

아가멤논은 간통과 동족 살해라는 더러운 내력을 가진 집안에서 태어났다. 아가멤논의 아버지 아트레우스는 친동생과 화해한다는 명목으로 식사에 초대해서는, 그 친동생의 자식들을 직접 죽여서 팔다리를 구워 식탁 위에 내놓은 작자다. 그런 죄들을 아가멤논이 지고 갈 운명이다. 왜 그래야 하는가? 아이스퀼로스 생각으로는 우리 중 누구도 나의 죄만 지고 가는 것이 아니기 때문이다. 가족의 죄, 내가 속한 공동체의 죄도 지고 가야 한다. 쉽게 말하면 우리도 공범이다. 우리 마음속에서 죄를 지은 가족을 죽이지 않는 한 우리도 공범이다. 아이스퀼로스는 그런 말을 하고 싶은 것이다. 법도와 운명은 그렇다. 아버지의 죄를 아들이 지고 간다.

하지만 그렇다고 해서 아가멤논 자신이 아무런 죄도 짓지 않았는데 운명의 화살이 그를 향하지는 않는다. 그 역시 무언가 죄를 지었기 때문에 전대의 죄까지 뒤집어써야 한다. 그가 죄를 짓는 순간 아트레우스 가문의 후손들을 노리고 있던 운명의 여신에게 딱 걸린 셈이다. 죄를 지음으로써 말이다.

《아가멤논》의 1부에 나오는 합창단은 여러 번 이런 사실을 증언하고 있다. 즉 신이 여러 번 아가멤논에게 운명을 피할 기회를 주었다는 것이다. 죄를 짓지 않았다면 아가멤논의 목숨과 영혼은 무사할 수 있었다. 그럼에도 아가멤논은 유혹에 넘어갔다. 그리고 그럴 때마다 운명이 한 걸음 한 걸음 다가왔다.

아가멤논이 저지른 가장 큰 실수는 딸 이피게네이아를 제물로 바친 일이다. 신탁이 그렇게 지시하기는 했지만 그것은 시험이었다. 장군으로서의 영예나 야망보다는 아버지로서의 사랑을 높게 여기는지 알아보려고 했던 것이다. 더구나 그 전쟁은 정의로운 전쟁이 아니었다. 아가멤논은 시민들을 그런 전쟁에 내몰지 말았어야 했다. 그리스 시민들이 바람 난 왕비 때문에 죽을 수는 없는 노릇이니까 말이다. 그런데도 아가멤논은 여러 차례 실수를 거듭했다. 신들이 배를 못 가게 한 데는 이유가 있었다. 하지만 아가멤논은 고민 끝에 야망을 택했다. 마음 깊은 곳에서 들리는 소리에 귀를 기울였어야 했다. 결국 이피게네이아를 죽임으로써 아가멤논은 잔인한 운명을 자초한 셈이다.

다음은 아가멤논의 내면에서 일어난 싸움의 기록이다.

소용돌이 그득한 아울리스 바닷가,

돛을 매고 떠날 준비를 하며

병사들은 웅성거리는데

아카이아 함대의 수장 아가멤논은

운명에 장단을 맞추며
제 발로 액운을 쫓아가는구나.

스트뤼몬에서 불어오는 바람은
지체와 기근과 폐허의 바람
패퇴의 바람
돛줄을 끊어 산산조각 내는 바람
출정을 방해하며
불어오는구나.

이때 아르테미스의 가면을 쓰고
사제가 알려준 해법은
폭풍보다 무섭고, 암초보다 두려우니
두 눈 가득 눈물 고인 채로
홀로 바닥을 치며
그는 큰 소리로 외치는구나.

"안 따르면, 운명이 나를 칠 것이고
따르려면 저 어린 자식을 죽여
가정과 가문을 조각 내고
고귀한 피를 내 손에 받쳐
제단에 뿌려야 하리니.

어느 쪽도 내 길이 없다.

이대로 험한 바다에 나가

내 소중한 전우들을 잃어야 하는가.

제단에 딸자식의 피를 뿌리고

미친 듯이, 미친 듯이

바람을 잠재워야 하는가.

신들은 이 길을 원하는가.

피로 우리를 구원하기를 원하는가."

운명이 아가멤논의 목덜미를 쥐고

천천히 끔찍한 생각을 불어넣으니.

불경스럽게도, 불손하게도

범죄를 결의하고는 영혼을 내팽개친다.

눈먼 바람이 그 손에 칼을 쥐여주고는

딸자식을 찌르게 하노니.

무엇 때문이란 말인가?

바람 난 여자를 찾아서

복수를 하려고?

고작 그것 때문에 군대를 무작정 바다에 띄우는가.

이피게네이아가 흘린 피는 시작에 불과했다. 그 이후로도 아가멤논은 계속 사람들의 피를 흘리게 했다. 그에 대해서도 배상을 할 차례가 되었다. 사람들은 마음속으로 아가멤논에 대한 원한을 품은 채 그의 귀환을 기다렸다. 어린 자식들을 잃은 어머니의 슬픔이 신의 분노와 합쳐져 아가멤논 위에 떨어진 것이다.

다음은 아이스퀼로스가 트로이아 전쟁의 부당성에 대해서 현란한
언어로 표현한 것이다. 그 가운데 결론 부분만 인용하기로 한다.

왕의 업적은 국민들의 저주를 받아
색이 바랬다.
증오로 가득 찬 자들이 왕의 이름을 부르고
내가 두려움에 떠나니
운명이 어둡게 내려온다.
신의 눈들이 병사들을 죽음으로 내몬
왕을 노리고 있다.
검은 운명의 날갯짓이
정의롭지 못한 지상의 업적을
까맣게 가린다.
하늘의 심판을 누가 피하랴.

제우스의 불검이 정수리에 꽂힌다.

마지막 순간에 또 한 번 아가멤논은 운명으로부터 벗어날 기회가
있었다. 그런데도 그걸 다시 무산시켰다. 바로 진홍빛 양탄자 사건이
다. 막상 남편을 죽이기로 작정한 클뤼타임네스트라는 마지막 순간
에 잠시 주저하게 된다. 죄 자체가 워낙 크기 때문이다. 그래서 그녀
는 한 가지 시험을 해보는데, 그 시험은 아가멤논을 향한 것이기도
하지만 신을 향한 것이기도 했다. 그녀는 궁 입구에 다다르자 하인들
을 시켜서 진홍빛 양탄자를 깔게 했다. 구실은 트로이아의 정복자 발

에 흙이 묻어서는 안 된다는 것이었다. 그런데 진홍빛 양탄자는 신들만이 밟고 지나갈 수 있는 것이었고, 아가멤논도 그것을 모르지 않았다. 그래서 아가멤논은 처음에는 거절했다. 하지만 결국 허영에 못이겨 양탄자를 밟고 만다. 그 광경을 본 클뤼타임네스트라는 이제는 죽여도 되겠다는 생각을 한다. 신들이 아가멤논의 그런 불경스러운 작태를 보고 자신의 죄를 용서할 거라고 생각했던 것이다. 물론 그건 오산이었다. 그렇다고 신들이 클뤼타임네스트라의 죄를 사면해줄 리는 없다. 신들은 다만 그녀를 이용할 뿐이다. 누굴 죽일지는 신이 정하는 것이지 사람이 정하는 것이 아니다.

두 부부는 결국 궁 안으로 들어갔고, 궁 안에는 도끼가 기다리고 있었다.

그리고 아가멤논은 죽는다. 하지만 아가멤논을 욕하고 싶지는 않다. 그의 위대함을 잘 알고 있기 때문이다. 그도 실수할 수 있다는 것을 우리가 잘 이해하기 때문이다.

아이스퀼로스는 트로이아의 정복자 아가멤논의 죽음마저도 그냥 전할 사람이 아니다. 사건이 일어난 다음에 궁 안에 있었던 하인의 입으로 왕이 어떻게 죽었는지를 전하는 식의 진부함은 아이스퀼로스의 말투가 아니다. 대신 그는 사건이 일어나기 전에 사건 자체를 생생하게 예견하는 방식을 사용한다. 그 역할을 하는 것이 바로 캇산드라다. 캇산드라는 아가멤논과 누구보다 단단히 연결된 여인으로 아가멤논에게 닥쳐오는 운명을 예감하는 역으로는 제격이었다. 마차에 앉은 채로 무슨 일이 일어나고 있는지 따위는 신경도 쓰지 않던 캇산드라가 갑자기 정신줄을 놓는다. 미친다는 말이다.

그러자 예언의 신 아폴론이 캇산드라 속으로 들어간다. 그래서 장차 일어날 아가멤논의 죽음과 자기 자신의 죽음을 보게 해준다. 하나도 아니고 여러 가지 장면이 보인다. 앞으로 일어날 일도 보이고, 과거에 일어났던 일, 즉 아트레우스의 집안에서 벌어진 일도 보인다. 그걸 전해주는 것은 당연히 합창단이며, 사람들은 이 장면이 의미하는 바를 명백히 알고 있다. 다음은 캇산드라의 독백 장면이다.

어떻게, 이런 죄를.
한 이불을 덮고 자는
사랑하는 남편을 죽이다니.
부인이 다가온다.
한 손에는 죽음의 무기를 들고
다른 손은 애무를 하는 듯이

무섭도다, 저 계략.
보이는구나,
지옥의 올가미.
함정, 그래, 음모.
이불 속 공범, 살인자.
복수의 여신들이여, 내려오소서.
돌로 저 살인자를 쳐죽이소서.
죽이소서.

조심, 조심!
암소의 무리 안에 황소 한 마리 숨어 있다.

이불로 왕을 감싸고

숨겨둔 검은 뿔로 찌른다.

욕조에 누우신 왕이여.

배반자의 칼날을 조심하소서.

별수 없다. 그럼에도 캇산드라는 안으로 들어가야 한다. 죽음이 기다리는 줄 알면서도 들어가지 않을 수 없다.

그리고 마지막 장면에 아가멤논과 캇산드라의 시체가 뮈케나이 시민들에게 공개된다. 손에 도끼를 쥐고 한 발을 시체 위에 올려놓은 클뤼타임네스트라는 "까마귀처럼" 의기양양하다. 그렇다면 이제 그 바람 난 남녀의 한풀이는 끝난 것일까? 아직은 끝이 아니다. 합창단을 구성하고 있는 노인들은 기쁨에 넋이 나간 왕비를 보면서 벌떡 일어선다. 그러고는 왕비가 가장 듣기 싫어하는 이름을 부른다. 바로 오레스테스다. 추방당한 아들이며, 그리스 법도에 따르면 아버지의 죽음을 복수할 유일한 혈육이다.

3부작의 두 번째 《코에포로이》는 아슬아슬한 복수극이다. 주인공은 물론 오레스테스다. 그는 지금 자기 어머니를 죽여야 한다. 아폴론 신의 명령이다. 하지만 생각해보면, 제 어머니의 젖가슴 깊이 칼을 꽂는 것은 얼마나 큰 범죄인가. 모든 신과 모든 인간에 대한 범죄다. 범죄임에도 불구하고 하지 않을 수 없다. 아들은 아버지의 원수를 갚아야 하고, 클뤼타임네스트라를 단죄하는 일은 오로지 오레스테스만 할 수 있다. 그리고 그 일을 하는 순간, 복수의 신 '분노(에리뉘에스)'가 다시 오레스테스를 덮칠 것이다. 끝없는 복수의 연속이다.

오레스테스는 한편으로는 살인을 저질러야 하고, 다른 한편으로는

그로 인해 죽어야 한다. 그도 모르는 바 아니다. 하지만 아무리 생각
해봐도 빠져나갈 구멍이 없다. 신은 두 가지 상반된 명령을 내리고
있다. 신의 세계 자체가 분열되어 있다는 말이다.

다만 한 가지 다행스러운 점은 오레스테스는 혼자가 아니라는 사
실이다.《코에포로이》의 첫 대목에서 오레스테스와 친구 필라데스는
오랜만에 뮈케나이로 돌아온다. 무대 중앙에는 아버지의 무덤이 봉
긋하게 놓여 있고, 오레스테스는 무덤 앞에서 누나 엘렉트라와 만난
다. 엘렉트라는 간절하게 이 순간을 기다려왔다. 돌아가신 아버지를
끝내 잊지 못한 채, 오레스테스가 돌아올 날만 기다리고 있었던 것이
다. 클뤼타임네스트라와 아이기스토스는 자기들에 대한 반감을 노골
적으로 드러내는 엘렉트라를 노예처럼 다루었다. 그녀는 내내 외로
웠다. 친구라고 해봐야 궁 안의 노예들인 코에포로이밖에 없었다. 코
에포로이는 늘 엘렉트라에게 희망의 노래를 불러주었다. 언젠가 오
레스테스가 돌아와서 저 간악한 남녀를 죽이고 집안의 명예를 회복
할 거라는 희망 말이다.

아버지의 무덤 옆에서 남매가 서로를 알아보는 장면은 아주 신선
하다.《아가멤논》부터 지금까지 관객들은 더러운 욕정과 죄악의 구
렁텅이들을 지나왔다. 왕이고 왕비인 인간들조차 저렇게 싸구려 욕
망에 사로잡혀서 사람을 죽이더니, 갑자기 반미치광이들처럼 날뛰지
않았는가 말이다. 그런데 이제 처음으로 사람다운 남매 둘이 나타나
무대에 신선한 공기를 불어넣고 있다. 그들 앞에 어려운 임무가 기다
리고 있다. 다름 아니라 어머니를 죽이는 일이다. 무대에는 아가멤논
의 무덤이 놓여 있고, 아가멤논은 아무 말이 없으며, 원통하기만 하
다. 그 원통함을 풀어야 하는데, 쉽지 않다. 먼저 어머니가 누군지도

잘 모른다. 게다가 죽이려면 분노가 일어야 한다. 결국 오레스테스의 마음속에 분노를 일깨우는 게 숙제다. 그러려면 죽은 아버지와의 연대를 회복하고, 아버지에게서 물려받은 피의 기운을 일으켜야 한다.

이 작품에서 가장 아름다운 장면은 엘렉트라와 오레스테스, 합창단이 모두 무덤을 바라보고 있는 여기다. 사람들은 무덤의 침묵 앞에서 일종의 주문을 외고 있다. 죽음의 세계에서 아가멤논을 불러내 그가 이 주인공들에게 말을 하고, 용기를 불러일으켜주기를 기다리는 것이다.

이윽고 살육이 시작된다. 아이기스토스를 죽이는 것은 하나도 어렵지 않았다. 덫을 놓아서 썩은 짐승을 죽이는 데 어려울 까닭이 무엇인가. 문제는 어머니를 죽이는 일이다. 오레스테스는 클뤼타임네스트라에게 자신을 다른 사람으로 소개한다. 즉 오레스테스의 죽음을 전하러 온 전령으로 소개한 것이다. 클뤼타임네스트라도 사람이라 처음에는 약간 충격을 받은 듯했다. 하지만 곧이어 얼굴을 바꾸고는 자신을 죽일 가능성이 있는 유일한 혈육이 없어진 것을 즐거워한다. 그렇다고 해서 쉽게 안심할 일은 아니다. 클뤼타임네스트라는 아직도 어젯밤 꿈이 생생하다. 아기 뱀을 낳고 젖을 먹이는데, 뱀이 가슴을 무는 바람에 피를 쏟았다.

아이기스토스의 시체가 발견되고 하인이 왕비의 방으로 달려와서 그 소식을 전했다. 왕비는 달려 나오다가 오레스테스와 마주친다. 그의 손에는 피 묻은 칼이 들려 있었고, 옆에 필라데스가 서 있었다. 왕비는 모든 것을 알아차렸다. 그래서 사랑하는 아이기스토스를 잃은 것에 대해서 오열을 터뜨릴 겨를도 없이 오레스테스에게 목숨을 살려달라고 애원하기 시작했다. 가슴을 헤쳐서 오레스테스의 눈앞에

'어미의 젖가슴'을 보여주었다. 오레스테스도 그 장면에서는 마음이 약해졌다. 차마 제 어미를 죽이는 일은 할 수가 없어서 친구 쪽으로 고개를 돌렸다.

> 오레스테스: 어떻게 해야 하지? 어머니를 죽여?
> 퓔라데스: 신의 말을 따를래, 사람들 말을 따를래? 신의 명령을 따르는 게
> 낫지 않을까?

결국 오레스테스는 클뤼타임네스트라를 궁 안으로 끌고 들어가서 죽이고 만다.

마지막 장면은《아가멤논》의 마지막 장면처럼 두 사람의 시체가 놓여 있다. 클뤼타임네스트라와 아이기스토스다. 오레스테스는 시민들에게 시체를 보여준다. 자기의 행위를 정당화하려는 것이다.

오레스테스는 신의 명령을 따랐을 뿐이다. 하지만 아무리 그렇다고 해도 제 어머니를 죽인 사람을 죄가 없다고 할 수 있을까? 오레스테스는 변명을 하기 시작한다. 그럼에도 동시에 공포의 기운이 감돈다. 오레스테스는 자신의 의무와 정의에 대해서 말을 하고, 합창단은 '잘했다'고 응원하지만, 비탄과 회한의 감정이 밀려와 오레스테스의 논리도 흔들린다. 그때 갑자기 신들이 나타난다. 바로 분노의 신들이다. 물론 관객들은 신들을 보지 못했다. 정신줄을 놓은 오레스테스의 눈에만 보였던 것이다. 오레스테스는 공포에 몸을 떤다. 신들이 도대체 무슨 짓을 할 것인가? 관객들은 알지 못한다. 이 작품은 아트레우스 가족 가운데 유일하게 죄가 없는 오레스테스에 대한 희망으로 시작했다. 오레스테스는 아트레우스 가문을 옥죈 운명에 대항해서 작

품 내내 용감하게 싸워왔다. 하지만 그 끝은 너무나 허망했다. 오레스테스는 미치고 말았다.

그런 의미에서 《코에포로이》는 운명과 맞선 싸움에서 결국은 지고야 마는 인간에 대한 이야기다. 대를 이어 계속되는 잔인한 운명을 끝내기 위해 나선 인간, 그는 신의 뜻에 따라 행동했다. 하지만 이길 수 없었다. 이유는 간단하다. 어떤 인간도 전대의 범죄에서 자유로울 수 없기 때문이다. 아폴론이 도와도 별수 없다. 오레스테스는 하늘의 품에 안기지 못했다. 신들 사이에도 내분이 있기 때문이다.

아이스퀼로스는 그럼에도 한 가지 믿음을 가지고 있다. 이 세상에 질서라는 게 있지 않을까 하는 믿음이다. 그 믿음으로 인해 3부작의 마지막 작품인 《에우메니데스》를 쓰게 된 것이다. 여기서 아이스퀼로스는 인간의 정의와 신의 정의에 대한 믿음을 얘기하고 있다. 이미 답이 정해져 있지만 정의의 힘으로 그 답을 바꿀 수 있지 않을까? 그래서 종국에는 신과 인간의 정의가 회복될 수 있지 않을까? 그런 문제를 다루고 있는 것이다. 해법은 그다지 어렵지 않다. 즉 신의 세계에서 먼저 의견 통일을 이루어야 한다. 그들이 먼저 화해를 함으로써 세상의 질서를 바로잡아주어야 하는 것이다.

《에우메니데스》에서 가장 중요한 대목은 오레스테스의 재판 부분이다. 이 재판은 모든 비극의 역사를 통틀어 가장 흥미진진한 대목이다. 무대는 바로 실제 극이 공연되던 자리에서 몇 미터밖에 떨어지지 않은 아크로폴리스, 아테네 여신의 신전 앞이다. 오레스테스의 피를 마시지 못해 안달하는 분노의 신들의 추격을 피해 오레스테스는 신전에 몸을 숨겼다. 무릎을 꿇고는 아테나이 사람들도 익히 잘 알고 있는 아테네 여신의 나무상을 감싸안았다. 처음에는 침묵 가운데 기도하던 오레스테스는 감정에 복받쳐 점점 큰 소리로 애원을 한다. 하지만 오레스테스를 쫓아온 분노의 신들에게 잡히고 말았고, 지옥의 원이 오레스테스를 에워쌌다. 시인은 다음과 같이 탄식을 내뱉는다.

"피 냄새가 분노의 신들을 흐뭇하게 하는구나."

그때였다. 정의롭고 합리적인 아테네 여신이 목상 옆에서 모습을 드러냈다. 여신은 오레스테스를 재판하기 위해 법원을 구성하기로 했다. 아테나이 시민들로 이루어진 법원이었다. 신들이 인간의 세계로 내려와 법원을 만든 것이다. 분노의 신들은 기소하는 역을 맡았다. 피를 흘린 대가는 피로 갚아야 하는 게 법이라고 선언했다. 반면에 아폴론은 변호사 역을 맡았다. 아가멤논의 죽음이 얼마나 끔찍한 범죄의 소산인지 설명한 다음에 그의 죽음을 복수한 오레스테스의 무죄를 주장했다. 재판 결과가 정확하게 반으로 갈렸다. 반은 무죄, 반은 유죄 평결을 내린 것이다. 이때 캐스팅보트를 쥐고 있던 아테네 여신은 오레스테스의 편을 들었고, 그래서 무죄 석방되었다.

동시에 또 하나의 조치가 내려졌다. 이제부터 아트레우스 가족 안에서 일어난 범죄와 같은 사건은 개인이 직접 복수할 것이 아니라, 법정에 회부되도록 한 것이다. 아테네 여신이 주재하는 법원은 구성원들의 양심에 따라 유무죄를 가리게 되었다.

그럼으로써 운명은 정의로 바뀌었다.

극의 마지막 장면은 분노의 신들에 관한 내용이다. 이름만 들어도 벌벌 떨게 만드는 분노의 신들은 이제 속성이 바뀌었다. 분노의 신이 아니라 에우메니데스로 변했다. 복수를 위해서 피를 쫓아다니는 신이 아니라 상냥하고 친절한 신이 된 것이다. 혹자는 아테네 덕에 신들이 '개과천선' 했다고 말하기도 한다. 시민들 사이의 화합을 유지하고, 가족의 법도를 잘 지키는 자들에게 상을 내리는 신이 되었으며, 젊은 청년들의 횡사를 막는 것도 그들이고, 남편에게 사랑스러운 신부를 데려다주는 것도 그들이다.

《오레스테이아》 3부작의 마지막에 이르면, 신들의 잔인한 속성들이 한결 부드러워진다. 운명의 신의 입장에서는 갑자기 정의 운운하는 것이 민망한 일이겠지만, 결국은 좀 더 선량한 속성을 띠게 된다. 즉 운명 대신 섭리라는 이름을 얻게 되는 것이다.

정의로운 사회를 꿈꾼 시인

아이스퀼로스는 용기 있는 사람이다. 그는 인간과 세계 사이에 벌어지는 가장 첨예한 싸움을 과감하게 건드린다. 앞에서 본 것처럼 아이스퀼로스는 마음 깊은 곳에 단단한 믿음을 가지고 있다. 신들과 인간이 결국 조화 가운데 살아갈 것이라는 믿음이다.

때는 아테나이 시민들이 역사상 최초로 민주주의 정부를 구성하던 시점이었다. 그나마 민주주의라는 이름에 크게 벗어나지 않는 정치 형태를 모색하던 때였다. 시인은 그 시점에 신의 세계조차 정의를 추구하는 방향으로 바뀌고 있다는 점을 지적한다. 그럼으로써 아테나이 시민들의 국가가 조금 더 정의의 편에서 살기 좋은 국가로 발전해 나가기를 바란 것이다.

《오레스테이아》의 끝부분에 아테나이를 위한 아테네 여신의 축복의 기도가 나온다.

그에게 내린 모든 축복을

더럽히지 말지니.

땅에서 일어나는 바람

바다 위를 아득히 날다가

태양의 숨결처럼 높은 곳에서

내려오느니, 즐겨라.

아테나이여.

열매와 양 떼들이여.

번성하여 이 시민들을 기쁘게 하라.

죄지은 자들만 여지없이 뽑아내리니.

내가 아테나이를 위해 파수를 서리라.

악의 무리를 밟고

정의여 영원하라.

chapter 10

시민 페리클레스

＊

예수가 태어나기 500년 전에 페리클레스의 시대가 있었다. 한 시대에 자기 이름을 걸 수 있다는 것은 얼마나 큰 영광인가.

물론 약간 과장된 면이 없지 않다. 페리클레스가 '재위'한 기간은 고작 32년밖에 되지 않는다. 정확하게 말해서 정파 안팎의 권력 투쟁 후에 정권을 잡은 게 기원전 461년이고, 이로부터 429년에 사망할 때까지 도시를 지배했다. 몇 달 자리를 비운 것을 빼고 정확하게 32년이다.

그사이에 수많은 변화가 있었다. 예술 작품이 쏟아졌고, 과학이 발달했다. 대리석이나 청동으로 된 조각, 시 혹은 과학 분야에서 새로운 작품이 나오지 않은 해는 손으로 꼽을 정도였다.

이처럼 눈부신 발전의 시대에 페리클레스가 공헌한 바는 무엇인가? 특히 조형예술의 발전에 대한 페리클레스의 공헌도는? 그리고 돈이 많이 드는 예술 작품을 완성하기 위해 아테나이 시민들과 동맹국들은 어떤 대가를 지불해야 했을까? 이런 점들을 한번 살펴보기로 하자.

페리클레스는 아테나이 민주주의를 완성한 장본인이다. 아테나이의 지휘자였고, 지도자였다. 어떤 의미에서는 '독재 군주'였다. 실제로 아테나이 시민들 가운데는 그를 군주라고 부르는 사람들도 있었고, 투퀴디데스는 '아테나이 시민 제1호'라는 이름을 붙였다. 그런 페리클레스에게는 네 가지 장점이 있다. 그 장점들이 한 사람에게 집중됨으로써 엄청난 위력을 발휘했다.

우선, 페리클레스는 머리가 좋다. 정치 상황에 대한 분석, 예측 혹은 그에 대한 적절한 대응 등에서 타의 추종을 불허한다. 두 번째로 말을 잘한다. 남을 설득하고 자기편으로 만드는 능력이 탁월하다. 페리클레스는 의회에서 연설을 할 때 늘 왕관을 땅바닥에 내려놓았다. 그리고 얼마 지나지 않아 사람들의 열렬한 환호를 받으면서 내려놓은 왕관을 다시 썼다. 사람들의 마음을 움직이는 재주가 좋았으며, 혹자는 혀에서 빛이 난다는 표현을 쓰기도 했다. 세 번째로 페리클레스는 아테나이를 사랑한 사람이었다. 아테나이의 영광을 위해서라면 뭐든지 할 준비가 되어 있다. 마지막으로 페리클레스는 사심이 없다. 해야 할 일이 무엇인지 알고, 그 일을 하도록 설득하는 능력이 있으며, 더구나 사심까지 없다면 이 정치가는 얼마나 많은 일을 할 수 있을 것인가? 투퀴디데스는 페리클레스의 이런 완벽한 모습을 설명하기 위해 여러 명의 인물과 대조해보았다. 그 결과 다른 인물들은 뭔가 한 가지가 부족했다. 오직 페리클레스만이 네 가지 덕목을 구비하고 있다. 지능과 웅변, 애국심, 성실성. 결정적으로 페리클레스는 아테나이를 잘 이해하고 있고, 아테나이가 필요한 게 무언지 정확하게 알고 있다. 그래서 사분오열된 아테나이, 더 나아가 모든 그리스 도시들에 공통의 목표를 설정해주고, 단결하게 한다. 이것이 바로 페리클레스의 힘이다.

투퀴디데스의 글을 보면 페리클레스는 처음부터 아테나이가 아니라 그리스 전체를 염두에 두고 정치를 하는 것 같다. 페리클레스가 진정으로 원한 바는 아테나이가 그리스의 중심, 그리스의 심장이 되는 것이었다. 그리고 30년 동안 아테나이를 중심에 세웠다. 조형예술을 발전시킨 것도 그리스 민족의 심장에 생명을 향한 열망을 불러일으키기 위함이었다. 특히 아테나이를 그리스 자유정신의 메카로 세우고자 했다. 투퀴디데스의 증언을 보면 페리클레스는 다음과 같은 연설로 그리스 사람들의 심장을 뛰게 했다고 한다. "용기가 자유를 낳고, 자유가 행복을 낳습니다. 우리가 이 두려운 전쟁 앞에서 용기를 내야 하는 이유입니다." 아테나이 시민들 앞에서 했던 이 말은 그리스 사람들 전체가 생각하는 바를 정확하게 짚어낸 것이었다. 그래서 사람들 사이에 큰 반향을 불러일으켰다. 자유에 대한 열망을 일깨웠고, 그로 인해 그리스 사람들은 용기를 가지고 행동하게 되었다.

페리클레스는 갈래갈래 찢긴 그리스 사회를 아테나이 중심으로 모으고자 했다. 하지만 결국에는 실패하고 말았다. 페리클레스가 능력이 없어서가 아니었다. 누구나 예견하지만 제대로 대비할 수 없는 죽음 때문이었다. 죽음이 계획의 완성을 방해했다. 또 한편으로는 페리클레스가 가지고 있던 애국심을 다른 나라 사람들은 다르게 읽었기 때문이다. 즉 아테나이 제국주의로 읽은 것이다.

투퀴디데스에 따르면, 그것이 페리클레스의 운명이었다.

아이기나에서 발견된 아테네 여신의 두상. 파로스의 대리석으로 제작. 기원전 5세기 중엽.

사람들의 심장을 뛰게 했던 명연설가

지금까지 한 이야기들은 모두 진실일까? 아니 정확히 말하면, 몇 퍼센트가 진실일까? 이처럼 도발적인 질문을 던지는 이유는, 역사가들이 입힌 페리클레스의 색채가 너무 눈부셔서 잘 믿기지 않기 때문이다. 마치 스핑크스를 믿을 수 없는 것과 같다. 게다가 딱히 나쁜 뜻은 아니지만 페리클레스라는 인물 속에는 약간 모순되는 점도 보이고, 너무 미화된 것 같은 의심도 든다. 그래서 조금 더 객관적인 시각에서 분석해볼 필요가 있다. 예전에 이런 멋진 사람이 있었다는 식으로 넘기고 말 일이 아니다.

페리클레스의 외모상 특징은 머리에 있다. 사람들 말로는 두개골이 길어서 "끝이 안 보일 지경"이었다고 한다. 게다가 페리클레스가 약간 도도하다는 점을 들어 시인들은 그를 '해총머리'라고 놀리기도 했다. 동시대의 조각가 크레실라스가 만든 흉상과 그 복사본들은 죄다 머리에 투구를 쓰고 있어 이런 특징이 잘 드러나지 않지만 말이다. 그리고 얼굴에는 도도하고 교만한 기색 대신 자존심 강한 표정이 드러나 있고, 희미한 미소는 꾀가 많다는 것을 보여준다.

아버지 쪽은 아테나이의 내로라하는 귀족 집안이었고, 어머니 역시 알크마이온이라는 귀족의 혈통을 받았다. 아버지 크산팁포스는 귀족임에도 민주주의 정당 지도자로 활동하다가 추방된 바 있고, 알크마이온도 신성 모독과 반역 혐의로 추방된 적이 있었다. 특히 모계 쪽에서는 고조부가 시퀴온의 참주(당시에 주로 대중들의 추대를 받고 군주가 되었다)였고, 그 외손자가 유명한 정치인 클레이스테네스였다. 기원전 508년 클레이스테네스는 민주주의의 아버지 솔론의 개혁을 이어받아 완성하는 역할을 했는데, 그로부터 10여 년이 지난 기원전

492년에 페리클레스가 태어난 것이다.

그런 면에서 보면 페리클레스는 귀족으로서의 자질과 민주주의적인 전통, 참주의 경험까지 골고루 물려받은 셈이다. 그렇다면 정작 정치 일선에 나간 순간에 페리클레스는 어느 정파에 서게 되었을까? 플루타르코스의 증언에 따르면, "최소한 젊었을 때에는 대중들 편은 아니었다"고 한다. 대중이란 그저 돌봐주어야 할 존재로 여겼다. 물론 그렇다고 해서 페르시아 전쟁의 장군이었던 키몬처럼 귀족 정파의 지도자였던 것도 아니고, 그저 과묵하고 진지한 청년이었다. 그러다가 정치 일선에 나서게 되면서 선천적인 귀족 기질에도 불구하고 합리적인 선택의 결과로, 대중들 편에 서게 된다. 아무리 생각해보아도 한량에 불과한 키몬에게서 아테나이의 미래를 구할 수는 없었다. 젊은 시절부터 열망해온 아테나이의 발전을 위해서는 대중들의 권리를 인정하고, 그들을 결집해서 목표를 달성하는 길을 모색해야 했다. 대중은 생산력을 담보하고, 그 위에서 예술과 문화의 발전을 도모할 수 있다. 그런 결심을 하고 나이 서른에 민주주의 정파의 지도자가 되었다.

합리주의 교육을 받았지만, 선천적으로 페리클레스는 감수성이 예민한 사람이다. 세련되고 풍부하다. 도시를 사랑하고 신을 사랑한다. 그래서 페리클레스의 합리주의는 개인주의, 이기주의로 전락하지 않는다.

페리클레스를 키운 스승은 한둘이 아니었다. 그중에서도 다몬과 엘레아의 제논, 아낙사고라스의 영향이 컸다. 먼저 다몬은 작곡가이자 음악 이론가였다. 그는 "음악의 규칙이야말로 나라의 법도의 근간이 되어야 하고, 음악은 공동체의 기본틀이다"라는 점을 페리클레스에게 가르쳤다. 아테나이에 엘레아 학파라는 유일교 교단을 세운 제논은 페리클레스의 철학 스승이기도 했다. 그가 "세상에는 오직 한 분의 신이 있으며, 그분은 생각 하나로 만물을 움직이신다"라고 가르쳤다. 그런 가르침은 페리클레스의 정치 철학, 즉 사상을 통해서 세상을 움직인다는 것과 딱 맞아떨어지는 면이 있었다. 2권에서 자세하게 소개할 아낙사고라스도 페리클레스와 인연이 깊다. 그의 가르침은 세상의 질서에 대한 것이었다. 즉 세상은 혼돈으로부터 시작해서 어떤 법칙에 따라 질서를 갖추게 되었으며, 그 법칙이란 다름 아니라 이성이며, 세상은 이성이 지배한다는 것이었다. 페리클레스는 아낙사고라스의 가르침에 따라 당대 최고 수준의 과학 교육을 받으면서 합리주의, 이성주의의 기초를 쌓았고, 통치의 원리로 삼았다. 투퀴디데스의 말에 따르면 페리클레스의 연설은 감동적이며, 아테나이 전체를 흥분시키는 힘이 있다고 했다. 하지만 그런 힘도 사실은 모두 이성에서 나오는 것이다. 니체의 표현을 빌리면, "페리클레스가 대중들 앞에서 연설할 때, 그는 이성의 화신이었다. 창조적이고 열정적이고 과학적이고 정확하며 예술적이고 통찰력이 넘쳤다"고 한다.

물론 아낙사고라스는 무신론자라는 혐의를 받았지만, 페리클레스는 그 점에서는 스승 아낙사고라스와 달랐다.

페리클레스가 숭상하는 종교는 두 가지였다. 하나는 초창기부터 지금까지 인간의 세계 위에 군림하고 있는 신이며, 다른 하나는 그 신이 현현한 인간이었다. 신의 위대한 힘은 인간에게 구현되었고, 페리클레스는 그걸 믿었다. 행복과 발전과 정의와 명예를 위해 노력하는 인간을 믿었고, 그런 인간들이 모여서 공동체는 발전해갈 것이라고 믿었다. 신전에 신상을 건립하는 이유도 단지 신을 숭배하기 위한 것이 아니라, 신의 닮은꼴인 인간을 숭배하기 위함이었다. 그럼에도 페리클레스는 연설에서 한 번도 신의 이름을 거론한 적이 없었다. 아테나이 시민들과 아테나이의 영광에 대해서 얘기할 때도 신의 이름을 입에 올리지 않았다. 심지어 아테나이를 위해 펠로폰네소스 전쟁에 나갔다가 목숨을 잃은 젊은이들에게 헌화할 때도 신의 이름을 대지 않았다. 페리클레스에게는 신이 따로 존재하는 것이 아니기 때문이다. 신과 아테나이는 동의어이기 때문이다.

민주주의, 꽃피자마자 시들다

그렇다면 페리클레스는 사랑하는 아테나이를 위해서 구체적으로 무슨 일을 했는가? 무엇보다 그는 아테나이를 위해 선배들이 해왔던 일, 즉 관습과 법제, 시스템을 완성했다. 솔론과 페이시스트라토스와 클레이스테네스의 일을 이어받은 것이다. 그러면서도 페리클레스는 특정 계급이나 정파의 이익을 앞세우는 정치인이 아니었다. 그가 갈망하는 민주주의는 전체 아테나이의 민주주의이지 한 계급의 민주주의가 아니다. 가난한 사람들이 정권을 잡아서 부자들을 괴롭히는 민주주의가 아니었다. "가난은 부끄러운 것이 아니다. 오히려 가난에서 벗어나기 위해 아무것도 할 수 없다는 것이 부끄러운 일이다." 페리클레스는 의회에서 이렇게 연설한 바 있다. 가난한 사람들이 듣기에는 기분 나쁠지 몰라도, 페리클레스는 가난한 사람들이 없는 세상을 꿈꾼 것은 아니었다.

페리클레스의 민주주의는 더 많은 사람들이 골고루 참여하는 민주주의였다. 이를 위해서 페리클레스는 한 가지 원칙을 세웠다. 즉 공직의 문호를 개방하는 것이었다. 당시 아테나이에서는 오로지 상위 두 계층만 공직을 맡았다. 그게 문제였다. 하지만 그렇다고 해서 아주 가난한 사람들이 공직을 맡는다는 것도 현실적인 대안은 아니었다. 먹고살기도 바쁜데 집정관이나 배심원 노릇을 한다는 게 쉽지 않기 때문이다. 따라서 문호 개방이란 근로자나 일꾼 등 제4위, 제5위 계층에게 문을 여는 것이 아니라, 제3위 계층, 다시 말해서 소지주와 상공인들에게 문을 여는 것이었다. 이를 위해서 페리클레스는 500인회, 집정관, 배심원, 군인 등 공무원에게 수당을 지급했다. 뿐만 아니라 각종 공화국의 축제에 참가할 때도 참가비를 주었다. 공직에 대한 실질적인 접근권을 보장한 것이다. 하지만 그럼에도 민회만큼은 무급으로 남겨두었다. 민회에 참가하는 것은 시민으로서의 의무였기 때문이다.

공직사회의 문호 개방과 급료 지급, 이것이 페리클레스가 생각한 민주주의 개혁의 내용이었다. 여기에 하나 더 추가한다면, 최고재판소의 거부권을 없애는 일이었다. 실제로 에피알테스라는 시민이 최고재판소 판사들이 횡령죄를 저질렀다고 폭로했다가 아무도 모르게 암살되는 사건이 벌어졌고, 페리클레스는 기원전 461년에 최고재판소의 특권을 폐지하는 조치를 단행했다. 최고재판소는 이제 이름만 남아 있고, 대부분의 임무는 민회와 시민 법정에 인계되었다.

아테나이의 정치체제를 가만히 들여다보면, 주로 법에 의해서라기보다는 오랜 관습에 의해서 움직인다는 것을 알 수 있다. 집정관이라는 직책이 존재하기는 했지만, 집정관은 그저 행정을 책임지는 사람이고 도시에 관한 정책을 결정하는 곳은 여전히 민회였다. 민회는 모

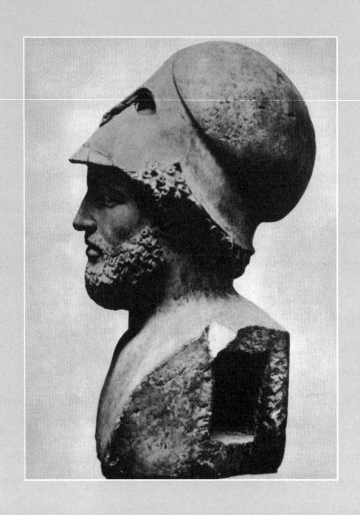

페리클레스의 흉상. 그와 동시대인 조각가 크레실라스가 제작한 작품의 복제품.

든 도시민이 모이는 곳이었고, 정책 토론이 이루어지는 곳이었다. 농장을 떠나기를 극도로 꺼리는 농부들은 불참하는 경우가 많았지만 도시 안에 사는 대부분의 시민들은 민주주의의 결정체라고 할 수 있는 이 모임에 자발적으로 참여했다. 그 흥미진진한 토론 대결을 놓칠 이유가 없었던 것이다.

페리클레스가 아테나이의 나아갈 길을 제시하고 시민들의 추인을 받은 것도 바로 이 민회에서였다. 무슨 대단한 직함이 있어서가 아니었다. 단지 아테나이 전체 민주주의의 지도자로서 페리클레스는 자기 의견을 제시했다. 지혜와 논리, 애국심, 도덕성과 같은 순수한 자질로서 그는 시민들의 지지를 이끌어냈다. 게다가 재임 기간인 기원전 460년부터 429년 사이에 한두 해를 빼고는 매년 10인의 장군 가운데 하나로 뽑혔다. 그것도 지역 대표에게 주어지는 자리를 차지했던 것이 아니라, 전체 시민의 지지를 받아 선출된 것이다. 그만큼 페리클레스는 아테나이 시민들을 휘어잡는 능력이 있었다. 그리고 그런 페리클레스를 매년 시민들의 힘으로 권좌에 앉힐 수 있었던 걸 보면, 아테나이의 민주주의는 말 그대로 시민 주권이 통하는 민주주의였음을 알 수 있다.

특히 민회는 모든 공직자들 그리고 집정관에 대한 통제권을 행사하고 있었다. 먼저 공직자를 뽑는 과정부터가 철저히 민주적이었다. 열 명의 장군을 제외하고 모든 자리는 추첨 혹은 선거로 채워졌다. 2년간 공직을 담당했고, 경우에 따라서는 겸직도 가능했다. 하지만 공직자에 대한 시민들의 감시체계는 거의 완벽하게 작동하고 있었다. 먼저 공직자들은 취임 전에 전직 집정관들로 구성된 500인회, 시민 법정에서 심사를 받는다. 그리고 임기를 마치면서 정산을 해야 하고,

정산 결과가 만족스럽지 않으면 재산을 몰수당한다. 자리에서 물러
난다고 모든 것이 끝나는 게 아니었다. 임기 중 저지른 불법행위에
대해서는 임기 후에도 형사소추를 당할 수 있었다. 이뿐만이 아니었
다. 임기 중에도 철저히 시민들의 감시를 받기 때문에, 소환을 당하
거나 형사소추를 당하기도 했다.

사법 분야에서도 시민 주권의 원칙이 철저히 지켜졌다. 먼저 시민
으로 구성된 배심법원이 민사사건 및 형사사건을 대부분 다루었고,
그 결정에 대해서는 상소도 허용되지 않았다. 다만 민주주의를 훼손
하는 범죄, 즉 비밀결사, 반역, 부패범죄 등은 민회가 직접 관할권을
행사하거나, 천여 명으로 구성되는 시민 법정에 기소하도록 했다.

이런 여러 제도들을 살펴보면 아테나이의 민주주의는 시민을 위한
시민의 민주주의였고, 당시로서는 가장 선진적인 정치체제였음을 알
수 있다.

그것이 가능했던 데에는 페리클레스라는 한 개인의 힘이 크게 작용
했음을 부인할 수 없다. 어떻게 보면 페리클레스의 작품이었다고 해
도 지나치지 않다. 투퀴디데스의 말에 따르면, 당시 "아테나이에는 민
주주의가 있었던 것이 아니라, 제1시민이 운영하는 정부가 있었을
뿐"이다. 페리클레스와 친분관계가 두터웠던 소포클레스도 이 점을
놓치지 않았다. 그래서 《안티고네》라는 작품에서 크레온이라는 인물
을 묘사하면서 페리클레스를 가져다 쓴 것이다.

페리클레스에 대해서는 두 가지를 말할 수 있다. 한편으로 그는 아
테나이 민주주의를 완성한 인물이다. 하지만 다른 한편으로는 그로
인해 민주주의의 발전에 방해가 되었고, 심지어 시들게 되었다는 것
도 부정할 수 없다.

아리스토텔레스가 전하는 바에 따르면, 페리클레스의 치세이던 기원전 451년에서 450년 사이에 부모 모두 아테나이 시민일 경우에만 자식에게 시민권이 주어지는 규정이 생겼다고 한다. 물론 솔론의 시대에는 그런 법이 없었다. 아버지가 시민이면 어머니가 외국인이라고 해도 시민권을 가졌다. 테미스토클레스나 키몬, 투퀴디데스, 클레이스테네스도 모두 그런 의미에서 시민이었고, 위대한 업적을 남겼다. 심지어 아테나이 발전에 기여한 자들도 시민권을 얻었고, 관료들의 묵인 아래 시민으로 등재되는 자도 적지 않았다. 하지만 이제 그게 불가능해졌다. 그 결과 시민의 수가 감소했다. 기원전 445년과 444년 사이에 아테나이에 기근이 덮쳤을 때, 델타의 왕 프삼메티코스가 아테나이에 수천 상자의 밀을 구호품으로 보냈다. 이때 구호품을 신청한 시민은 1만 4240명이었다고 한다. 신청하지 않은 사람의 수를 많이 잡아서 1만 명이라고 해도, 아테나이는 겨우 3만 명의 시민만 살고 있었다는 말이 된다.

페리클레스 시대에 이르러 아테나이 민주주의의 꽃이 피었고, 그리스에서 가장 민주적인 도시로 추앙을 받았다. 그 아테나이에 총 40만 명의 인구가 살았는데, 그 가운데 시민은 고작 3만이었다.

민주주의는 이처럼 잠시 꽃을 피웠다가 시드는 길로 접어들게 된 것이다.

제국으로 가는 길

페리클레스가 권력을 잡은 시점을 기준으로 해서, 아테나이는 델로스 동맹의 맹주 자리를 15년 동안 지키고 있었다. 페르시아 전쟁이 막바지에 이르렀던 기원전 479년에 결성되었고, 순수한 군사동맹이었다. 아직도 페르시아의 지배를 받고 있는 그리스 도시를 해방시키고, 혹시 있을지 모르는 침입에 대비하기 위함이었다. 해방과 반격, 방어와 예방이라는 목적을 가진 동맹이 델로스 동맹이었고, 테미스토클레스, 키몬, 아리스테이데스 등이 만든 작품이었다.

동맹의 수도는 에게해 한가운데 있는 섬이었는데, 일종의 성소였고, 참모부였고, 전리품 창고였다.

처음부터 아테나이는 동맹국 가운데서 특권을 누렸다. 아테나이의 해군력이 워낙 강해서 자연스럽게 맹주 자리를 차지하게 되었고, 동맹의 자산 관리도 아테나이가 맡았다. 동맹국들은 의무적으로 페르시아와의 전쟁에 대비해서 무장한 함대를 차출해주어야 했다. 만일 성능이 좋은 배를 댈 수 없는 동맹국은 대신 돈으로 내는 게 초창기부터 고수해온 원칙이었다. 결국 사모스, 키오스, 레스보스를 제외한 대부분의 동맹국들은 어느 정도는 돈을 내야 하는 처지였고, 특히 아테나이는 현재 가치로 환산하면 300만 스위스 프랑에 이르는 돈을 냈다.

아테나이는 이런 상황을 참지 못하고 동맹의 회계를 아테나이의 회계에 편입하는 조치를 취하는데, 기원전 454년 페리클레스 치세의 일이었다.

이론적으로 보면 동맹국끼리는 평등한 관계였다. 하지만 맹주인 아테나이는 너무 강했고, 다른 동맹국들은 힘이 없었다. 그런 불균형 상태로 인해 동맹국들 가운데는 탈퇴 움직임을 보이는 나라가 생겼고, 그때마다 아테나이는 가혹한 진압에 나섰다. 기원전 470년에 낙소스가 그랬고, 기원전 465년에 타소스가 그랬다. 두 나라는 동맹에서 조공국으로 전락했고, 해마다 조공을 바쳐야 했다. 이런 사태가 벌어진 시기는 귀족당의 지도자 키몬이 전면에 나서던 시대였다.

그러다가 페리클레스가 권좌에 오르자, 연이어 반란이 일어났다. 밀레토스를 비롯한 이오니아의 대도시 세 곳이 앞장을 섰다. 기원전 446년에는 에우보이아의 칼키스, 에레트리아 등의 도시가 가세했다. 특히 스파르타의 지원을 받았다는 점에서 에우보이아의 반란은 아테나이에 치명적이었다. 그래서 페리클레스는 그쪽으로 정신을 팔고 있었는데, 메가라가 스파르타 군대에게 앗티케로 올라오는 길을 열어줌으로써 아테나이의 등에 칼을 꽂는 일을 저질렀다. 페리클레스는 신속하게 에우보이아에서 군대를 빼서 위험에 빠진 아테나이를 구하러 달려왔고, 화들짝 놀란 스파르타는 후퇴하지 않을 수 없었다. 페리클레스는 거기서 멈추지 않고 다시 군대를 이끌고 에우보이아로 가서 귀족들을 축출했다. 에우보이아 시민들은 뜻하지 않게 자기 나라가 '민주화' 되는 사태를 목도하게 된 것이다.

폭동이 일어날 때마다 아테나이는 힘으로 진압했다. 조공국으로 만들거나 아니면 인질을 요구하기도 했다. 입맛에 맞는 정권을 여러 군데에 세웠다. 각별한 관계를 유지할 필요가 있는 나라에는 총독을 파견해서 통치하도록 했고, 식민지로 만들어 무장 군인을 배치하는 경우도 있었다. 이들에게는 반란군에게서 빼앗은 도시 근처의 땅을 나눠주었으며, 조공국의 질서를 유지하는 임무를 부여했다.

이제 동맹 협의회는 그 이름이 무색해졌다. 아테나이가 일방적으로 3년마다 조공 액수를 정했고, 조공국과 아테나이 사이에 혹은 몇 개 안 남은 동맹국 사이에 분쟁이 일어나면 아테나이 법원이 다루었다. 델로스 동맹이 아테나이 제국으로 변한 것이다.

말을 탄 기사의 두상. 파르테논 신전의 이오니아식 프리즈.

그러자 제국은 내부로부터의 위협에 시달렸다. 페리클레스의 치세 중이던 기원전 441년에는 사모스에서 반란이 일어났다. 페리클레스는 별 의미도 없이 피만 잔뜩 흘리는 전쟁을 2년 동안 계속했고, 결국 반란을 진압했다. 사모스의 영토 중 일부는 전비 개념으로 아테나이 시민에게 할당했다. 사모스에는 '민주주의 정권'이 들어섰으며, 모든 것은 다시 평상으로 되돌아갔다.

아테나이의 문제는 단지 조공국으로 전락한 나라들을 통치하는 데만 있는 것이 아니었다. 페리클레스는 어느새 참주가 되어갔고, 아테나이 사람들 스스로가 참주의 감옥에 갇히는 신세가 되었다. 투퀴디데스의 책에 보면 페리클레스가 시민들 앞에서 다음과 같이 연설하는 장면이 나온다. "아테나이가 싸우는 이유는 누구 하나를 제거하기 위함이 아닙니다. 지배를 유지하기 위해서입니다. 지배력을 잃게 되면 억눌렸던 적들이 나타납니다. 그때는 지금처럼 편안히 물러서 있을 수 없습니다."

이것이 바로 '제국주의적 민주주의'의 실체였다. 이 민주주의는 철저하게 노예들 위에 세운 민주주의다. 또한 조공국의 재산과 땀과 피 위에 세운 민주주의였다.

아테나이 제국과 억압적 민주주의

페리클레스의 제국은 금세 부자가 되었다. 돈이 여러 군데서 쏟아져 들어오고, 공직자에게 주는 월급은 몇 푼 되지 않았으므로, 부가 축적되었다. 남아도는 부로 페리클레스는 예술 작품을 제작했다. 일꾼들에게 일거리를 주고, 아테나이에는 '불멸의 명성'을 남겨줄 수 있는 프로젝트였다.

사실 델로스 동맹이 순식간에 아테나이 제국으로 변하자 아테나이 내에서도 이견이 없었던 것은 아니다. 플루타르코스가 전하는 바에 따르면, 페리클레스 반대파 한 사람이 의회에서 다음과 같이 소리를 질렀다고 한다.

"그리스인 전체의 재산을 우리 것으로 만들면서 우리 아테나이의 이름은 더럽혀졌습니다. 대놓고 욕을 해댑니다. 게다가 우리는 참주 밑에 들어가고 말았습니다. 우리 그리스인들이 갹출한 돈으로 우리는 도금을 하고 치장을 하고 앉았습니다. 변덕스러운 여인이 드레스에 보석을 박아대듯이, 이 도시에 값비싼 동상을 만들고 있는 것입니다."

물론 페리클레스 입장에서도 반박할 말이 없었던 것은 아니다. 페리클레스는 의회에서 당당하게 선언했다. 지금부터 아테나이는 페르시아에 맞서는 에게해의 경찰이 되겠다고 했다. 이제까지도 그를 위해 피를 흘렸고, 앞으로도 그럴 것이라고. 따라서 아테나이와 동맹을 맺은 도시들은 그리스를 수호하는 일에 힘을 보태야 한다는 요지였다.

"배를 달라는 것도 아니고, 군대를 보내라는 것도 아니다. 돈을 내야 한다. 그 돈은 내는 사람의 소유가 아니라, 받는 사람의 소유다. 돈을 받는 사람이 돈값을 치르기 때문이다."

내용 자체는 논리적이고 명확하다. 페리클레스는 약간 냉소적이기는 하지만 자신감에 찬 어투로 말했다. "전쟁을 치를 준비를 마쳤으면 이제 아테나이는 그리스 전체의 불멸의 영광을 위한 사업을 벌여야 한다."

플루타르코스의 말에 따르면 페리클레스는 전쟁에 참여했던 사람들에게 "충분한 돈을 내어주면서" 다음과 같이 말했다고 한다.

"군사와 보초들만 돈을 버는 것이 아니다. 일반 가정도 혜택을 누릴 수 있다. 돌과 청동과 상아, 금, 흑단, 나무 등이 주재료다. 재료를 생산하고 공급하는 사람, 도매상 등은 말할 것도 없고, 목수, 주조공, 대장장이, 석공, 염색업자, 금박업자, 자수업자, 세공사, 페인트공도 필요하다. 바다에서 일하는 선원이나 항해사도 필요하고, 육지에서 일하는 마차 인부, 조련사 등도 필요하다. 끈 만드는 사람, 실 잣는 사람, 도로를 건설하는 사람, 금광 캐는 사람, 신발 만드는 사람도 마찬가지다. 아테나이의 모든 사람들이 할 일이 있다. 모두 아테나이의 영광을 위해 동원되어야 한다."

이 말에서 볼 수 있듯이 국책사업을 통해 가장 많이 이득을 보는 계층이 근로자 계층이고, 크게 보면 모든 가정에 이익이 된다. 결국 조공국들이 내는 돈을 가지고 아테나이 시민 전체가 나눠 쓰는 셈이다.

따라서 아테나이의 민주주의는 억압하는 민주주의다. 파르테논 신전은 아테나이에게 영광이고 이익이다. 하지만 다른 나라들에게는 영광도 이익도 없다.

파르테논 신전의 건축

기원전 450년에서 449년 사이에 페리클레스가 주도해서 통과시킨 법에 따르면 제2차 페르시아 전쟁으로 인해 파괴된 신전을 재건하기 위해서 동맹의 돈을 가져다 쓸 수 있다. 아크로폴리스의 재건축이 시작된 것이다. 기왕에 존재하던 자질구레한 입상들을 빼고도 네 개의 거대한 프로젝트가 발주되었다. 파르테논과 프로필라이아, 에레크테

이온, 아테네-니케 신전 등이 그것이었다. 이 프로젝트로 아테나이
건축과 조각은 최고의 전성기를 누린다. '순수한 아름다움'의 절정
이었다. 투퀴디데스는 페리클레스와 아테나이 시민들의 심미안 자체
가 순수한 아름다움을 추구한다고 했다. 그 걸작들 가운데 하나인 파
르테논에 대해 살펴보기로 하자.

그리스 신전 건축의 역사를 장황하게 설명하려는 게 아니다. 다만
아테나이의 위대한 건축물에 나타난 '순수한 아름다움'에 대해서 말
하고 싶은 것이다.

기원전 479년 페르시아군이 철수하던 시점에 아테나이는 산꼭대기
에 있는 무덤 덩어리에 불과했다. 여기저기 부서진 조각들이 흩어져
있었다. 권력을 잡은 테미스토클레스와 키몬은 우선 급한 일부터 시
작했다. 남북에 각각 높은 벽을 쌓는 일이었다. 그럼으로써 아테나이
는 완전한 성의 모습을 갖추게 되었다. 가용 면적도 커졌다. 워낙 산
위에 지은 도시라 울퉁불퉁하기는 하지만 그런 곳에는 지난 시절의
유물들을 채워서 평평하게 만들었다. 최근에 발굴된 그 유물들은 아
직도 색채가 선명하다.

그런 아테나이를 물려받아 페리클레스는 다른 그림을 그렸다. 그
리스 전체의 상징으로 끌어올리고 싶었던 것이다. 땅과 바다와 시대
위에 높이 서 있는 위대한 도시로 바꿀 생각이었다.

그 모든 작업을 페리클레스가 주도했다. 설계도를 놓고 토론을 하
고, 재료를 직접 선정하기도 했다. 현장을 감독하고 재정 지출에도
관여했다. 그러다가 기원전 450년에 페이디아스가 아크로폴리스 재
건축 사업의 총감독자로 선정되었다. 당시 42세였던 조각가 페이디
아스는 이미 여러 군데에 걸작을 남긴 바 있었다. 같은 해 아크로폴

아크로폴리스 암반 위에 키몬이 세운 석회암 성벽 너머로 보이는 파르테논 신전.

신전 기둥의 초석. 원형의 돌 한가운데에 뚫린 사각형의 구멍에
금속의 이음쇠를 넣어 초석들을 연결했음을 알 수 있다.

리스에 아테네 여신상을 세운 것도 페이디아스였다. 수수한 리본을 곱슬머리에 붙이고, 손에는 방패를 느슨하게 쥔 상태에서 손에 투구를 쥔 모습이 젊은 여인의 매력을 완벽하게 표현하고 있었다. 왼손에 쥔 창은 무기라기보다는 지팡이처럼 보였고, 그런 의미에서 아테네 여신은 전사의 모습이라기보다는 평화의 수호자와 같은 모습이었다. 나중에 페이디아스는 아크로폴리스에 아테네 여신상 두 개를 더 만들어 세웠는데, 그때는 오히려 전사와 같은 강건한 이미지를 풍겼다. 한편으로는 평화의 상징으로, 다른 한편으로는 전사의 상징으로 아테네 여신을 설정한 걸 보면, 아테나이 민주주의의 성격을 짐작할 수 있다. 즉 평화란 전쟁에 대한 의지 없이는 불가능하다는 것을 웅변한다. 또 하나의 아테네 여신상은 파르테논 신전 안에 있다. 거기서 아테네 여신은 도시와 재정의 수호자의 모습을 하고 있다. 어둑어둑한 성상 안치소 안 두 개의 기둥 사이에 서 있는 아테네 여신은 금과 상아빛으로 빛난다. 제단 위에는 대리석으로 표현한 각종 제물과 고급스러운 옷가지들이 쌓여 있고, 기둥에는 방패가 걸려 있다. 아테나이의 자존심과 위엄을 한 몸에 드러내고 있는 것이다.

페이디아스는 파르테논 신전 안에도 직접 장식을 했다. 이오니아식 기둥 띠에 묘사한 아테나이의 축제 장면은 보는 사람의 가슴을 쿵쿵 뛰게 할 정도였다. 행렬에는 젊은 기수들과 나이를 알 수 없는 노인들, 손에 제물을 든 동맹국 사람들, 축제를 맞아 겨우 규방에서 나온 젊은 처녀들이 장식이 별로 없는 긴 드레스를 입고 있는 모습이 보인다. 특이한 것은 행렬에 참석한 사람들에게 표정이 없다는 점이다. 아마도 기둥 끝에 등장할 신 앞으로 걸어 나가면서 신과 같은 무감함을 체득한 모양이다. 이처럼 신과 영웅이 아니라 보통 사람들이 신전에 새겨진 것은 이번이 처음이다. 페이디아스와 페리클레스의 발상은 그만큼 독특했다.

알려진 바로는 박공 두 곳에 페이디아스가 직접 조각한 신상을 넣었다고 하는데, 지금은 너무 훼손되어서 정확하게 알아보기 어렵다. 다만 신의 모습이 격한 동작이 아니라 편안한 상태로 묘사되었다는 것 정도만 확인할 수 있다. 가만히 쉬고 있는 가운데도 신은 힘이 세어 보인다. 동작은 없는데 말이다.

또한 도리스식 기둥에는 제자들을 시켜서 조각을 하게 만들었다.

페이디아스는 페리클레스와 충분한 교감을 하고 있었다. 심지어 기원전 432년 유죄 판결을 받아 감옥에서 죽기까지도 페리클레스에 대한 존경심을 버리지 않았다고 한다.

어쨌든 페이디아스는 아크로폴리스의 제작자였다. 모든 작품에 그의 진지하고 창의적인 감각이 살아 있다. 전체적인 조화를 추구하면서도 섬세하고 세세한 작업에도 소홀함이 없었다. 그중에서도 파르테논은 페이디아스의 걸작 중의 걸작이다.

사실 페이디아스와 소포클레스와 페리클레스는 한 팀이었다. 그들이 힘을 합쳐서 만든 것이 바로 파르테논 신전이다. 《안티고네》라는 작품을 쓸 당시에 소포클레스는 조달청의 재정 담당이었다. 즉 동맹국에서 징발된 물자들을 배분하는 일을 담당하고 있었다. 《안티고네》와 《오이디푸스 왕》 같은 대작을 쓰고 있다고 해서 시민으로서 중요한 공직을 수행할 의무를 저버린 것은 아니다. 정치 성향은 서로 다르지만 세 사람 공히 같은 시대에 아테나이를 이끌었다. 소포클레스는 연극으로, 페이디아스는 아크로폴리스 재건축으로, 페리클레스는 정치가로 이름을 날렸다.

시대의 걸작 파르테논은 순수한 작품이다. 모든 걸작들이 그렇듯이 평범해 보이는 외관 속에 엄청난 재주와 철학이 깃들어 있다.

언뜻 보기에 파르테논은 순전히 수학적인 건축물 같다. 재료를 수직, 원 혹은 삼각형, 직선의 형태로 잘 배열해서 적절한 균형을 이루고 있다. 오랜 세월에 걸친 신전 건축 기술의 집대성이라 할 수 있다. 건물의 높이와 너비, 길이 사이의 황금비율을 맞추고 있다. 기둥의 높이와 지름의 관계, 기둥의 크기와 기둥 사이의 거리 관계, 지표 부분의 기둥 지름과 꼭대기 부분의 지름과의 관계 등을 수학적으로 치밀하게 계산했다.

하지만 그것은 일면에 불과하다. 현재의 과학기술로 볼 때, 우리 식의 셈법을 맞췄다는 얘기지, 그것이 파르테논의 본질은 아니다. 파르테논은 그 이상의 의미가 있다. 파르테논은 수학 공식 속에 갇힌 건축물이 아니라 살아 있는 건축물이다. 수학이 아닌 감성을 건드리는 건축물이다. 파르테논에는 질서가 있지만, 그것은 움직이고 살아 숨 쉬는 질서다.

어떻게 그런 일이 가능할까? 이유는 간단하다. 파르테논에 쓰인 직선은 실제 직선이 아니다. 마치 우리 삶에서 마주치는 직선들이 완벽한 직선이 아닌 것과 같다. 원도 마찬가지다. 고르지가 않다. 파르테논에 구현된 수학은 딱 떨어지는 수학이 아니다. 조금씩 빗나간다. 일부러 그렇게 했다. 예술적으로 약간씩 뒤튼 것이며, 그럼으로써 각 면들이 살아 움직이게 한 것이다. 파르테논을 살아 있는 건축물로 만든 힘은 바로 이 비틀기에 있다.

예를 들어보자. 파르테논 신전을 받치는 네 개의 단층은 높이가 서로 다르다. 바위 바로 위에 올린 첫 번째 단층은 아주 얇고, 제일 위에 있는 마지막 단층이 제일 두껍다. 그 차이란 너무 작아서 막상 디디고 올라가 봐야 겨우 느낄 수 있을 정도다. 하지만 멀리서 봤을 때, 두께가 다른 단층이 주는 효과는 확실하다. 즉 거대한 건축물에 단층이 짓눌리고 있다는 느낌을 없애준다.

게다가 계단 하나하나도 표면이 고르지 않다. 끝에서 보면 가운데가 약간 볼록하게 튀어나와 있다. 멀리서 보면 직선은 가운데가 약간 들어가 보이는 착시 현상을 막기 위해 가운데를 살짝 높인 것이다.

요컨대, 파르테논 신전 전체를 떠받치고 있는 선은 직선이 아니며, 수평선도 수평선이 아니다. 그렇기 때문에 사람 눈에는 오히려 직선으로 보인다. 우리 눈에는 신전의 기초 부분이 '무거운 돌기둥을 튼튼하게 떠받치고 있는' 것처럼 보인다는 말이다.

게다가 천장을 떠받친 기둥도 크기가 제각각이며, 직각이 아니다. 기둥 사이의 거리도 모두 다르다. 도대체 이 건축물에는 어느 것 하나 아귀가 맞는 것이 없다. 그게 오히려 건축물 전체에 안정감을 주고, 역동성을 부여한다는 이 기막힌 역설을 어떻게 설명할 수 있을까? 파르테논은 한마디로 영원하다. 그것도 부동자세의 영원함이 아니라, 움직임의 영원함이다.

기둥들만 좀 더 자세히 들여다보기로 하자. 먼저 눈에 띄는 것은 기둥들 중 어느 하나도 직각으로 서 있지 않고, 어느 하나도 바로 옆의 기둥과 수평으로 서 있지 않다는 점이다.

만약 기둥이 직각으로 서 있었다면 그것들 각각은 제 몫을 다 하는 셈이 된다. 즉 무거운 기둥을 나눠서 떠받치게 된다는 말이다. 하지만 모두 안쪽으로 약간 기울어진 자세라면, 기둥은 이기적인 기둥이 아니라 협력적인 기둥이 된다. 함께 힘을 합쳐 무거운 천장을 떠받치게 되는 것이다. 위치나 크기에 따라 기둥이 안쪽으로 기울어진 각도도 제각각이다. 어떤 것은 6.5도 기울어져 있고, 어떤 것은 8.3도 기울어져 있다. 그럼에도 모든 기둥은 안으로 향하고 있다. 그래서 우리 눈에는 모든 기둥들이 조금씩 힘을 합쳐 완벽한 버팀목 역할을 하는 것처럼 보인다.

기둥을 기울여 세우는 현실적인 이유도 물론 있다. 기둥이 완벽한 직각이라면 천장과 박공의 무게를 못 이겨 내려앉았을지도 모른다. 중요한 것은 이런 현실적인 필요조차도 예술적으로 승화시켰다는 사실이다. 약간 안쪽을 향하고 있는 자세를 멀리서 가만히 쳐다보면 모든 기둥들이 신전 높은 곳 한 점을 응시하는 것처럼 보인다. 그래서 파르테논은 직각으로 세운 기둥 위에 얹어진 돌무더기가 아니라, 전체가 피라미드처럼 하늘을 향해 금세라도 비상하려는 자세다. 우리의 눈에는 그렇게 보인다.

건축물 전체가 안쪽으로 향하고 있다는 점은 처마 돌림띠를 보면 알 수 있다. 돌림띠 전체가 안을 향하면서 시선을 가운데로 모이게 한다. 그럼에도 건축물 전체를 떠받친 기둥은 훨씬 가파르게 서서, 안에서 일어나는 일에는 무심한 듯 보인다. 즉 네 각에서 각자의 역할을 충실히 함으로써 신전 전체의 안정감을 확보해준다. 그리고 기둥들은 몸통에 두툼하게 살이 붙어서 내리쬐는 햇볕을 조금이라도 더 많이 받아낼 기세다. 동시에 뒤에 있는 기둥보다 시각적으로 가까이에 있는 듯한 효과를 낸다. 만약 모든 기둥 사이의 거리가 똑같았다면 기둥 자체가 약해 보였을 것이다. 하지만 이렇게 약간씩 균형을 깨뜨림으로써 오히려 네 각을 지키는 기둥들에 안정감을 부여하게 된다.

아크로폴리스에 세워진 아테네-니케 신전.

이처럼 파르테논 신전을 구성하는 수학은 생명체의 수학이다. 파르테논은 아크로폴리스라는 땅 위에 풍성한 열매를 단 채로 서 있는 한 그루의 나무 같다. 저 언덕 아래서 아크로폴리스를 향해 가파른 길을 올라오는 사람들은 멀리서 파르테논을 보고 별것 아니라는 생각을 하거나, 혹은 음흉하게 얼굴을 숨긴 기괴한 건물이겠거니 여긴다. 아크로폴리스로 들어오는 시점에는 프로필라이아 때문에 모습도 잘 보이지 않는다. 그러다가 정작 파르테논 앞에 서면 사람들은 깜짝 놀라고 만다. 건물이 커서가 아니다. 크기로 치면 로잔 성당이 $100 \times 42 \times 75$미터인 데 비해, 파르테논은 $70 \times 31 \times 17.5$미터밖에 안 된다. 그럼에도 파르테논은 심장을 멎게 하는 위엄이 있다. 역사가들의 말에 따르면, "그리스 건축에서는 규모보다 비율이 중요하며, 신전을 보고 나면 크기 생각은 잘 안 난다"고 한다. 그렇다면 파르테논 앞에 섰을 때, 드는 생각은 무엇일까? 굳이 과장할 생각은 없다. 한 가지 분명한 사실은 파르테논을 보면 행복해진다는 것이다. 행복하다. 그것은 마치 살아 있는 생명체를 볼 때 느끼는 행복과 비슷하다.

살아 있는 파르테논은 무수히 많이 복제되었다. 수 세기 동안 파리에서 뮌헨까지, 워싱턴에서 모스크바까지, 은행 앞에, 교회 앞에 베껴다 세웠다. 심지어 파리의 마들렌 성당은 파르테논을 본뜬 괴물 수준이다. 하지만 파르테논은 한 토양의 산물이고, 구체적인 역사의 산물이다. 아크로폴리스에서 뽑아내면 파르테논은 생명을 잃는다. 테미스토클레스와 키몬이 만든 성벽 사이, 성벽과 같은 색깔로 석회 언덕 위에 서 있을 때 파르테논은 랜드마크가 된다. 오랜 쇠락에도 불구하고, 우리는 아직까지 이 상아빛 대리석에서, 다양한 각도로 여러 가지 홈을 판 채로 서 있는 기둥들에서, 홈마다 태양빛이 비쳐 그윽

한 주름을 만들고, 빛과 어둠이 번갈아 가며 달라지는 하늘 아래 움직임 없이 춤을 추고 있는 파르테논에서 생명을 느낀다. 천재 예술가는 대리석 기둥에 생명을 불어넣었다. 대리석은 시시각각 변한다. 지금쯤은 아마 어두운 갈색이나 회색을 띠고 있을지도 모른다. 거의 검은빛에 가까울지도 모른다. 저녁놀이 비치면 자줏빛 사이 노란색 띠를 달고 있을지도 모른다. 대리석은 하얀색이라고 믿는 사람들이 있다. 하지만 파르테논의 하얀색은 그냥 하얀색이 아니다. 손발 가득 갈색 주름을 훈장처럼 단 노년의 하얀색이다.

파르테논은 너무 늙었고, 너무 부서졌다. 그렇다고 해도 젊었을 적의 그 완벽한 아름다움은 지금 봐도 손색이 없다.

영광과 실패

페리클레스의 마지막 치세는 순탄치 않았다.

권좌에 있으면서 그가 가졌던 포부 하나는 전체 그리스를 하나로 묶는 것이었다. 그것을 위해서 구체적으로 어떤 일을 도모했는지 자세한 정보는 없다. 하지만 플루타르코스가 전하는 바에 따르면, 기원전 446년경 포고령 하나가 내려졌다고 한다. 시켈리아와 이탈리아에 있는 도시를 제외하고 그 외 유럽 및 아시아에 있는 모든 그리스 도시들에 대표자를 보내줄 것을 요청하는 포고령이었다. 목적은 그리스 민족 공동의 관심사를 의논하는 것이었다. 페르시아 전쟁으로 파괴된 신전을 재건축하는 문제, 전쟁을 승리로 이끌어준 신에게 감사의 제물을 바치는 문제, 바다의 질서를 유지하고 그리스 도시 간의 평화를 도모하는 문제 등이 의제였다. 이를 위해서 페리클레스는 아테나이 시민 20명을 다섯 명씩 네 그룹으로 나눠 각지에 파견했다. 그러자 스파르타가 반기를 들었다. 아테나이 중심의 그리스 민족회의를 정면으로 거부했을 뿐만 아니라, 아테나이의 우월한 지위를 인정할 수 없다고 했다. 결국 회의는 무산되었다.

이런 상황에서 누구의 잘못인지를 따지는 것은 쉬운 일이 아니다. 하지만 최근 10년간 페리클레스가 추구한 제국주의 정책이 혼란스러운 신호를 동맹국들에게 보냈다는 것만큼은 확실하다. 무자비한 침공을 일삼던 아테나이가 이제 와서 '평화의 사신'을 보내는 것이 뜬금없는 일처럼 보였다는 말이다. 아테나이는 같은 해인 기원전 446년에 바로 이웃에 있는 에우보이아 도시들을 진압했다. 게다가 약 5년 전에는 부모 모두 아테나이 시민인 사람에게만 선거권을 부여하는 법을 만들어서 아테나이 민주주의를 주변국에는 인정하지 않는 정책을 취했다. 그러다가 기원전 446년 파르테논 신전에 첫 돌을 올려놓는 시점에 갑자기 동맹국들의 도움이 필요해진 것이다.

페리클레스는 피를 흘리게 했고, 돈을 착복했고, 자유를 빼앗았다. 페리클레스의 제국주의는 그런 모습으로 비치고 있다. 그러니 어떤 도시가 다시 페리클레스가 내미는 손을 잡겠는가. 그 의도가 아테나이의 번영을 도모하고, 아테나이의 지배권을 확인하는 것인 줄 뻔히 아는데, 순순히 따를 도시가 어디 있겠는가. 이 지경까지 이르렀음에도 "페리클레스의 제안은 영웅적인 발상이었다"고 선언한 플루타르코스도 한참 순진한 사람이라고 하지 않을 수 없다.

페리클레스는 전쟁으로 치닫는 상황을 통제할 수 없었다. 그리스 세계에서 일어난 이 잔인한 전쟁에 대해서 세세히 설명할 자리는 아니다. 다만 강조하고 싶은 것은, 아테나이에도, 또 아테나이의 적들에게도 책임이 있었다는 점이다. 하지만 결정적인 책임은 페리클레스에게 있다. 그는 앗티케의 시장을 폐쇄하고, 메가라의 배들이 아테나이 제국의 항구에 정박하는 것을 금지하는 조치를 취했다. 기원전 446년에 저지른 배반 행위에 대한 보복이었다. 이것이 페리클레스에게는 악수였다. 이렇게까지 이른 마당에 전쟁을 피할 도리가 없었다. 물론 페리클레스의 정책은 전쟁을 두려워하는 정책이 아니었다. 전쟁은 방어의 수단이면서 아테나이의 영광을 드높이는 수단이었다. 페리클레스는 '자금과 지혜'로 전쟁에서 승리하고, 평화를 쟁취하고 싶었다. 그건 맞다.

하지만 페리클레스의 전략 전술은 예기치 못한 곳에서 복병을 만났다. 다름 아니라 지나친 애국심이 그것이었다. 페리클레스는 한 번도 아테나이라는 조국의 경계를 확장해본 적이 없다. 그 결과 동맹국들을 정복의 대상으로 삼게 되었다. 동맹국이 아니라 노예라고 열아홉 살의 아리스토파네스는 비웃었다. 그 비웃음 속에 진실이 있다.

또 다른 무서운 복병은 노예제였다. 페리클레스의 아테나이는 노예제에 푹 빠져 있었다. 그 노예제의 근저에는 인종차별이 있고, 그것은 그리스 문명이 전진하는 길에 놓인 기름과 같았다. 젊은 그리스 문명은 아직 채 꽃을 피우기도 전에 내부에서 암 덩어리를 키우고 있었던 것이다.

누구도 흉내 낼 수 없는 파르테논 신전의 아름다움도 실상은 다른 동맹국의 돈과 노예들의 피로 가능했다는 점을 확인하면, 씁쓸함을 금할 길이 없다.

적은 거기 있었다. 페리클레스의 잘못이라기보다는 아테나이 시민 전체의 잘못으로 적을 만든 것이다. 노예를 허용하는 사회에서 민주주의는 없다. 군주가 있을 뿐이며, 노예가 있을 뿐이다.

페리클레스의 영광과 실패를 목격하면서 우리는 한 가지 진실을 깨닫게 된다. "문명은 모든 살아 있는 사람을 위한 문명이라야 한다." 그리스 문명은 우리에게 기쁨과 희망과 용기라는 열매를 주었다. 하지만 그 열매 속에는 쓴맛이 도사리고 있다. 그게 없어지기 위해서는 다시 몇 세대가 더 흘러야 했다.

문명은 푸른 사과다. 태양이 더 내리쬐어야 붉은 사과로 변할 것이고, 아직은 태양이 충분하지 않다. 그리스는 아직 어린 문명이다. 《오뒷세이아》 저자의 말마따나 태양이 그리스를 더 키워줄 것이다.

고대 그리스사 연표

기원전

2000년경	인도유럽어족, 펠로폰네소스에 정착 / 크레테 미노아 문명
1600년경	뮈케나이 문명
1400년경	크놋소스 궁전 불에 탐
1200년경	그리스에서 뮈케나이 문명 쇠락
1180년경	트로이아 전쟁 발발
1100년경	페니키아인, 알파벳 발명
1000년경	에트루리아인, 이탈리아에 도래
800년경	스파르타 체제의 형성
776년	최초의 올림픽 개최
753년	로마 건국
750년경	호메로스, 《일리아스》 완성
650년경	참주의 등장 / 뮈디아에서 최초의 주화 등장
612년경	여류 시인 삽포 탄생
594년	솔론, 집정관에 취임
585년	탈레스, 일식을 예언
560년경	참주 페이시스트라토스 등장
546년	아테나이 참주 정치 시작
528년	페이시스트라토스 사망
510년	참주정의 종식
508년	클레이스테네스, 개혁 추진
492년	페리클레스 출생
490년	아테나이, 마라톤 전투에서 페르시아에 승리
480년경	헤로도토스 출생
480년	테르모퓔라이 전투 발발 / 그리스, 살라미스 해전에서 승리
479년	델로스 동맹 체결
472년	아이스퀼로스의 《페르시아인들》 상연
469년	소크라테스 출생
461년	페리클레스, 최고재판소의 특권을 폐지
460년경	데모크리토스 출생
460년	데모크리토스, 힙포크라테스, 투퀴디데스 출생

460~450년	아이스퀼로스, 《사슬에 묶인 프로메테우스》 지음
458년	《오레스테이아》 상연
451~450년경	부모 모두 아테나이 시민일 경우에만 자식에게 시민권 부여
431년	펠로폰네소스 전쟁 발발
429년	페리클레스, 전염병으로 사망
427년	플라톤 출생
423년	아리스토파네스, 《구름》 지음
421년	아리스토파네스, 《평화》 지음
420년	소포클레스, 《오이디푸스 왕》 지음
411년	아테나이, 시켈리아 원정 참패
411년	《뤼시스트라테》 상연
406년	에우리피데스 사망
405년	소포클레스, 《콜로노스의 오이디푸스》 지음
404년	아테나이 패배, 펠로폰네소스 전쟁 종결
399년	소크라테스 사망
384년	아리스토텔레스 출생
380년	이소크라테스, 《파네귀리코스》 지음
371년	스파르타, 테바이에 패배
359~336년	필립포스 왕, 마케도니아 통치
347년	플라톤 사망
341년	에피쿠로스 탄생
338년	카이로네이아 전투 발발
334년	알렉산드로스, 동방 원정 시작
333년	잇수스 전투 발발
332년	튀루스 함락
323년	알렉산드로스 사망
301년	제논, 스토아 학파 설립
300년경	헤로필로스 출생
287년	아르키메데스 출생
275년	에라스토테네스 출생
240년경	에라시스트라토스 사망
195년	에라스토테네스 사망
146년	로마, 코린토스 정벌, 그리스 지배

참고문헌

대중 교양서를 지향하는 이 책은 그리스 문명의 전 영역을 빠짐없이 다루겠다는 야심을 지닌 역사책은 결코 아니다. 그저 대표적인 몇몇 예를 통해 어렴풋이나마 그리스 문명의 윤곽을 그려보는 것으로 만족할 뿐이다. 1권에서 그리스 문명의 태동기를 조명해보고자 했으며, 이어서 2권과 3권에서는 그 문명이 만개하다가 쇠락기에 접어드는 과정을 다루고 그렇게 된 원인을 설명하고자 시도했다.

이 책을 집필하기 위해 참고한 문헌들을 빠짐없이 소개하기란 지면 관계상 불가능하다. 많은 자료들 중에서 늘 곁에 두고 매 순간 들춰보았던 중요한 책들은 당연히 고대 그리스 작가들의 저술이었다.

그다음으로 중요한 책으로, 역사적인 사실들을 확인하기 위해 끊임없이 참고한 책은 아래와 같다.

G. Glotz, *Histoire grecque*, t. I et II, Les Presses universitaires de France, Paris, 1925 et 1930.

각 장마다 활용한 (때로는 직접 활용하면서도 독자들의 독서 흐름을 끊지 않기 위해 상세하게 출처를 명기하지 않은 경우도 있다) 문헌을 간추리면 아래와 같다.

Chapter 1

A. Jardé, *La formation du peuple grec*, La Renaissance du Livre, Paris, 1923.

G. Glotz, *La civilisation égéene*, La Renaissance du Livre, Paris, 1923.

George Thomson, *Studies in Ancient Greek Society*, Lawrence and

Wishart, London, 1949.

Chapter 2

C. M. Bowra, *Tradition and design in the Iliad*, Oxford, 1930.

Chapter 3

Emile Mireaux, *Les poèmes homériques et l'histoire grecque*, t. I et II,
Albin Michel, Paris, 1948 et 1949.

J. A. K. Thomson, *Studies in the Odyssey*, Oxford, 1914.

Chapter 4

François Lasserre, *Les épodes d'Archiloque*, Imprimerie Darantière, Dijon,
1950.

François Lasserre et André Bonnard, *Archiloque* (texte, traduction et com-
mentaire). A paraître à la Société d'éditions, 'Les Belles Lettres' , Paris.

Chapter 5

C. M. Bowra, *Greek Lyric Poetry, from Alcman to Simonides*, University
Press London, Oxford, 1936.

André Bonnard, *La poésie de Sapho, Etude et traduction*, Mermod,
Lausanne, 1948.

Chapter 6

C. M. Bowra, *Early Greek Elegists*, Oxford, 1938.

G. Glotz, *La cité grecque*, La Renaissance du Livre, Paris, 1928.

Chapter 7

G. Glotz, *Le travail dans la Grèce ancienne*, F?lix Alcan, Paris, 1920.

Chapter 8

Martin P. Nilsson, *La religion populaire dans la Grèce antique*, Plon, Paris, 1954.

Mircea Eliade, *Traité d'histoire des religions*, Payot, Paris, 1953.

R. Pettazzoni, *La religion dans la Grèce antique*, Payot, Paris, 1953.

G. Van Der Leeuw, *La religion dans son essence et ses manifestations*, Payot, Paris, 1948.

Chapter 9

Max Pohlenz, *Die griechische Tragödie*, Teubner, Leipzig, Berlin, 1930.

Pierre-Aimé Touchard, *Dionysos*, Apologie pour le théâtre, Editions Montaigne, Paris, 1938.

George Thomson, *Aeschylus and Athens*, A study in the social origins of drama. Lawrence and Wishart, London, 1950.

Chapter 10

Léon Home, *Périclès*, Robert Laffont, Paris, 1954.

Henry Caro-Delvaille, *Phidias ou le Génie grec*, Félix Alcan, Paris, 1922.

Victor Ehrenberg, *Sophocles and Pericles*, Blackwell, Oxford, 1954.

그리스를 떠나며

이번에는 꼭 가야지, 하고도 못 가는 나라가 있다. 그게 내게는 그리스다. 1995년 여름, 가봐야 볼 것도 없다고 뜯어말리는 사람들을 뿌리치고 시칠리아에 가기 위해 이탈리아 반도 서쪽을 끝까지 내려간 적도 있다. 팔레르모에 갔었고, 엔나도 보았다. 하지만 그리스까지는 가지 못했다. 팔레르모에서 배를 탈 수도 있었고, 브린디시로 넘어가 더 빠른 배를 탈 수도 있었으며, 돌아오는 길에 나폴리에서 탈 수도 있었다. 방법이 없지는 않았다. 하지만 가지 못했다. 그 이유는 무엇일까?

그리스 땅에만 가지 못한 것이 아니다. 꼭 공부해야지 하면서도 못 하는 공부가 있다. 그게 내게는 그리스어다. 불문과를 졸업하기 위해서 라틴어 중급까지 겨우겨우 쫓아갔다가 그리스어를 앞에 두고는 누구나처럼, 망설인다. 손익계산서를 따진다. 이걸 배워, 말아?

그러다가 영영 배우지 못하게 된 그리스어는 끈질긴 콤플렉스로 남았다. 프랑스 사람을 만날 때마다, 저 사람은 그리스어를 할 줄 알까, 은근히 궁금해지니까 말이다.

 그리스에 대한 콤플렉스는 나만 가지고 있는 것이 아니다. 파리와 로마도 나 못지않은 콤플렉스에 시달린다. 파리는 자기 이름을 그리스 땅인 소아시아에서 훔쳐오려고 한다. 소아시아 파레(parrhaisia)라는 도시 사람들이 헤라클레스의 황금사과를 찾기 위해 도나우 강으로 올라섰다가 라인 강을 건너 센 강에 왔고, 그러다가 멈춰 선 곳을 파레를 본떠 파리라고 불렀다, 라는 얼토당토않은 얘기가 《파리의 역사》에 나온다. 파리도 실은 자기 뿌리를 그리스에 두고 싶은 것이다.

 제국 로마도 마찬가지다. 트로이아 전쟁에서 살아남은 장수 아이네이아스가 카르타고로 갔다가 아름다운 여인을 만나지만, 신의 계시를 받아 지중해를 건너 티베리스 강가에 라틴을 세운다. 이 설화는 내가 지어낸 얘기가 아니다. 티투스 리비우스가 심각한 어조로 한 얘기다. 트로이아 전쟁이 기원전 12세기, 라틴 건국이 기원전 8세기니까, 자그마치 400년 차이 나는 사기를 치고 있다. 사기를 치면서까지 로마는 그 뿌리를 그리스에 대고 싶은 것이다. 도대체 위대한 제국 로마가 왜 이런 무리수를 두는 것일까?

 무엇보다 그리스는 로마나 파리와는 차원이 다르기 때문이다.

 라신이나 라퐁텐에게 여행이란 고작 라 페르테밀롱에 가거나 샤토-티에리에 가는 것 정도였다. 하지만 솔론과 아에스퀼로스와 헤로도토스, 플라톤의 여행은 차원이 달랐다. 그들은 이집트로 가고, 소아시아와 바빌로니아에 다녀오고, 퀴레네와 시켈리아까지 갔다. …… 그리스의 바다는 다랑어나 정어리를 잡는 곳이 아니었다. 다른 인류와 교통한 장소였고, 위대한 예술 작품과 발명품을 만나러 가는 길이었다. 바다 너머에는 광활한 평원 가

득 밀이 자라고, 대지와 하천에는 금맥이 숨어 있다. 밤하늘에 빛나는 별들
을 나침반 삼아 그리스인들은 위대한 이웃집을 찾아간다. …… 지중해는
그리스의 바다였다. 플라톤의 말을 빌리면, 그리스 도시들은 "웅덩이 주위
에 널린 개구리처럼" 번져나갔다. 꾸룩꾸룩, 지중해 주위에 그리스인의 소
리가 넘쳐났다.

지금이야 파리와 로마를 그리스에 감히 견줄 수나 있지만, 역사를
조금이라도 들춰본 사람은 그것과 이것은 차원이 다르다는 점을 너
무나 잘 알고 있다. 파리와 로마는 뭘 시작해볼 자본이라도 있었지
만, 지중해로 내려온 그리스인들은 두 다리로 걷는 동물에 지나지 않
았다. 가진 것도 없고 글도 못 읽고, 고향에서 수만 리나 떨어진 채,
통째로 죽어나가기에 가장 좋은 조건에 놓여 있었던 것이다.

언젠가 우리 트로이아와 왕과 여기 이 용감한 백성들이 다 죽게 되리라는
것을 잘 알고 있소. 하지만 트로이아에 닥쳐올 불행보다도, 어머니와 왕과
적들의 칼에 무참하게 쓰러질 내 형제들의 비참한 죽음보다도 훨씬 더 나
를 슬프게 하는 것은 바로 당신이오. 갑옷을 입은 아카이아인들이 당신의
자유를 빼앗아갈까 봐, 당신을 슬프게 할까 봐……. 당신이 낯선 사람들
의 옷을 짜고, 물을 긷고, 살기 위해서라면 뭐든 해야 하겠지. 당신이 남의
노예가 되지 않도록 내가 지켜줘야 하는데, 나마저 죽고 나면 당신도 많이
울 텐데. 다른 거 없소. 그저 당신의 울음소리가 들리기 전에, 당신이 어디
론가 끌려가는 걸 보기 전에, 흙이 나를 빨리 덮어주기만을 바랄 뿐이오.

그리스 출신이라는 것, 그것은 오른쪽에 페르시아를 두고 아래쪽

에 이집트를 두고, 해먹을 것 없는 땅과 한 번도 정복된 적이 없는 바다 사이에서 아슬아슬하게 연명해온, 불쌍한 사람이라는 뜻이다. 그러면서도 살기 위해 밭을 갈고, 올리브나무를 키우고, 구두를 만들고, 물고기를 잡고, 하늘을 쳐다보고, 흙을 분석하고, 만들어보고, 티격태격하고, 울고 짜고, 칼질을 해대고, 불을 지피고, 노략질을 하고, 그렇게 살아올 수밖에 없었던 보잘것없는 사람이었다는 뜻이다. 불쌍하게 태어나서 비참하게 죽어갈 운명이라는 뜻이다.

그럼에도 단 한 가지, 서양사의 쟁쟁한 민족들이 앞다투어 등록 기준지를 옮기고 싶게 만드는 그리스의 매력 하나는 바로 용기에 있다.

너무도 또렷이 헥토르는 운명을 알아차렸다. 죽음은 만질 수 있을 만큼 가까운 곳에 와 있었다. 하지만 바로 그 장면에서조차 헥토르는 새로운 의지를 길어낸다. 그리하여 다음과 같은 말을 쏟아낸다.

"운명이 나를 삼킨다. 그러나 나는 싸우지 않고 그저 죽기만을 기다리는 사람이 아니다……. 다음 세대들이 똑똑히 볼 수 있는 무언가를 마지막으로, 나는 완성할 것이다. 싸우고 사랑하다가 죽을 것이다."

헥토르에게 죽음의 순간은 투쟁의 순간이다. 그는 신들이 점지한 운명에 맞서는 인간이다. 훗날 다음 세대들이 위대했다고 칭송해 마지않을 인간의 모습으로 죽음을 맞으려 한다.

그리스가 혹시라도 죽음을 두려워했다면 인류의 역사는 많이 달라졌을 것이다. 하지만 그리스는 죽으면서 싸웠다. 죽으면서 싸우는 인간은 비로소 무기를 가진다. 무장한다. 그걸 우리는 과학이라고 부른다.

인간들은 눈이 있으되 보지 못했고, 귀가 있으되 사물의 소리에 귀 기울일 줄 몰랐다. 그저 원숭이들처럼 그 기나긴 생애 내내 이 무질서한 세상 속에서 흔들리고만 있었다.

하늘 아래 집을 지을 줄도 몰랐다. 벽돌이 무엇인지, 대들보와 천장이 무슨 소용인지도 몰랐다. 땅속의 개미들처럼, 어두운 지옥과도 같은 토굴 속에 갇혀 지냈다.

계절이 어떻게 바뀌어가는지 알 리 없었고, 하늘을 보고서도 겨울과 꽃 피는 봄과 열매가 무르익는 여름이 어떻게 오는지 눈치채지 못했다.

알지도 모른 채 그저 살아갈 뿐이었다.

그리하여 나는 불쌍한 이 족속들을 위하여 천지의 운행을 읽어내는 기술을 알려주었으며, 모든 지식의 시작이랄 수 있는 숫자를 가르쳤다. 이 세상의 일들과 그 안에서 우리가 발견해낸 것들을 기록하고 남길 수 있는 글자도 가르쳐주었다. ……

힘든 노동을 덜기 위하여 짐승의 목에 쟁기를 거는 방법도 알려주었다. 그런 후에야 사나운 소들도 인간에게 봉사하기 시작했고, 들판을 마구 달리는 말도 인간이 부릴 수 있게 되었다. 말은 수레를 끌었고, 마차는 왕의 자랑거리가 되었다. 그리고 바다로 나가는 인간들을 위해 나는 돛단배를 선물하기도 했다.

어디 그뿐인가. 인간이란 본디 병에 걸리면 죽을 도리밖에 없는 족속이었다. 그러므로 나는 약을 만들었고, 병을 치유하는 향유를 만들었다. 시들어 가던 인간들이 기운을 차리고 강건해졌다……. 나는 그들에게 땅에서 나는 보물들을 주었으니, 금과 은이 그것이었으며, 청동과 쇠가 그것이었다……. 이제야 비로소 인간들은 과학에 눈을 뜨게 된 것이다.

그로써 인간은 인간 이상이 된다. 자유를 얻고, 꿈을 꾸고, 상상하고, 그리하여 인간은 다른 차원이 된다. 그리스는 역사상 처음으로 좌뇌와 우뇌를 동시에 굴린 민족이다. 과학을 하고 철학을 하지만 상상하고 꿈꾼다. 부처와 예수의 달라진 차원 앞에 중생들이 머리를 조아리듯이, 각자 하나하나 왜소하기 짝이 없는 그리스인 속에 확보된 다른 차원이 다음 세대를 놀라게 하는 것이다.

되짚어보면, 바다라는 말조차 모르는 사람을 바다에 빠뜨렸는데, 그가 바다에서 살아남았을 뿐만 아니라 끝내 바다를 정복하기에 이르렀다면, 누구보다 바다에 대해 잘 아는 사람이 되었다면, 그도 모자라, 바다를 누비던 날의 시련과 슬픔과 절망, 우- 밀려오는 쓰라림과 절벽 같은 아픔, 성난 파도를 다 상대하고 나면 꼭 한 번 올 것 같은 희망, 그리움, 그런 것들을 남김없이 길어내 예술 작품으로 승화시켰다면 사람들은 생각하지 않을 수 없다.

도대체 그들은 누구일까, 라고.

파리조차 시들해지던 가을날이었다. 30분짜리 주차티켓을 끊어놓고 지베르 존에서 필요한 교재만 사서 나오려고 했다. 그런데 일이 꼬이려고 그랬는지 그리스가 나를 잡았다. 'Civilisation Grecque'라는 제목에 멈칫, 한 것이다(이러면 안 되는데!). 바로 며칠 전에 프랑스어로 번역된 그리스 책을 뒤지다가, 어떻게 된 게 이 나라에 대해서는 무슨 개론서도 없나, 하고 투덜댄 터였다. 그런데 그런 엇비슷한 책을 지베르 존에서 문득 만난 것이다. 솔직하게 고백하건대, 나는 제발 그 *Civilisation Grecque*라는 책이 재미없기를 바랐다. 그리스도 별것 아니더군, 하고 홀가분하게 지베르 존을 나와서 내 일상으로 돌아가고 싶었다. 그런데 일이 자꾸 꼬였다. 대충 가운데를 펼쳐도 그렇고, 제일 앞부분을 펼쳐도 그렇고, 이놈의 책은 사람을 두근거리게 하는 재주가 있다. 무엇보다 글의 호흡이 짧고 경쾌하고 빠르다. 툭, 툭, 미끼를 던지면서 앞서 가는 고약함에 한편으로는 약 오르면서, 또 한편으로는 구미가 바싹 당기면서, 나는 한 번도 가보지 못한 땅으로 들어가고 있었다. 말도 모르고, 어디가 어딘지도 모를 뿐만 아니라, 지금으로부터 수천 년 전에 이미 사라진 사람들인데, 그 뒤를 추적하면서 내가 두근거리고 설렜다는 사실을 도대체 어떻게 설명할 수 있을까?

우선 거간꾼의 농간이 장난이 아니다. 앙드레 보나르라는 이 사람은 해석학에 관한 한, 감히 말하건대, 누구에게도 손색이 없다. 삽포의 시에서 상징주의를 끌어내는 재주는 아무리 낮게 잡아도 우리 세대에 견줄 바가 아니다. 그 농간에 빠져서 헥토르나 페리클레스, 소크라테스에게로 가보면, 그럴듯하게 꾸며서 그런지, 뭐 하나 딱히 흠잡을 데 없는 인류의 모범들이 하나 둘도 아니고, 수십 수백, 그야말로 떼로 나를 맞는다. 불쌍하게 태어나서 용감하게 살다가 모범이 된 사람들이 정치, 경제, 사회, 문화, 종교, 건축, 법률, 의학까지 곳곳에 동상처럼 빽빽하다. 그저 놀랍고 약 오를 뿐이다. 뭐 이렇게 유명한 사람이 많은지.

생각해보라. 우리가 아는 것에서 핵심은 그들도 다 알았다.

공부도 잘하고, 싸움도 잘하고, 노래도 잘하고, 놀기도 잘 놀고, 그럼에도 경박하거나 우둔하지 않고, 옹색하지 않고, 이게 그리스인이다. 다시 생각해보라. 급조하지 않은 모든 학문과 종교는 그리스에서 야금야금 훔쳐온 것이다. 그럼에도 파리와 로마는 그리스인을 부각시키지 않는다. 그러면 자기들의 모든 미덕(virtue)이 사소해지기 때문이다. 대신 그리스 신화로 그리스 역사를 덮으려 한다. 은폐하려 한다. 태연하게 그리스는 신화였다고 말한다. 그런 다음에 그리스어를 읽는 사람 몇몇이 원전을 놓고 문명의 진수를 만난다. 깨달음을 도둑질한다. 그리스 신화를 말하는 것은 그런 의미에서 음모다. 저작권 침해다. 그리스에는 신이 없다. 인간의 모델이 있을 뿐이다.

내 인생과는 아무런 상관도 없는 그런 것에 정신이 팔렸다가 그날 기어이 주차 위반 딱지를 한 자리에서 두 개나 받고 말았다.

나는 더 이상 문학을 하지 않고, 역사학은 해본 적도 없으며, 인류학, 고고학 등에는 아버님의 가르침대로 근처에 가본 적이 없다. 따라서 나는 그리스에서 자유롭다. 시쳇말로 그리스를 몰라도 사는 데 큰 불편이 없다. 그럼에도 이 책을 번역하면서, 마음 한구석이 지독하게 먹먹하고 슬펐다. 플라톤과 아리스토텔레스, 삽포와 퓌타고라스를 원전으로 읽는 젊은이들은 얼마나 행복했을까? 그 행간에 스며 있는 쓰라림과 푸른 장미와도 같은 고귀함을 읽어내고 한없는 바다를 바라보면서 곱씹고 되새기는 아이들은 얼마나 총명하고 깊을까? 《오뒷세이아》를 읽으면서 키득대다가 헥토르의 마지막 인사에 눈물을 쏟던 그 어린 시절은 얼마나 값진 것이었을까? 그리스 사람들이 살아온 내력을 모르는 우리가 서양에 대해서 아는 것은 그래도 반은 넘을까? 그리고 나는 왜 그때 그리스에 가지 못했을까?

그리스에서 벗어난 지 족히 수년은 되는 오늘 교정지를 받아들고와 마치 처음 이 책을 읽듯이 웃기고 재미있고, 시간 가는 줄 몰랐다. 그리고 이제 정중하게 헤어지려고 한다. 다시는 그리스를 들여다보지 않을 것이다. 내 삶으로 돌아갈 것이다. 다만 그전에 이 책의 번역자로서 한 가지 주의사항을 남겨두어야 할 것 같다.

앙드레 보나르가 그리스를 말할 때는 일부러라도 건성건성 들어야 한다. 그렇지 않으면 그리스를 사랑하게 될 것이다. 알고 싶어질 것이다. 그리워할 것이다. 그리스에 가보게 될 것이다. 그리스어를 배우게 될 것이고, 그리스어로 원전을 읽어야지, 하는 헛꿈을 꾸게 될 것이다. 그게 지금 이 삶들을 위태롭게 할 것이다.

이 책을 함께 번역한 양영란 선생님에게 고마움을 전하지 않을 수 없다. 1권 번역원고를 탈고한 후 개인적인 사정으로 더 이상 번역을 이어나가기 어려웠다. 문학과 인문 분야의 많은 책을 번역해서 국내에 소개해온 양영란 선생님이 나의 자리를 메워 2권과 3권을 번역하셨다. 그럼에도 역자 후기를 나에게 양보해주셨다. 감사할 따름이다.

그리스와 함께 많이 흔들렸고, 즐거웠다. 그런 기회를 주신 류종필 대표님과 박은봉 선생님, 강창훈 팀장님, 클로드 무샤르, 앙드레 보나르에게 깊이 고개 숙인다. 그리고 우리 속에 있거나 혹은 없는, 헥토르를 생각한다.

그리스를 떠나며

김희균

찾아보기

그리스인 이야기 1

호메로스에서 페리클레스까지

1판 1쇄 2011년 3월 31일
1판 3쇄 2018년 10월 26일

지은이 | 앙드레 보나르
옮긴이 | 김희균

펴낸이 | 류종필
편집 | 이정우, 최형욱
마케팅 | 김연일, 김유리
표지·본문 디자인 | 이석운, 김미연

펴낸곳 | (주)도서출판 책과함께
　　　 주소 (04022) 서울시 마포구 동교로 70 소와소빌딩 2층
　　　 전화 (02) 335-1982
　　　 팩스 (02) 335-1316
　　　 전자우편 prpub@hanmail.net
　　　 블로그 blog.naver.com/prpub
　　　 등록 2003년 4월 3일 제25100-2003-392호

ISBN 978-89-91221-78-9 03920
ISBN 978-89-91221-77-2 (세트)

이 도서의 국립중앙도서관 출판예정도서목록(CIP)은
서지정보유통지원시스템 홈페이지(http://seoji.nl.go.kr)와
국가자료공동목록시스템(http://www.nl.go.kr/kolisnet)에서 이용하실 수 있습니다.
(CIP제어번호 : CIP2011001022)